中国近代人物日记丛书

张廷银 刘应梅 整理

王伯祥日记

第一册

中华书局

图书在版编目(CIP)数据

王伯祥日记/张廷银,刘应梅整理. —北京:中华书局,2020.6
(中国近代人物日记丛书)
ISBN 978 - 7 - 101 - 14493 - 2

Ⅰ.王… Ⅱ.①张…②刘… Ⅲ.王伯祥(1890～1975)－日记
Ⅳ.K825.4

中国版本图书馆 CIP 数据核字(2020)第 059987 号

书 名	王伯祥日记(全二十册)	
整 理 者	张廷银 刘应梅	
丛 书 名	中国近代人物日记丛书	
责任编辑	吴冰清 杜艳茹 刘冬雪 欧阳红	
出版发行	中华书局	
	(北京市丰台区太平桥西里 38 号 100073)	
	http://www.zhbc.com.cn	
	E-mail:zhbc@zhbc.com.cn	
印 刷	北京市白帆印务有限公司	
版 次	2020 年 6 月北京第 1 版	
	2020 年 6 月北京第 1 次印刷	
规 格	开本/850×1168 毫米 1/32	
	印张 273½ 插页 46 字数 5000 千字	
印 数	1 - 1600 册	
国际书号	ISBN 978 - 7 - 101 - 14493 - 2	
定 价	1380.00 元	

王伯祥像

20世纪60年代，王伯祥在寓所伏案工作

40周岁时，王伯祥携夫人秦珏人摄于上海

1947年秋，王伯祥夫妇与部分儿女摄于上海（不含后排左一）

1968年春节，王伯祥与部分儿孙合影于北京小雅宝寓所

1912年，王伯祥与叶圣陶（右二）、顾颉刚（左二）等人摄于苏州

　　1975年春，王伯祥与叶圣陶（后排左）、章元善（后排中）、顾颉刚（前排左）、俞平伯（后排右）摄于叶宅庭院。世人将其合称为"姑苏五老"

形态不一的海量日记原稿，凝结成排印本20册

日记原稿笔记本封皮展示

日记原稿笔记本内容展示

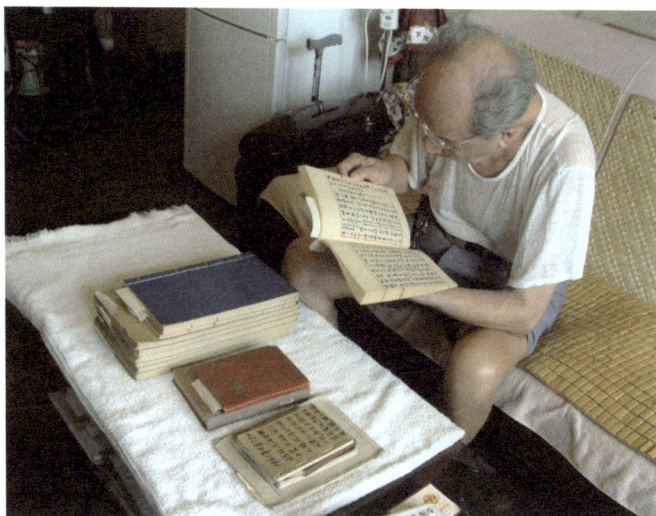

王润华在家中阅读父亲日记原稿

	提要

社會記事

（度温）（候氣）

晴，午時後陰陰欲雨。
上午75，下午76，晚70。

你的人緣，作南明野史揭露送出版部。

十七年度紅利今日發出，予僅特別酬薄二十七元一角八分，況花紅十六元一角……託許悵……至丙冀……賺薪水。

後刊中國學會出版部諸君之托，李……華僑之好奕。當付來收二十元董……

我費陶遂托去好十二元五角，傍晚……欲扎習篆園多好，以充氣……

查乃孔許堵以繼子備考每悟，去為刻名譽桂林刻本記中代共主。

……怅自序所用稿均去書者遲復一頁，……不遑脫寄耳也？

六月　八　日（己巳五月初二日甲申）　　土曜日（即星期六）　民國十八年　國民日記

王伯祥常用商务印书馆印制的洋装日记本《国民日记》记日记

日期	人名	地址	事由	備考
			發　信　表	

《国民日记》每年年末附有收信表、发信表、收支表等，王伯祥常充分利用此空间进行记录

抗战时期，王伯祥更换了日记本，或因无格线限制，字号整体变大

《中国近代人物日记丛书》出版说明

编辑出版《中国近代人物日记丛书》，旨在为学术界提供完备、可靠的基本资料。

日记体裁的特殊性，使其具有其他种类文献所不具备的史料价值。日记中的资料，有的为通行文献所不载，有的可与通行文献相互印证、补充，有的可以订正通行文献中的讹误。中国近代许多著名的历史人物都留有非常丰富的日记，较为著名的有晚清四大日记翁同龢《翁文恭公日记》、李慈铭《越缦堂日记》、王闿运《湘绮楼日记》、叶昌炽《缘督庐日记》等，都是具有较高史料价值、经常被学者征引的重要文献。

然而许多日记文献藏于图书馆、博物馆、研究机构或个人手中，学者访求不便。为此，系统发掘整理这类文献，是一项很有意义的工作。中华书局于二十世纪七十年代开始策划《中国近代人物日记丛书》，出版了多个品种，受到学术界的重视与好评，《翁同龢日记》、《郑孝胥日记》等至今仍是引用率较高的近代日记整理本。

新世纪以来，我们继承这一传统，加大近代人物日记的出版力度，试图通过进一步完善整理体例、新编更便利使用的索引、搜集更完备的附录资料等方式，使这套丛书发挥更大的作用，继续为学术研究贡献力量。

编好这套丛书，一定会遇到不少困难，但我们相信，在学术界、文博界和公私收藏机构与个人的大力支持下，这套有着悠久历史的基本文献丛书将会有更多更完备、精良的品种问世并传世。

中华书局编辑部

前　言

　　王伯祥(1890—1975)，江苏苏州人，名钟麒，字伯祥，五十岁以后以字行。著名的出版人和文史研究专家。早年就读于苏州中西学堂和苏州公立中学，毕业后入苏州甪直镇县立第五高等小学任教，同时任北京大学国学门通讯研究员。其后又先后任教于厦门集美学校、北京大学中文系，担任上海商务印书馆史地部编辑十馀年。1932年离开商务印书馆进入开明书店任编辑，直至新中国成立后开明书店与青年出版社合并成立中国青年出版社。1953年，应郑振铎之邀，到北京大学文学研究所(现中国社会科学院文学研究所)任研究员，直至1975年12月30日因病去世。1956年加入中国民主促进会，任中国人民政治协商会议第三、第四届全国委员会委员。著有《三国史略》、《郑成功》、《太平天国革命史》、《中日战争》、《史记选》、《春秋左传读本》、《增订李太白年谱》等著作，《四库全书述略》、《古史辨与今古文学》、《辛弃疾的生平》等论文。除编写若干教科书以外，还编辑出版了《二十五史》、《二十五史补编》等，标点《四库全书总目》，校点王夫之《黄书》、《噩梦》、《思问录》、《俟解》，并参与《唐诗选》选注工作。

　　王伯祥留给我们的，除了他所撰写的著作及编选的各种书籍外，更可贵的是他从1924年到1975年间近五十年的日记。日记手稿现藏中国国家图书馆，共140馀册，分别按不同题名结集，各集册数不一。如《民国日记》以日记本名为题，《容堂日记》、《苏亭

日记》、《巽斋日记》、《小雅一廛日记》、《习习盦日记》以斋名为
题，《丙戌日记》、《丁亥日记》、《戊子日记》、《己丑日记》以年份干
支为题，《贞元交会录》、《更新日记》、《复初日记》、《念逝日记》以
作者心境感悟为题，《旅京日记》、《南归日记》、《燕居日记》、《河
南考察日记》、《入住传染病院日记》、《北戴河休养日记》、《青岛休
养日记》、《赴上海杭州考察日记》、《赴四川视察日记》以行止为
题，还有些则是以公历年份起止日期为题，或在其后加"容翁"、
"巽翁"、"巽翁容叟"、"止止居巽老人"等自号落款。

　　因日记本的形制规格，使用的文具，以及日记主人的心境、身
体状况、行止的差异，日记手稿文字内容呈现不同状态。每日记事
有详有略，字数有多有少，但除1941年底至1942年初日军侵入上
海租界的60天以及1966年8月31日至1973年2月3日之间的
这两段时间外，大多逐日而记，从未间断。日记内容颇为丰富，国
内外局势观察、社会生活、编辑出版工作、学术研究、亲朋往来、个
人喜恶嗜好、家庭琐事等等，均有记载。其中，所记民国苏浙沪军
阀混战、抗战上海"孤岛"困守，建国后各地工业欣欣向荣，是研究
现当代史的珍贵史料。而在商务、开明等出版机构三十年工作的
经历和感受，则是研究近代中国出版史和文化史的一手资料。在
某种程度上说，王伯祥是文史学界的枢纽性人物，其交友广泛，与
友朋的往还都作了详细记录，通过日记可以清楚了解文人学者的
言行，考证、勾画出他们之间的相互关系图谱。王伯祥数十年如一
日细致的记录，以及字里行间流露出对亲朋的关心、个人的喜怒哀
乐，更是老一辈学人真性情、严谨求精治学精神的体现。

　　王伯祥日记是20世纪20年代以来五十年间中国社会变革、
学术发展、印刷出版、知识分子个人及其家庭生活的缩影。只要仔

细审视，认真总结，必会发现其立体、多方位的价值。王伯祥对于
吴梅日记曾有过这样的感受："记友朋往还，多唱曲、题词、诗钟等，
对儿辈从业颇关心计较得失，对自己馆地亦多有患得患失处，实士
大夫之饶有才气而不肯下人者之典型也。（于谩骂异己及与黄季
刚交恶见之。）如能付其子姓保藏，亦不失为一段史料，若印行问
世，则非所宜，容与颉刚一谈之。"（1955 年 11 月 11 日）他对吴梅
日记的感受和评价，我们今天完全可以用来评价他自己的日记。

　　正是由于王伯祥日记有如上的诸多资料价值和学术意义，尽
管日记手稿已经由国家图书馆出版社 2011 年影印出版，但为了便
于更多的读者接触和使用，我们征得王伯祥家属的同意，将日记全
文进行点校整理。

　　一、此次整理将日记重新分册，按公历时间顺序编排，公历日
期在前，其后括注阴历日期、干支、节气等。底本上的题名，或原作
者按语，移作页下注。因作者外出考察、住院、休养而单独记载，致
前后衔接的同一天日记，偶有重复日期，此次整理不作删改。少数
只有日期没有文字记录的日记，或以略字表示的，亦依底本，保留
原貌。

　　二、底本中文字确为讹误者，用〔　〕改正；增补脱字，用〈　〉；
衍字，用［　］；底本漫漶不清或缺损的字，用□代替；辨识存疑之
字，用△代替。

　　三、繁体字、异体字一般改为现代汉语规范用字，余、馀，两字
用法如底本；氏（抵）、属（嘱）、厂（庵、盦）等现代仍然并行且无歧
义的字，以及人名用字，视情况保留，未求统一。

　　四、底本中对同一人名，或记本名，或记字号，因使用同音字替
代而致互歧者，均保留。个别人名，或因作者耳误而录错者，加注

释说明。

五、日记中有个别语句涉及时局，或是作者自己的看法，或是摘录报纸，视情况或作为资料予以保留，或加引号，或在不影响文义的情况下，以"中略"、"下略"的方式处理，请读者明察。

《王伯祥日记》整理本的出版，得到了王伯祥家人、中华书局诸位编辑以及其他学界朋友的热情支持与帮助，我们当永远铭记于心。遗憾的是，由于我们能力有限，投入不足，书中定然存在诸多讹误，恳祈各相关人士及广大读者鉴谅和批评。

整理者

总　目

第一册目录

1924年(民国十三年)

1月1日(癸亥十一月二十五日　己卯)**星期二**

晴。四十八度。

本日放假。上午在寓看《新闻报》，报有增刊五张，把十二年的中央大事、各省大事、上海大事等分别记录，甚有史材之用。午后二时，虚舟偕拾尘来。因留拾尘奏琵琶两曲。少选，彼二人即去，盖赴省教育会聚餐也。

三时与圣陶至阿普鲁看《逃犯》电影。本日游人甚多，挤极。坐第一排头上，抬眼伸颈，殊乞力。五时散出，由北四川路至河南路商务发行所，以闭门故，即乘电车回北站。

振铎夫人高君箴女士今夜发柬邀珏人往宴。预宴者为圣陶夫人、平伯夫人、雁冰夫人。

夜九时，拾尘由省教育会来，即下榻于楼下。

1月2日(癸亥十一月二十六日　庚辰)**星期三**

晴。四十六度。

九时入馆，将致觉所赠《谦屈拉》分寄吴秋白及王翼之。

将《本国史》第四编稿交经农，俾寄适之校阅。

散馆后，平伯来谈。他说今晚须送亲戚回杭州，不能赴文学编辑会聚餐矣。他走后，我与圣陶便到振铎所赴会。

九时归寓，作书寄靖澜，告淞事无成。盖圣陶已接达夫回信，知为章尚未提及也。又作书致乃乾询绍虞托带书的木行字号，并印行《浮生六记》下落。

听墨林说，硕民已归来了。但没有寄信来，不知他明年究竟去不去呢？

1月3日（癸亥十一月二十七日　辛巳）星期四

晴。五十度。

依时入馆编史，将"康雍乾三朝的力征经营"编好。并审查京分馆来稿《荀卿学案》，交还总编译处陈赞襄。

散馆后与同居阮君下围棋两局，俱输。盖久不拈子，而又怕动心，更自见弱矣。

六时，平伯自杭来，请他的学生张维祺吃夜饭，由圣陶和我陪席。为就近计，即在永乐天。餐后出，途遇振铎，因过其家谈。九时许归，借得日本盐谷温《支那文学概论讲话》一巨册，想把它硬译看下，因此书颇有条理统系也。

1月4日（癸亥十一月二十八日　壬午）星期五

晴。五十度。

依时入馆编史。散馆归，硕民方由苏来，盖回里已五日矣。

夜圣陶宴他，我陪席。席后大谈，至十一时始寝。

明日将游吴淞炮台湾，访达夫、晓初、东屏、为章、颂皋，拟一早出发，俾下午赶回赴文学会聚餐也。

日来连饮，精神大不振，两眼已微红矣。然预计最近之五天中，至少须日饮一回也。

1 月 5 日（癸亥十一月二十九日　癸未）**星期六**

晴。五十度。

晨八时，与圣陶、硕民出，进点于永乐天。九时到天通庵站，附下行车抵炮台湾。遍晤所访诸友，独颂皋已归，未及见。

散步江皋，至饭时归饮于中国公学。饭后一时许即附车回沪，与达夫，为章偕行。

夜文学会聚餐，到者十九人，饮甚畅，乐极！为章则与硕民同出，至我们散席后始归。

1 月 6 日（癸亥十二月初一日　甲申　小寒）**星期日**

晴，入夜微雨。五十二度。

上午未出，只与圣陶看致觉，与硕民看子玉，都在咫尺间耳。

下午与为章、硕民、圣陶、子玉同出，至北四川路中央大会堂看实验剧社假座所演剧。先为未来派剧《换个丈夫罢》，未见精妙，徒惹学究派的恶评。次为歌舞童话剧《葡萄仙子》，扮演者都是小学生，剧本系黎锦晖所作，却真好，令人移神倾注也。最后正剧为《良心不死》，因硕民要走，未及看，留圣陶独坐，我与子玉、硕民行。便乘电车到南京路，即夜小饮于豫丰泰。

七时许即归，浩如来看硕民，谈至十时许去。

1 月 7 日（癸亥十二月初二日　乙酉）**星期一**

阴，微雨等于未雨。午前五十度，午后四八度。

依时入馆编史。散馆后，平伯来，出示陈百年的母亲顺德略，于他父亲种种宠妾虐母事，毫不讳饰地实写出来，令人发指气促，一时难平。人间世竟有此事,奇矣!我知丈夫之于家庭,横暴无前,固亦多觏,从未有如此之甚者。应痛斥之。

五时许,乘车赴致觉豫丰泰约,与圣陶俱。至则东荪与致觉已先在,各饮酒甚多,惟东荪不饮。至九时许乃行。十时已归寓。

接北京退信,知仲弟已搬,不知往何处矣。母亲很念他,而他竟疏散如此,真可恨了。

硕民于今晨九时回苏。

1月8日 (癸亥十二月初三日　丙戌) 星期二

晴。四十六度。

依时入馆编史。散馆归寓,出藏酒自斟。未及毕,为章来谈。至八时许别去。

靖澜事当然不成,据为章言,达夫颇迷信清一色也。

为章去后,我以积倦即寝。但生性不能多眠,反致转侧不寐,十年前事奔赴眼前,为之哀乐无端。至二时许,始睡去。

1月9日 (癸亥十二月初四日　丁亥) 星期三

晴旸,午前有风。上午四十六,下午五十二。

依时入馆编史。散馆后写信两封,一寄石莼,一寄仲弟,须明日发出了。

夜乘兴编史,将《奖励黄教和特开词科章》续下。因为在寓查书,反比在馆为便也。但右手食指的弯节处忽擦去米大皮一星,竟作脓浮肿,痛不可忍,不得不稍节馀力。后半重要的精神只能留待明日再说了。

振铎送本馆所辑《旧学书目》一册与我,很感。

1 月 10 日（癸亥十二月初五日　戊子）星期四

晴朗。上午四十二，下午四十八。

昨夜睡后，手指剧痛，时时痛醒。今日本想不到馆的，后来仍去编史，把昨天那章写完。

饭后本当求诊，因偶得药水于橱中，涂上稍好，遂没有问医。不知今晚可缓痛些否？如其不能见减，明天只得去请教大夫了。

夜将陈怀的《清史要略》统看一过，替他编定一个目录。计第一编四章，第二编十四章，第三编十三章，第四编四章，都三十五章。此后翻检，或将便利些。旧习著述，往往如是，真要不得之事也。

报载众院忽成会，通过孙宝琦组阁，北京政象的奇幻真是令人莫测！尤奇的，便是通过孙阁之议员就是高凌霨的宪政党。

1 月 11 日（癸亥十二月初六日　己丑）星期五

阴霾，近晚细雨。上午四十八，下午五十二。

依时入馆编史。手指之痛已大好，居然略可屈伸矣。

圣陶做的那篇小说《病夫》，本来想登在《小说月报》上的。我以为太露，劝他暂不发表。本期《文学》没稿，六逸便把此稿索去，揭载出来，下署假名"郢"，以期浑过。乃出版之后，颇有人来问起，都说没有身亲经历的人描写不到，分明注射在我们身上。但由此反证《文学》所载的作品，一定很有人注意，《文学》前途的发展，一定很有把握呢。

1 月 12 日（癸亥十二月初七日　庚寅）星期六

阴雨，近午放晴，傍晚又雨。上午五十二，下午五十六。

午前依时入馆编史，午后到馆不久，三时即出，与圣陶同到本馆发行所代绍虞购物。便把乃乾送来的书也托发行所伙友一起送永丰木行转闽。本须两人同行前往，故早出，今得委托有人便未去。

在发行所遇靖澜、秋白，谈少许即别。

朴社报告今午发出，把馀剩多份全寄颉刚，由他分配。并写信给他，说明此事。他壮游将归，或已接到前函了。

夜八时，平伯来谈。子玉曾于我们出外的当儿，来访我，未值。

1 月 13 日（癸亥十二月初八日　辛卯）星期日

上午阴晦，午后放晴。上午五十六，下午六十二。

天色十分黄闷，觉得万象俱非。饭后放晴，而燠闷如故。今年三冬竟类中春矣。

饭后访子玉，略谈便归。二时许，与潍儿及圣陶，翰仙赴远东饭店贺郭梦良、黄庐隐结婚。我被提为赞礼员，殊没趣。后来摄影时我便躲过了。六时许，晚餐。新娘即席赋诗，落落不拘，贺客亦尽兴和之。

散席归，顺途为圣陶至悦宾楼定酒席，因明天文学会餐，他与平伯作东也。乃误走一家，到得重元楼了，及付定出门才觉舛错，已来不及矣。疏莽可笑，一至于此。

1 月 14 日（癸亥十二月初九日　壬辰）星期一

阴雨，晚间发风。上午五十二，下午五十六。

依时入馆编史。接苏州振新账单索账，乃误开数目，希图混冒，甚愤，因即作札付邮驳正之。

散馆后与雁冰,圣陶冒雨到重元楼,阒其无人,坐待良久,始陆续至。初意此处酒菜必不佳,乃粗粗陈列,亦复可观。味则终逊一筹也。八时许便散,附车以归。

席次遇六逸,颇想把硕民事托他。以在坐人多不便,只开场略露端倪而已。

1 月 15 日 (癸亥十二月初十日　癸巳) 星期二

上午阴,下午晴。上午五十,下午五十四。

依时入馆编史。将散馆时,颂皋来访,乃同到寓所。谈至六时许,同至味雅晚餐,久不到那边,偶一过往,殊快。

七时三十分出味雅,缓步到车站,送颂皋登车,乃与圣陶同归。回来忙于酬应,不在寓所晚餐,几成常例矣。其实但觉牵率为苦,未见乐也。独有今日,乃能免俗,故快。颂皋临行,约十九下午在惠中相会,届时当往一晤,盖他已放年假回苏了。

1 月 16 日 (癸亥十二月十一日　甲午) 星期三

阴雨。上午五十,下午四十八。

依时入馆编史。昨日颂皋交我王世颖入朴社之本年一月二月费十元,今午转缴雁冰。收条当俟一二日面交颂皋,转寄王君。

阅报知日本东京至大阪一带昨晨五时许又大地震。震象虽没上年九月一日那样厉害,然元气未复什一,真不任再经此劫矣。日本摄政太子婚期已近,又遭意外,前途殊感黯淡也。

夜读舒铁云《瓶水斋诗集》,拟作杂文一首畀《文学》。文未成而选的小诗数首为平伯写上花笺,亦应曩约耳。写信复孙道始。

1 月 17 日（癸亥十二月十二日　乙未）星期四

阴雨，午刻见晴，仍雨。上午四十五，下午四十七。

依时入馆编史。上海大学送十一月分薪水来。

散馆后，与振铎同往新闸路赓庆里郭梦良家晚餐，赴招宴也。乃振铎自谓识途，卒不一省，雨中踱躞久之，始摸到，狼狈其矣。宾主多闽人，操闽语，几入异域。幸既澄已先在，稍稍得谈，破此苦寂耳。食食前后，他们都打牌为戏，九时许尚未歇，我乃与既澄先行。同乘三路电车以东，至芝罘路而别。我更改乘六路车抵车站以归。

接仲弟片，谓前信已接得，顷渠已迁居香厂蜡烛芯胡同第四十五号矣。

1 月 18 日（癸亥十二月十三日　丙申）星期五

晴。四十六。

依时入馆编史。

玉诺由厦门来，住惠中。今午来晤，旋去。晚饭后，我与振铎、圣陶往看之，同出闲步，至先施公司门前而别。明日他或搬来顺泰里小住也。

又接振新书社来函，另开细账，把十一年账都择价相符的写上，凑足原数，以文前此之失。予虽不犯同市侩斗气，将依他汇款销账，好在以后永不与他们交易了。不过商业道德如此，说句堂皇的话，中国前途将永永黑暗耳。可叹！

1 月 19 日（癸亥十二月十四日　丁酉）星期六

晴。四十五。

依时入馆编史。散馆后与圣陶偕往惠中访颂皋及玉诺。惠中适假人办喜事,笙歌沸天,颇热闹。我等同出,小饮于芝罘路口之九云轩。途经山西路天津路转角,见列摊数十,皆售橘。大红橙黄,灿然夺目,询其价,较他处为廉,乃购两头携至九云轩擘食之,味甘润沁人,不嗜水果如我者,亦安之不忍释矣。饮罢,顺送颂皋、玉诺,仍折至原处购二十馀枚以归。物固聚类而价反便宜者,居此地者不可不略知所择也。

玉诺送我《思明报》副刊《鹭江潮》,读之,有转载《文学》者,宜乎渠在厦门人皆目为文学会之宣传者而备受挤扼矣。

1 月 20 日 (癸亥十二月十五日　戊戌)星期日

晴。四十六。

十时许,往看子玉,为他写信一通。因在他家吃饭,未即归。刚欲举箸,家人来告,谓晴帆看我。乃急返,引之同去,仍从容吃饭。饭毕,复同至我寓坐谈。三时同出,子玉往西门会所亲密友,而予与晴帆则到职校少憩,打电话约道始来。将晚,三人同至二师校,那边我从未到过,今日才第一次,校本龙门书院旧址,地颇清幽,中有先棉祠,祀黄道婆。惜萧瑟太甚,致不免苍凉之感耳。既暝,遂乘电车就饮于味雅。七时散出,由昆山路、台浦路至吴淞路,在虹口菜市立待电车。有顷,车至,我与他们便分头驰别。

1 月 21 日 (癸亥十二月十六日　己亥)星期一

晴阴兼施。上午四十,下午四十三。

依时入馆编史。

今日买青鱼一尾,晚间即以其内藏与豆腐共煮,所谓红烧卷菜者甚肥鲜,爱沽酒薄饮。因思外间买醉,费甚而实惠不至,殊不逮安坐家中之为得计也。然再退一步想,不饮不更愈于饮于家乎!

愈之已自籍来,今日圣陶见之,予则未晤也。渠因父丧回上虞,或将仍返里过年也。彼中风俗守旧,而渠又为长子,恐不能即出耳。

硕民有信来,问沪上石印书价。我复之,即以振新馀款托渠代还。

1 月 22 日 (癸亥十二月十七日　庚子) 星期二

晴朗无风,早浓霜。上午四十一,下午四十六。

依时入馆编史。归饭时,为子玉写信一通。

颉刚汇款还我,因于散馆后亲到来青阁还《舆地丛钞》账款十八元。并为颉刚往本馆发行所西书柜取书。本约子玉在言茂源吃酒,所以未遇乃乾,便独往那边坐待。结果竟只我一人独酌。我也居然尽两壶,啖面一碗,至九时乃归。

在泰东为圣陶买得田汉主办的《南国》半月刊第一号。归而借读,尚惬意。尤美者,印刷纸张都好,与《文学》一比,真是相形见绌了。我意,《文学》最好脱离《时事新报》自己印行,也仿这种款式。

1 月 23 日 (癸亥十二月十八日　辛丑) 星期三

阴霾,有风,夜雨。上午四十三,下午四十五。

依时入馆编史。将《光绪间外交的失败》一章编完。

夜作书与颉刚,告钱已收到,并将西书两种已于今晨寄薇生矣。前闻薇生患肺疾,不识今愈否? 因寄书,辄念之。又写信致介泉，即附在寄颉刚信函中。又写寄颂皋。均告代送愈之礼。

顺笔写去，便又作书寄怀之、翼之及仲弟。仲弟前来一片，说同时有详信寄我，迄未收到，殊念。因催询之。

写信后看俞正燮《癸巳存稿》，颇有可采入教科者，当酌量收集之。

1 月 24 日 (癸亥十二月十九日　壬寅) 星期四

阴雨，略有风。四十五。

依时入馆编史。将第四编后、第五编之六章并交经农先阅。盖岫庐又以送第二批至京顺催第一批稿为辞，来催促也。馆中他无所苦，独有看人作器，辄相敦迫为可厌耳。

夜阅《公车上书记》，寻求戊戌政变时新党设施的根据究何如。阅竟，不禁叹当时有这样的大胆书生也。及今思之，后来枝枝节节的改革，何莫非当时之所言，只以事过境迁，人皆以老新党目之，以为无足重。呜呼，俱矣！此书十章前已看过，那时也以滥调时务策看待，及今细加玩味，知康氏创新之精神实不可及也。

1 月 25 日 (癸亥十二月二十日　癸卯) 星期五

上午晴，下午阴以风。四十二度。

上午入馆编史，下午未入，在家作书复颉刚，并致片剑秋。盖颉刚又来一信，而剑秋却久久无消息也。三时许，与圣陶同至南阳桥国语专修学校看实验剧社之新剧，挈濬、清两儿及小墨同往。四时许开幕，至六时而毕，凡儿童剧三，未来派剧一，象征剧一。然而看来看去，总只有《葡萄仙子》最好，虽此次扮演的主角换了一个较生的孩子，而全体结构仍极精神饱满，值得揄扬也。

七时半归,晚饭已过,乃叫面充食。适圣陶家有肴剩下,只索呼酒共饮,醉饱而罢。

1月26日(癸亥十二月二十一日　甲辰)星期六

阴。三十五。

依时入馆编史。

夜在家独酌。本欲往看子玉,以恐他别往未果。

国立自治学院送北京、汉口、上海三处入学考卷一百八十八本来,属与纬平先生同评分数。因与纬平各分得九十四本以归,预备明日披阅。

天忽骤寒,颇不能耐,因思未装火炉之苦,明年当得装置之。我本不惯烤火,自入京后,遂成此习,所以返南之后,反觉南方奇冷也。

1月27日(癸亥十二月二十二日　乙巳)星期日

阴,下午飘雪。三十三。

上午子玉来谈,我劝他不必堕人之计,纳人下堂之妾。浩如亦来看我,知他现事又歇掉了。下午道始来看,谈至三时去。夜平伯、雁冰来谈。

把自治学院入学试卷统看毕,只有三十九本勉强入选。中学毕业的程度如此,真可浩叹。而且死记的反比活动的答得对些,更足证各地都用注入方式来教人了。

看卷毕,闷甚,乃到章仁兴饮酒三壶以归。方呼汤濯足而平伯、雁冰至,遂下楼痛谈。

1 月 28 日（癸亥十二月二十三日　丙午）星期一

晴朗。三十四。

依时入馆编史。三时许得一品香来柏寒电话，谓须面谈。因于散馆后与圣陶同往看之。至则他的表弟尤怀皋也在，谈至六时走，因今晚文学会聚餐，愈之、予同在郑宅请客也。

赶到郑宅，尚未开宴，乃随便谈心。七时许始得食，八时许完。九时散归。适虚舟来谈，以他今夜车返徐，特过此一晤也。据他说，硕民事二女师有望，或者可臻八九分程度，因在我所写一快信杨卫玉促问此事。十时许，他去。

1 月 29 日（癸亥十二月二十四日　丁未）星期二

阴霾，昼晴，晚雨。上午三十五，下午四十。

依时入馆编史。

接经宇转我诒安中学吴有容油印的"中国山脉的统系究竟怎样"一件。同时廉逊也接到此件，交给经农，好似有大不了的样子。我仔细一看，不过又是一种无聊的吹术，对我的《现代初中本国地理》而发，我想对于这种旁敲侧击的不光明态度一概不睬他。但他大吹大擂地油印分送，当然像煞有介事的厉害，也不能不挫他一挫，好教他敛敛锋头。有空工夫时，当做一篇驳辞寄他。

1 月 30 日（癸亥十二月二十五日　戊申）星期三

阴雨。上午四十，下午四十六。

依时入馆编史。赶完一章。

饭时过子玉，托代购惠罗物，盖昨接彦龙函，属买另物，而我与惠罗营业时间相冲突,无暇出购也。

散馆归,子玉以物至,遂长谈。询悉西门事已了,不必再生枝节矣。为之一慰。旋与同出,饮于章仁兴。九时归,复谈至十时半始去。

馆中通告,二月三日之星期不放,移补在二月八日,盖年底赶货连带及于编译所耳。

1 月 31 日 (癸亥十二月二十六日　己酉) **星期四**

阴雨。上午四十六,下午四十七。

依时入馆编史。

平伯饬人送食物至,并有信约于今晚过谈其寓所。夜饭后,与圣陶同往访之,遂谈两小时。我在其斋得睹其尊人阶青先生之《蜀輶诗记》一册,盖壬寅典试四川纪行之诗文也。因假归观之,读至十一时而毕。其诗则略之矣。此记点景生动,行笔轻灵,使读之者悠然起游览之兴。尝言谈中国地理者必放过三四次学差又须其当铁路未通按驿行程时,始克实地考览而言之可信,否则,徒据故籍或拾牙慧,终不能起人敬服耳。若徒见二三坊行图籍便攘臂纠人如吴有容者,殆病狂也。

2 月 1 日 (癸亥十二月廿七日　庚戌) **星期五**

阴雨,傍晚见雪。四十五。

依时入馆编史。将第五编写完,交由经农寄出,心为一宽矣。第四编已由适之校过寄来。改动了明一章,"宋理学及明理学",删去了一章,"家族制度的拥护"。晚饭后统统看过,尚惬当,惟太深些,初中或有未合耳。

颂皋托我求售之稿,已由馆中退回不收,乃作书复之。一时兴到,便把所有现接宿欠之复信,如硕民、为章、安甫、翼之、绍虞等一综六函,统写讫,预备明日发邮。直至十一时许才罢,竟以此不寐。

复绍虞论《转注》事,别记于册。

2 月 2 日 (癸亥十二月二十八日　辛亥) 星期六

朗晴。三十八。

依时入馆工作,续写第六编《本国史》。

接梦九函,汇款十元托购书。散馆后,子玉适来,乃与圣陶、子玉同乘电车往棋盘街。在群益及本馆发行所购物后,即到来青阁为梦九买得《十三经注疏》、《四史》各一部,恰十元。外加邮费七角,即嘱他们径寄。匆匆赶归,已六时半矣。

晚饭后子玉来谈,至十时去。

明日仍须入馆编史,复梦九书当可在馆发出。

2 月 3 日 (癸亥十二月二十九日　壬子) 星期日

晴朗。三十八。

上午照常入馆编史。作书与虚舟、梦九,告书已寄出,并问刘父病状。

下午未去,往过子玉谈,为之写信两通,分致赵剑秋及萧次修。旋与之同浴于宝兴路之新兴池,久不濯身,一思去垢,快甚。浴罢返,仍与子玉俱,谈至晚八时,具酒食共啖之。

2 月 4 日 (癸亥十二月三十日　癸丑) 星期一

晴,夜阴,雨。四十二。

上午振铎来，因向借钱仪吉《碑传集》及缪荃孙《续碑传集》八十四册，备假期浏览。饭后饬陈榕取到。方翻捡中，乃乾来访，谈次谓须一过振铎，乃同往一行。甫坐定，而家中饬人至，谓有客见访。即遄返，见一小生修伟戴目镜，趋前握手，甚殷勤，我竟不识谁某也。嗣询氏族，乃知即角直学生罗嘉显。渠在上海南洋高等商专肄业。谈至傍晚始去。我遂未往振铎所一别乃乾也。

夜祀先，作一《岁时奉祀图》藏之箧，俾家人照此设坐安杯箸。并题其上云"三元祭享，年节告成。澄彼醴酒，洁此粢盛。追远永慕，感格精诚。

写信复道始。接颉刚、平伯、彦龙信。

2月5日(甲子正月初一日　甲寅　立春)**星期二**

阴雨竟日。五十二。

春回甲子，万象昭苏，此一般人之靳望也。乃阴霾晦塞，不露春光，其殆示人事不修人祸竟亟之兆乎？

早起诣祖先位前行礼。午后与珏人及圣陶夫妇打牌。毕十二圈，已五时矣。便陈肴核，暖酒酌之。因思并世并地之人昨夜不得过而今日衣住食仍失所者夥矣。以视我侪，如何可即。可见退一步想万事足，古人真先我言之也。自安俗状固昏惰，惜福存念固庸劣，而一意忮求，不知自返为更可哂陋耳。

2月6日(甲子正月初二日　乙卯)**星期三**

阴雨，夜转甚如注。五十六。

仍与珏人及圣陶夫妇打牌十二圈。自晨至暮，消耗尽矣。午前子玉来，看我们打牌，饭时去。歇博后酌酒浏览《续碑传集》。

我思从此集中辑出太平天国故事必甚富,有暇当略事于此。

新岁以来,连日阻雨不能出,一般措本营小生理者处此,感叹当弥甚。且气候不正,疾病将兴,即以昨夕论,热几不任盖被,而略露肢体则寒且沁人,终夜为之不寐矣。设再如此,不亟病邪!

2 月 7 日(甲子正月初三日　丙辰)星期四

上午阴,下午放晴,入夜雨。上午五十八,下午五十四。

阻雨未出三日矣,今日颇思散步,而以昨夜不眠故困甚,饭后假寐。刚合眼,罗生嘉显至,因起会之。他殊健谈,掌灯始去。他知角校需教员,颇思一往,挽予为之作书与柏寒介绍之。

与阮君围棋两局,一胜一负。及罗生去,予又暖酒酌,看《碑传集》。日来看此甚有味,于《四库全书》馆本未及太平天国、捻匪、回乱诸事,颇可观采。即文字之狱,亦可约略考见。《清史》未成以前,此书其为故事之府矣!

2 月 8 日(甲子正月初四日　丁巳)星期五

上午晴阴兼施,傍晚雨。上午五十一,下午四十七。

晨起俟报阅之,知去岁之杪以迄于兹,世界百事已大有变动。中国北京政府无大事,惟齐燮元已于春节就苏皖赣巡阅使任。广州建国政府尚未正式成立,而加拉罕已代表苏俄致电表示赞同,第一承认孙文为建国总统者其惟苏俄乎!英国已承认苏俄,促派专使商悬案,意国亦有承认苏俄说。美前总统威尔逊以病胃死,当世失一政杰,甚可惜。日本解散众议院,恐有大风潮。

饭后与圣陶至香兴里看铁机影戏,讵意洋铁制筒插坏影片之剪断者窥之，一老式之西洋镜耳。以云废物利用则甚善，以云影戏诱人购买则大可恶，逐废然归。

三时挈濬、清两儿往上海大戏院看电影，七时返，值雨，淋以归，狼狈甚。

2月9日（甲子正月初五日　戊午）**星期六**

阴霾。上午四十六，下午四十四。

今日入馆编史。写信复颉刚及平伯。历史第二批已由梦旦带回，我即携家一看，略改词目而已。

夜写信寄彦龙，并致硕民，托圣陶带去。盖圣陶明日将赴苏，因闻硕民患颈疽甚剧也。硕民此次离徐，本非甚恚，而冯竹侯予以难堪，或因此有愤愤乎？我甚念之，故附书探之。

夜饮于家，为家人讲清孝钦后本末，众为叹息久之。

晚饭后，为罗生作书与柏寒。

2月10日（甲子正月初六日　己未）**星期日**

雪，午后止，未积。上午四十，下午四十四。

阻天气故，不出。午后本拟与珏人往申江戏院看《赖婚》，以湿泞未果。乃柬邀子玉来手谈，与阮君、子玉及圣陶夫人同打雀牌八圈。牌未终而翼之至，盖渠今日由苏来此也。

夜与子玉、翼之饮于家。子玉新戒酒，坚不饮。饭后又与子玉谈酒后吃亏事，我亦欲持戒矣。

早上圣陶甫行，浩如适来，谓硕民每日到茶馆，走到医家求诊。闻之大奇，前闻颈疽剧，颇惊，今乃释然。

2 月 11 日（甲子正月初七日　庚申）星期一

雪，下午止。夜积雪。上午四十，下午四十三。

上午入馆编史。下午与翼之、珏人往看《赖婚》。夜七时归。

作书复介泉。于下午出游时亲自投之邮筒。

上星期六在馆中看《学灯》，见柳翼谋的《什么是中国的文化》的演讲录。只登了一个起头，十分有架子，一切吐弃。我急欲看他所见的是什么，所以昨今两天都买《时事新报》来看。讵意都未续上，只好等明天了。

馆中新来一人坐叔永位上，不知何人？我与圣陶俩测他，必又是一个外国的留学生。因为看他趾高气扬的缘故。

2 月 12 日（甲子正月初八日　辛酉）星期二

晨微晴，雪消。下午阴雪。上午三十九，下午四十二。

依时入馆编史。第三批稿，今天适之亦已送还。全稿已定分三册出，今第四编将独立一册，已发排了。第五、第六两编则并印为下册。因此，手内可以略松些，倒也好的。

柳翼谋的讲演已续下了，只是未完。但我已看够了，不必再看下去，实令我大失所望。原来他说的中国文化只是君臣、父子、兄弟、夫妇、朋友五伦而已。——这应该痛斥的。

饭后，珏人，濬儿陪翼之出游新世界。夜仍在家小饮。

2 月 13 日（甲子正月初九日　壬戌）星期三

晴，略翳。上午三十六，下午四十二。

依时入馆编史。把第六编第二章编完。

散馆后与翼之、珏人并濬、清、汉三儿至九云轩晚餐。乘电车以往，将到不停，险致颠仆。七时许，仍在南京路转角乘电车归。

甫坐定，子玉来，因大谈。渠方悟西门事之受人播弄，幸而未上人钩也。我因劝之，最好与若辈绝。十时许，去。

在电车上晤研因，知云六将辞本馆就世界书局教科部长职。果尔，则馆中固少一人，而在同人看来，却是去了一个像丑，眼前清疏些。——我与他绝无关系，更说不到恩怨，只是看他小派，宛然一丑角耳。

2 月 14 日（甲子正月初十日　癸亥）**星期四**

晴朗。上午三十八，下午四十二。

依时入馆编史。饭时送翼之上车，车极挤，不知到苏得坐否也？

散馆归，乃乾来谈，属将《天问》附图交振铎，因渠要印入《小说月报》也。晚饭后，子玉来，阮君忽打牌兴至，邀圣陶及我入局。打四圈，睡，赢钱千馀。

珏人左乳忽起块，酸楚殊甚，晚不能眠，甚急。明日当求医诊之也。她体极弱，连日以陪戚出游，竟来此症，为之奈何！

柳翼谋之讲演，今日《学灯》已登完。越说越没道理，只是三十年前老顽固的口吻，徒然叫人看他不起罢了。不过茶坊酒肆的“三阿爹”说此，本没什么稀奇，而皇皇东大教授，奈何也同此无聊呢！由此看来，他的著作也够瞧了。

2 月 15 日（甲子正月十一日　甲子）**星期五**

晴明有风。上午四十四，下午四十三。

依时入馆编史。

珏人乳部今天去诊视了,据医说尚不要紧。可是她已有寒热发作,而且倦睡得厉害。我很着急,然也没奈何啊!

散馆后去振铎所开会讨议朴社事。雁冰、愈之、乃乾俱到,决先把《浮生六记》印行。又拟就重要古籍中选注辑印为《中国文学选本》陆续付刊,作中等学校教本或补充课本。当时商定《史记》、《左传》、《国策》、《庄子》、《荀子》、《韩非子》、《论衡》、《孟子》、《诗经》、《乐府诗集》、《唐五代宋词选》、《唐诗选》、《元曲选》、《古诗选》等十四种,先出《史记》(圣陶任)、《孟子》(我任)、《论衡》(乃乾任)、《词选》(振铎任)四种,希望能于暑假前交稿,则开学时当得一大批销路也。

2 月 16 日(甲子正月十二日　乙丑)星期六

晴。三十八。

依时入馆编史。颇望校稿,而排印房不送来,催之久,始将样子——未经校对房校过之毛坯——送核。我不愿经手多而时间慢,只索叫他们排好了径送。下星期起,或者有得校订乎?

散馆归,硕民、彦龙已自苏来,正在门首眺望。硕民颈疽确烈,而不能不来,彦龙因伴之同行。夜间圣陶请他们吃饭,我与焉。饭后同出,看子玉及胡君(硕民徐州同事)。继陪硕、彦到四马路鼎新旅馆,谈至十时才归。

2 月 17 日(甲子正月十三日　丙寅)星期日

晴。四十九。

晨与圣陶同过子玉往硕、彦,在先得楼吃羊肉面,食后至长浜路静安寺一带看万国商团野操。以时太晏,路太远,未得见。十一时许,乘电车返。圣陶径归,我则与硕、彦至老正兴馆午餐。甫举箸而楼下打架声作,一时鼎沸。未及饱,只得算帐走出。旋到爱多亚路口看欧战纪念碑(昨日开幕),即由那边乘电车赴杨树浦。硕民独坐人力车奔沪江大学与郑君接洽,我与彦龙则徜徉于浦滨,殊乐。越一时许,硕民还,言已开学,作罢。仍在杨树浦附电车到大马路口,迤逦由先施买物归。

夜在家请硕、彦、圣吃饭。饭后,我送硕、彦至旅馆,十一时才返。

2月18日(甲子正月十四日 丁卯)星期一

晴阴兼至,夜雨。五十二。

依时入馆编史。校毛样三十五页。午后,乃乾来看我。

硕、彦于今日上午乘特别快车归。神州事或有成,则硕民不久仍当来此也。

傍晚与振铎到来青阁,晤乃乾,购得石印直行《学海经解》八函及石印横行《佩文韵府》二函,计价十二元,暂欠。旋与乃乾饮言茂源,振铎则赴一品香宴矣。

与乃乾谈极畅,不觉至九时许,匆匆出酒楼,大雨滂沱,乃坐人力车径归。

2月19日(甲子正月十五日 戊辰)星期二

阴雨。四十五。

依时入馆编史。校稿五十页。

晚子玉来谈,至九时去。

自旧历元旦以来,晚间竟没做过什么。倏已半月,毫无事体而且信札也不曾复过,颇憾。明日起,将打起精神向做事一路走去矣。

来青阁书尚没送来,颇念。以我初得之书,总急欲翻检也。我想无论什么消耗,总是坏的,只有节来买书,确是实在。以后打算不作整票买好板的妄想,还是拣有用的,另碎拾来。

2 月 20 日 (甲子正月十六日　己巳　雨水) 星期三

晴明。四十五。

依时入馆,编校史稿九十页。

散馆后送四十元到乃乾处,备印《浮生六记》用。盖乃乾昨打电话来要,故我向雁冰取此数送去也。遇于来青阁,便邀他同来,一起到振锋所参与文学聚餐会。

席散之后,乃乾、雁冰、振铎、圣陶、我五人集议,拟即披露社中宣言及人物,着手做去了。当推圣陶起草,稍缓再酌。

来青阁书于今日下午送来,因赴宴,未及查缺页。

2 月 21 日 (甲子正月十七日　庚午) 星期四

晴朗。夜雨。五十二。

依时入馆,校印稿八十页。全书的中册已排完,下星期当可出版。虽不见怎样有趣,究竟拙劣的蛛网上多了一条丝,总该快活的。所以颇望早些出版。

写信复柏寒及嘉显,因昨天均接他们的信,为甬校教员事不成,分别答话也。

夜检查《佩文韵府》及《学海堂经解》有无缺页,费时甚多,竟无缺少,尚慰。

自治学院送来阅卷酬金四十元,因即复谢。

2月22日(甲子正月十八日　辛未)星期五

晴阴兼至,傍晚雪。上午四十八,午后四十五。

依时入馆编史。中册的清样已签好,目录亦复编讫交出。应插地图,也开单交由出版部注意了。

夜标点《孟子·梁惠王章》。参考焦循《孟子正义》。

应复之信甚多,无暇遍答,甚憾。而仲弟迄无音至,却又悬悬不置,不识究作何状耳。他怕写信,而老母殊欲他时常寄信,因此供不应求,精神上常形缺陷,我便为之不宁。

2月23日(甲子正月十九日　壬申)星期六

晴朗。上午四十,下午四十四。

今日温度不甚低而感寒殊甚。殆春寒料峭倍觉刺骨乎? 不然,清坐足僵,虽严冬未曾知此也,何以今日独感之乎?

依时入馆编史。散馆后至永安存款。顺道在先施购得立体镜玩具一具归,将以颁儿辈。

今日共写信八封,积债一清,甚快!

为章来访,适出未晤,至歉,暇当答访之。

2月24日(甲子正月二十日　癸酉)星期日

晴。上午四十,下午四十五。

竟日未出,在家标点《孟子》。午后剪报分贴,至夜始了。

晚饭后子玉来谈,九时去。

振铎导其友顾君（崇明人）来，初见，彼卒然问我以毕业于何大学。我以未入大学对，彼似甚诧，奇哉！大学之招牌仍犹前朝之科名耶！然则人之尊我为大学中人者，直比我于科名之心理耳。名心之入，人有是哉！

整整半天标点，亦只得大半卷书，可见万事总须努力，决不能弗劳幸致也。

是日天未明时，有贼用器撬前门，声甚厉。我起听之，仍不去。适有车过，遂罢。贼胆亦大矣哉！及明视之，门已离臼矣。

2 月 25 日（甲子正月二十一日　甲戌　）星期一

阴霾，晴朗交作。上午四十，下午四十二。

依时入馆编史。饭后乃乾来访，谈社事并将《戴氏遗书》中之《孟子字义疏证》及《原善》交我，属与圣陶合作标点，乘北大《国学季刊》戴东原号出版时印行。

散馆后，与振铎到来青阁访乃乾，同饮于言茂源，商乃乾是否入都任事——颉刚函招任研究所事——我意尼其行，俾在此间肩社中印行诸务。渠尚或入都一行，以观风色耳。不知颉刚之意谓然否？由言茂源归，修妹挈招甥方自苏至寓，即下榻焉。

2 月 26 日（甲子正月二十二日　乙亥）星期二

晴朗，下午阴，夜雨。上午四十二，下午五十。

依时入馆编史。圣陶写信分复平伯、介泉，我便附笔致意，把昨晚言茂源所持意告之，并询颉刚。

为章有书来，介绍硕民至上大中学部兼任史地教课。当即由圣陶告知硕民，而我便复之。

　　夜钞《原善》，兼加标点。至十时，尽一卷，计二千九百馀字。但有好几处不能径断，须容参考虑定也。虽劳而有兴，或者性之所近与？

　　预定以后每日六时起，十时寝，不饮酒，专读书。有可节之钱便以买书自娱。

2 月 27 日（甲子正月二十七日　丙子）星期三

　　阴雨，夜大风。五十。

　　依时入馆编史。将第六编第四章编完。读周树人《中国小说史略》九篇。尚贯穿联络，读之不倦。

　　钞《原善》三千言。卷中已毕，且及卷下矣。预计明日钞完，带校带标点，或亦可毕工于是日也。圣陶所担较多，或不能完，然亦近矣。所惜北大的《国学季刊》久不出，为可悲耳。

2 月 28 日（甲子正月二十八日　丁丑）星期四

　　阴雨。上午四十七，下午四十五。

　　依时入馆编史。夜钞《原善》毕。未及校，已十时矣，遂寝。

　　乃乾寄《绪言》来，属就书加标点，俾与《原善》合为一册。俟《原善》校标讫，当续事《绪言》也。

　　向附《努力》之《读书杂志》十八期已出，业由颉刚寄来。惟归查十七期不得，想未寄出也。明日当书抵颉刚属补寄。

　　朴社颇借重乃乾，如得不上北京而专为此事，社中大幸。但不知究何如耳。

2 月 29 日（甲子正月二十五日　戊寅）星期五

　　阴雨。上午四十四，下午四十七。

依时入馆编史。

接颉刚书,在馆中复却。把所怀之事即尽情告之,有希望乃乾不北语。想此书到日,彼当有切实答语也。颉刚来书有附交乃乾者,因于散馆后与圣陶往来青阁访之。未见,去。到中华书局买得《学衡》廿六期(因中有袁同礼之《永乐大典考》)及武昌高师所出之《文史地杂志》一卷一号各一册。

《文史地》中有夏孝诚之《南北朝经学概论》,颇可观览。馀则萧长迈之《世界煤油问题》耳。

3 月 1 日 (甲子正月二十六日　己卯) 星期六

晴阴兼至。上午四十四,下午四十六。

依时入馆编史,并编一、二期《文学》。

傍晚,为章来,因与圣陶共谈。夜,我饮之于广德居。

硕民明日将来,与其夫人偕行。住阮君所住之亭子楼,盖阮适于昨日搬去也。

颂皋本约今日午后过我谈,待至散馆未来,便归寓待之。久而弗至,乃与为章行。

自广德居归,子玉在寓候我。因长谈至十时许始去。

3 月 2 日 (甲子正月二十七日　庚辰) 星期日

晴。四十四。

方欲乘暇标戴氏书,晴帆忽至。乃与纵谈,因共出饮言茂源。饭后至本馆发行所购物,突遇道始、君毅兄弟,因知他们访我不值,甚歉。继同至同芳居啜茗。我来沪真正上茶馆吃茶,此为创举,亦觉不甚厌恶也。

途遇良才,匆匆立谈即别。

四时许归,硕民夫妇已至,遂共谈。

3月3日（甲子正月二十八日 辛巳）星期一

晴,夜雨。四十四。

依时入馆编史,全部告成。明日将交稿给经农俾转适之,则又一部全书毕工矣。工拙得失固弗论,要之已为馆中成书六册也。散馆归,愈之、颂皋具来谈,为章亦至。七时去。

为章未到前,大谈朴社事,愈之很顾虑资本家的压迫,而我以为既不列名宣言,且著作并不署名,未必有碍感情,且即令破裂,我辈正复当力图自辟畦町耳。

夜与子玉、硕民谈,九时始去。

予同由温州来,赠我《永嘉郡记》一册,感甚！此书本刘宋郑缉之所辑,民国元年孙氏石印本。

3月4日（甲子正月二十九日 壬午）星期二

阴,濛雨。上午四十六,下午四十四。

依时入馆工作。将《本国史》第六编交经农,全部已完。明日起,将续编《本国地理》下册矣。

看《绪言》,预备即加标点,但须审慎些,故仅看之而已。

玉诺由豫来,散馆后,与硕民、圣陶走访之,兼赴乃乾约。玉诺自言在龙升旅馆,孰知他误记,遍寻不获。后至荣升访之,始遇。因约共出,饮言茂源。谈甚畅,至九时许始各归。

夜聚地理书册,备编辑用。

3 月 5 日 (甲子二月初一日　癸未) 星期三

晴,下午阴。晨次甚湿。上午四十五,下午四十八。

依时入馆工作,审查湖南来稿《本国地理大纲》一册。

颂皋托我二稿,已分别交由致觉、经农矣。

散馆后,与硕民至利济药房仍请景周诊硕颈疽。盖昨日未访乃乾时先已过去一次矣。硕民此次甚吃苦,初不料如是厉害也。夜饭后与硕民谈,至九时始各归室。

3 月 6 日 (甲子二月初二日　甲申) 星期四

晴阴兼施,东风急。上午四十六,下午四十五。

依时入馆工作。散馆后仍伴硕民至利济药房庞京周所诊察。七时许归。

饭后乃乾来,出《浮生六记》印稿交圣陶校。因谈北京同人不肯列名宣言,认为不协作,思飘然去。我等因应立约雁冰、振铎、愈之、予同同于三时半临时集商,结果,公函敦促,俾北京同人弗懈进行。

硕民外症甚剧,昨因受创稍烈,竟发烧。今日神气萎顿颇可怕。但经京周证明,决无妨矣。

3 月 7 日 (甲子二月初三日　乙酉) 星期五

晴,夜雨。四十四。

依时入馆编《地理》。今日文学会聚餐,我与既澄当值,而既澄久不见,不识他在何所也。发柬后,来者尚多。夜七时在振铎许设席,计到席者有振铎、切生、雁冰、玉诺、愈之、圣陶、仲云、乃乾、志摩、予同及我十一人;六逸与既澄始终未至,不识何因也?

今日圣陶把昨议的情形草就公函,由列席的七人署名寄出,专致颉刚、介泉、缉熙。

浩如已由乃乾介绍至南洋中学钞书,今天来,与乃乾接洽后即于明后日前往矣。

3月8日（甲子二月初四日　丙戌）星期六

上午大雪,下午止,夜大雨。上午四十四,下午四十六。

上午入馆编书。下午未去。平伯来谈。盖昨自杭来,今且赴甬矣。作书复梦九、靖澜。

为章、洁如都来,因与他们及硕民、圣陶同往本馆发行所走走。旋在同芳啜茗,而圣陶以事先行。五时许,四人同至京周处,伴硕民求诊。诊后,谈良久乃归。

夜写信封三十馀,盖文学会第二次聚餐期已届,已定于十六日在半淞园江上草堂举行,故印柬分寄也。

浩如谈安吉、孝丰民情物宜,甚可考见浙西社会风尚。

3月9日（甲子二月初五日　丁亥）星期日

阴雨。四十六。

阻雨未得出,在家剪贴报纸而已。

午后乃乾来,谈四马路启新书局原址有租开书店望,我颇欲其事实现也。吾苦无钱,不能出资,否则我独力亦将为此矣。夜复晴帆信,说今日阻雨不能赴招之故。

乃乾以《崔东壁遗书》样本见示,盖渠方为古书流通处印行者。惟钞写付印,终恐讹字太多,不如影印耳。

久不作预拟事,明日起,当赓为之也,否则恐届期矣。且日前颉刚、绍虞来信,都劝我赶把《转注说》做就,更不能不努力一做。

3 月 10 日(甲子二月初六日   戊子)星期一

阴,晚晴。上午四十五,下午四十六。

依时入馆编书。写信复绍虞。夜又作书给仲弟、翼之、佐青、钰卿。积信一轻,或将可以做些事情矣。

晚饭后,硕民、浩如来谈,至九时二十分始去,遂致预定计画又不得实行。

谈苏州女子职业中学生徒出路状况,颇令人对于女子职业前途发一长叹。根本上无职业可言,初非有此业而不得其材也。职业教育之提倡者,其亦知返本探源乎?

夜半附近川公路大火,惊起看之,终夕为之失眠。

3 月 11 日(甲子二月初七日   己丑)星期二

上午见日,午后阴,入晚雨。上午四十六,下午四十四。

依时入馆编书。

阅报知川公路大火为祥经织绸厂,死女工数百人,惨矣!

散馆后,伴硕民往京周所诊治,并在北万馨进点。七时许归。

昨日失眠,今乃加早入睡,九时许便寝。

秩臣有函至我及圣陶,拟聚会集金偿逋。我们都无馀钱可应,只得婉谢之。但信尚未出也。

3 月 12 日(甲子二月初八日   庚寅)星期三

早雨,阴霾,午后止。上午四十五,下午四十七。

依时入馆编书,移坐位于对面,盖纬平先生今已调至百科全书委员会办事也。

复石莼书，婉谢不能入会。又复颂皋书，希望能于日内来此一谈。散馆后仍与硕民同出，圣陶偕焉。在北万馨食点，旋往利济药房。七时许归。

夜标点《原善》兼翻书，至十一时始寝。尚有许多地方未寻到，书不熟之弊，有如此者，奈何！

3月13日（甲子二月初九日　辛卯）星期四

晴，东北风仍急。上午四十五，下午四十六。

依时入馆编书，标点《原善》。下午颂皋返苏过此，尝来馆一晤。他已与介泉协作英文教本，并约于下星期三下午五时在我寓集同人议朴社进行事。

散馆归，便与硕民同出，到利济后，即往来青阁访乃乾，因颉刚等已有复信来，特持与乃乾一看也。

晤得乃乾后，同在德源馆饭店吃夜饭。又深谈一切，知浩如已到精勤小学上课矣。四马路设店事，亦须俟下星期三之会解决也。

九时半归，全家已在睡乡矣。

3月14日（甲子二月初十日　壬辰）星期五

晴。四十四。

依时入馆作事。《原善》已标点讫，尚待审订也。夜为圣陶所点《孟子字义疏证》审订异同，至十一时始寝。

散馆后与硕民、圣陶同出，走至天后宫桥，乃乘电车到北泥城桥，然后往利济。自利济出，在老大房、先施等处购物以归。

硕民外症，久不见效，自日来连打药针四次后，今已见愈。据京周云,此药液亦由血清制成,专治葡萄状球菌所祟诸疾痛,宜无不灵也。由此以往,或日起有功乎!

3 月 15 日(甲子二月十一日　癸巳)星期六

晴,东北风仍急。上午四十四,下午四十五。

上午入馆,把《孟子字义疏证》校毕。并将东大学生杨某《史记》传文标点稿审查。饭时,乃乾来,圣陶具饭饭之,我亦与焉。饭毕,浩如至,谈精勤状态,下午因未入馆,与硕民、浩如游大世界。乃乾后至,因共啜茗于玻璃屋内。五时许,约乃乾在来青阁俟我,而我与浩如伴硕民至利济。自利济出,硕民以倦游先归,浩如与我则访乃乾同至顺源楼吃夜饭。九时许,各归。

是日不得法,睡不着。很可怕,难道从前的老病要复现吗? 我心上不能有事,略一搁住,便易失眠,坏极!

3 月 16 日(甲子二月十二日　甲午)星期日

阴霾。上午四十七,下午四十八。

文学研究会会员傅东华自北京来,今日振铎导之至,拟即楼下居之。十一时许,便与硕民、圣陶、东华同往半淞园,途次遇愈之及仲云。至西门,又遇光荣及虎如。到园后,予同亦至,而乃乾已先在。乃把书稿交给他去付印。既而雁冰、振铎、君箴、菊农、庐隐并褚君俱来,乃就水阁吃饭。园中菜极劣,多半未得饱。下届聚餐,当别择一地矣。(褚君字东郊,亦中华书局同人。)

二时许出园,与硕民、予同同至北万馨进点。继又在永安为会中购茶壶一具归。

3 月 17 日 (甲子二月十三日　乙未) 星期一

晴阴兼至。上午四十六，下午四十七。

依时入馆编书。

读孙毓修《中国雕版源流考》，甚服其精卓。此君为商务尽力不少，《四部丛刊》即为渠一生精神所萃，乃书成见弃，竟于去年年首离馆，郁郁以死，惜哉！资本家狠心如此，真令人不甘为之宣劳也。

夜，振铎、雁冰、愈之、圣陶、东华、乔峰、雪村诸人俱来，谈今后《文学》编行事。《时事新报》允改良，而我们终不满意，或者必至收回耳。振铎好为壮语而对外交涉殊巽柔，亦一病也。《时事新报》馆之狡猾，殆积渐纵之耶？

3 月 18 日 (甲子二月十四日　丙申) 星期二

晴明。上午四十二，下午四十八。

依时入馆编书。

散馆后在附近理发店剪发。

夜濯足。点《孟子》，并略看《经传释词》。

硕民颈疽已大愈，为之一慰。

我心上最负的文债为《小说月报》之《中国文学史上的七大倾向》，北京大学《国学季刊》之《转注说》，《星海》之《辛弃疾》。越想赶紧做成，越不能下笔，越想抽空作去，越没有工夫可用。真正焦急。

3 月 19 日 (甲子二月十五日　丁酉) 星期三

晴。夜深雨。上午四十六，下午五十。

依时入馆编书。将《关东平原章》大致弄全,只消整理一下便得了。

《本国史》末章已由适之寄回,本星期中,又可发排,则此书全部告成了。心上确也称快。

散馆后,在振铎家议朴社事。(一)决定答复北京同人,社址设在北京,发行机关在上海,且略告进行组织发行机关事。(二)发行机关决由乃乾进行,上海同人允出资五百元与古书流通处陈君合办,分征同人之在外埠者的同意。(三)《霜枫》小丛书,决听平伯个人主持。

《浮生六记》印好的稿子已见,行款纸张尚惬意,惜差字太多,符号也多误为憾。

3 月 20 日(甲子二月十六日　戊戌)星期四

早阴,午后晴。上午四十八,下午五十四。

依时入馆编书。

为上海同人写公信给颉刚、介泉、缉熙、万里,依据昨夕议决案措词。不识他们对于组织发行所的进行,是否赞同也?

散馆后与硕民同出,先至北万馨进点,继到利济。略待,京周始至,为硕民诊后,知颈疽已愈,惟臂上打针处则肿痛耳。

写信分寄怀之及船伙蒋义坤,拟把存苏之书箱取来。并接怀之书,约于旧历三月初四日到彼一叙,因并复之。或者届时与家人同往扫墓也。

3 月 21 日(甲子二月十七日　己亥　春分)星期五

晴,夜半风大作。上午五十,下午六十。

依时入馆编书。为学生杂志社答问十条。

澄衷中学校长曹慕管顽强多事,忽而充代表,忽而做交易所,忽而提倡八股式的国故,本不足责,近日英甫因纠正他在校以尊经宗子的问题责学生,他便大放厥词,在《时事新报》上乱叫。散馆后,雁冰诸人在我家略商,预备这一期的《文学》要向他攻击了。

夜与硕民谈,未及他事。母亲忽感头眩,呕吐频作,为之大惊。幸即就平,始各睡。然是夕梦觉数四,竟不自知其为睡为醒也。

3月22日(甲子二月十八日　庚子)星期六

晴朗。上午五十三,下午五十九。

依时入馆编书。代学生杂志社答问十五条。

下午乃乾电话来约,因于散馆后走赴之,在来青阁相见。因与同至国光印书局一行,并在顺源楼小饮。九时归,知子玉曾来看我。大约将有事就商也。

饭后在馆草千五百言,题为《策问式的国故》,斥曹慕管之误人。此君好名过甚,或将从此引起笔墨官司也。但不说终不快,殆箭在弦上不得不发乎!

3月23日(甲子二月十九日　辛丑)星期日

晴朗,夜深后雨。上午五十二,下午六十三。

晨与硕民往访子玉,因同出闲步。由天通庵路越淞沪站,绕至靶子场,循北四川路、东宝兴路、宝兴西里以归。心意甚适,而体很累乏,然不苦也。

饭后,浩如、子玉、为章俱来,谈至四时许,始同出。我与圣陶赴既澄、六逸约,而硕民、子玉、为章则别寻游方也。是夕会所本在北四川路武昌路会元楼,因不容多座,临时改在粤商大酒楼。以此,颇费搜寻。切生未到,或即寻不着耳。此次列席者甚多,有圣陶、雁冰、愈之、东华、予同、我、振铎、仲云、既澄、六逸及既澄之弟严光。九时许归,在北四川路书店购得 *Country of World* 以行。

3 月 24 日(甲子二月二十日　壬寅)星期一

晴阴兼至,夜微雨。上午五十五,下午五十四。

依时入馆编书。午刻乃乾来,因与共返,饭于家。他来欲与朴社会计划一部款专任印刷,当经雁冰认可,说即日拨五百金交他经手办理。

散馆归,子玉已在家待我,谈至夜饭后,为他写信两封。

九时后,又标点经韵楼本戴东原《原善》三序,附拟印微波榭本之下,垂递乃乾之意也。

母亲迄不能起坐,甚可虑。仲弟适有快信至,报告十八寅刻生一女,因即赶复催归,并为新生女侄取名涵华。

3 月 25 日(甲子二月二十一日　癸卯)星期二

晴,西南风颇大。上午五十二,下午五十六。

上午入馆编书。见曹慕管之狂言在《时事新报》的《学灯》上又揭出了。真无赖,原不值一驳,只不能任其猖獗,致淆听闻耳,因拟联同人痛驳之。

下午未入馆,与硕民、圣陶同出。将《原善》新稿及《浮生六记》校样存放来青阁,俾转致乃乾。旋往恩派亚看本馆自摄电影《大义灭亲》。有模糊不明之憾而鲜明朗爽目之快,殊不满意。然犹摄术之缺点耳,请言情节则更胡闹,简直幼稚无常识矣。以与舶来品较，真可叹惋！五时散出，至利济，京周未至，乃到北万馨进点。后往晤之，为硕民诊治，所患已全愈矣。

夜读《清华周刊》的《书报介绍》附录。

3 月 26 日（甲子二月二十二日　甲辰）星期三

晴，有风。上午五十二，下午五十四。

依时入馆工作。审查外稿《中国近世史》，仅及四之一。

作书复颂皋，告以吴剑心稿馆只肯出五十元。午后三时许，他来，白寄此信矣。

接颉刚、介泉、缉熙信，对于自织发行所事有异议。谨慎原自不错，然既欲向前进行，却不能再顾及别的麻烦；如多顾虑，不如不作之为愈也。吾意，与其徘徊却顾，则徒积金钱无名甚矣，反不若速行散伙，各从所愿。夜六时许，乃乾来，因谈此事历三小时，毫无结果。明日拟集此间同人一议，或将就此收场耳。

浒关亲戚今日下午来，将小住游沪也。

3 月 27 日（甲子二月二十三日　乙巳）星期四

晴，有风沙。上午五十，下午五十三。

依时入馆，审查外稿《中国近世史》过四之三。

集同人商答复北京同人书，愈主各言尔志，由各人自己本着主张写出来汇总复去。下午，在馆同人的都交到了，只有乃乾和颂皋未见。恰巧颂皋来取剑心稿费，遂亦写下。

散馆后，浩如来看硕民，因同出走走，由北河南路、七浦路、北江西路、宁波路、河南路至北万馨吃点心。旋由山东路至广东路，分道各归。

乃乾原约五时来,未及至,或理书忙乎? 他未写下,明日只得先行出寄矣。

临睡前写信三封,一复晴帆,一致仲弟,一催叫蒋义坤速来,俾交咐到苏取物。

3 月 28 日(甲子二月二十四日 丙午)星期五

晴阴不定,夜风雨。上午五十三,下午五十一。

依时入馆查稿,把《近世史》审完。

下午做了一则杂感,补本期《文学》之白。想下次再做一则指出《大义灭亲》的不对处。——不合理,欠常识。

北京快信已寄出,不知如何答我们。如果不照第一路,我宁自行退出,决不迟恋。因我默察前途,必不会有好果,所以很消极,竟侧重在退出的一条路上。

母亲因昨夜与亲戚多谈了几句,今晨又作呕,奈何! 投以苏达明片,稍止,然亦不能再呕矣。高年不任劳如此,真可怕!

夜钞梁任公的《读书法》。

浒关乡亲今日上午九时去。

3 月 29 日(甲子二月二十五日 丁未)星期六

阴雨,有风。上午五十,下午五十二。

依时入馆编书,并审小学史地样书多种。把梁任公的《读书法》钞完。原件即送还杨英甫。

硕民昨已归去,今日殆无伴出游,因未出。

夜读 *The Outline of the World* 略检生字,尚可看下,至快。果得由此精进,或者一箭双雕,两得其益乎! 当勉之弗辍也。曹慕管字一匦,又字微吾,托意甚傲,宜乎有此倚老卖老之举也。连日匿迹消声,似已不再强词夺理矣,而《学灯》上又见他的党徒为之呼号,可见他的手段真卑劣也。

3月30日（甲子二月二十六日　戊申）星期日

阴晴不定,夜深后雨。上午五十一,下午五十二。

饭后往过子玉同出,信步所至,由老靶子路、梧州路等沿黄浦直至城内城隍庙。在庙内吃点心后,仍步至福州路。往返十馀里,殊不感疲,或者大家愿走此路而且说且行自不觉远乎? 行至昼锦里,子玉赴浴,而我适遇愈之,乃同往来青阁晤乃乾。旋愈之以事他去,我则与乃乾同过古书流通处,然后赴美丽愈之之约。

同席有振铎、乃乾、圣陶、仲云及愈之与杜尔梅。馀客未到,大家都过饱而散。归家已晚十时,全部殆已入睡矣。

是午祀先,盖不日即将晴明矣。

3月31日（甲子二月二十七日　己酉）星期一

阴,细雨蒙茸。上午五十三,下午五十五。

依时入馆编书。

作书致颉刚、怀之、翼之、剑秋。我本约怀之兄弟于出月六日到苏,兹因母亲卧床而家又断佣人,未便远离,只得告知爽约,俟机会再说矣。

报载曹慕管函,谓商务书馆编辑总头脑及《学生杂志》主任已去函正式道歉云云,阅之愤甚! 难道英甫没有见吗? 否则将来是否再想说话? 此而不起纠正,彼资本家与以学校为饭店者益得构煽矣。寄人篱下,连言论也失自由,真可恨!

4 月 1 日 (甲子二月二十八日　庚戌)星期二

阴霾，湿润。上午五十五，下午六十。

依时入馆编书。见本馆新出版之《第一回中国年鉴》一厚册，取次翻检，觉不满意，盖杂而失统，略而遗要，举无当于大用耳。

《东方》二十周年纪念号已见，上、下两册，颇多有用之作。我看了三四篇，似比申报馆之《最近之五十年》为精要也。

散馆后独往大马路为母亲购食物，径去径来，仅四十分钟耳。母亲现知嗜味且烦躁频作，其殆日见痊可乎？家下乏人照料而佣人又中断，真难为了珏人矣。

4 月 2 日 (甲子二月二十九日　辛亥)星期三

阴霾。上午五十八，下午五十八。

依时入馆编书。看《东方》纪念号论文。

李诚《万山纲目》凤耳其名，末由一睹，以海上及吴下俱无从购买也。偶阅本馆书目，见有是书，因假归一读。此为湘刻本，八册，光绪庚子湘学使吴树梅所刻印。原书本有六十卷，今只有二十一卷，故署曰剩稿。细检目录，知北岭南岭之主干通在佚中，甚可惜！馆中别有钞本十册，当再借校一过，不识能否多见几卷也。

连日天时不正，牙痛甚烈，不但饮食有碍，抑且抽气作痛，殊讨厌也。若待去衣，又怕伤风，真无奈！

4 月 3 日 (甲子二月三十日　壬子)星期四

晴不甚畅。上午五十，下午五十三。

依时入馆工作。接北京同人函多不赞成第一路办法，且对于我所提出之三路颇多不谅，愤极！业将原函交给雁冰，声明以后一切不问，如大家都走第二路，我决退出。

据我观测，朴社前途决无良果，因（一）大家涣散，不负切实责任，（二）支用款项则多半捏着冷汗不敢放手，（三）意见庞杂，莫衷一是。我以为与其苟容隐忍，徒害进行，不如直接了当，一哄而散之为犹愈也。于此，我又得一教训，凡事之成初非易易，聚群旨而求明，真謷说也。

4 月 4 日（甲子三月初一日　癸丑）星期五

晴。有风。上午四十八，下午五十六。

上午入馆工作，下午则与圣陶往上海大戏院看《乱世孤雏》电影，遂未到馆。

《乱世孤雏》描写法国革命时骚动状况，及贵族骄奢情形至悉。令人看了反感重重，深叹人类社会之无味。

浒关戚氏来探吾母，今午后四时，由珏人往车站接来。

接翼之信，知角直各校亦已奉教厅令停止春假矣。然则我之不回苏亦不能说不巧也。即令往矣，亦不克晤之耳。学校既仍用两学期制，春假实有取消之必要，教厅此举，当然合理，但一般敷衍盼假之教员与学生又将促起麻烦乎！

4 月 5 日（甲子三月初二日　甲寅　清明）星期六

晴，下午阴霾。上午五十一，下午五十四。

依时入馆工作。复核小学用史地教科样书多种。我每自视淡然，而统观所见则尤有此感矣，奈何！本馆印行之教科，受人攻击，真该自省，何以前历任老辈多悍然不顾如此乎？岂真合英谚"自信愈深"乎!

饭时子玉来。散馆后与硕民及子玉闲步虹江路、嘉兴路、吴淞路、靶子路、宝通路以归,此行多半生路,颇有趣,可见老调熟路之没兴也。返后又谈至晚十时始散。

4 月 6 日 (甲子三月初三日　乙卯) 星期日

午刻阴,欲雨,晨晚晴。上午五十三,下午五十八。

上午送戚上车。下午与硕民、浩如、子玉出闲游。在城内城隍庙临池啜茗,颇得在乡之乐。五时许归。

夜为子玉草两函,谈至十时别去。

夜四时后,又有贼来撬门,幸经巡警查见,见门裂开,而未失一物,仅毁铁锁一具而已。沪上宵人众多,防不胜防,真可危。设不在沪作事,无论如何不愿卜宅此土也。

4 月 7 日 (甲子三月初四日　丙辰) 星期一

晴。上午六十,下午六十二。

晨作书致警署,请多派警士梭巡。

依时入馆工作。散馆后与硕民、浩如同出闲游,走十许里。归极疲,濯足后即寝。

连日不能在私室作事,且自己应复之信件亦无暇裁答,甚苦。明日起,当谢绝一切,腾些时间出来为自己作事矣。

家下久断佣人,珏人殊苦累。而母亲又不爽健,很焦灼。

昨晚被坏之大门已关呼房东饬匠修好。晚间稍可安心,而十二时后,同巷又有被毁大门之警。此间真不可居乎!

4 月 8 日(甲子三月初五日　丁巳)星期二

晴和。上午五十八,下午六十二。

依时入馆工作。经农来催稿,我已许他六月十五日交《地理》下册稿。他又要我接编纬平所编的《世界史》下册,我也许他七月底交稿,声明在馆外编,另行计酬。于是我又须忙于搜集材料了。

作书复仲弟、颉刚、颂皋。已许颉刚在暑假前作成《转注说》。

散馆后与硕民、圣陶同至本馆发行所购书。我所要用的,什九已卖缺,很感扫兴。

我今后须预备两种工作,一搜讨西洋史及近东史,二搜寻《说文》之转注义。所苦者书不够用,殊患!

绍虞寄《训诂通论》十一纸来,粗读一过,颇见用力之勤。

母亲已大好,甚悦。

4 月 9 日(甲子三月初六日　戊午)星期三

晴,略有风。晨 58°,午 64°,晚 61°。

依时入馆工作。散馆后与圣陶同至新有天,盖今天文学会聚餐该他当班作东了。到时,没有一人来过,停了一忽,切生来了。再就是六逸、愈之、予同、雁冰。吃了一刻,振铎至。将完,东华至。已毕,既澄才到席,另聚餐飨之。

散食后就坐痛谈今后《文学》事。多半主张大家卖力,而且收回自办。其实只好负责编辑人临到自己名分编辑时,必做一篇基本的刊物,那就不怕没料作了。

近来反动思潮真大,曹锟要截印《四库全书》,使商务不得着手。齐燮元创设金陵学院,征文给奖。这都是提倡国故的先生们喊出来的。

4 月 10 日（甲子三月初七日　己未）星期四

晴,微燥闷。早 59°,午 70°,晚 68°。

依时入馆工作。尽编甘肃、青海的材料。

看李劼人译 Marcel Prévost 的《酒馆中》及《火》两篇——在《少年中国》本年六、七两号上——觉他所描写的性欲都是真切的,态度都极严整,不涉游戏。我便于散馆后与硕民同到中华,买了一本单行的《妇人书简》,就是《火》等的结集。晚上便细细的看去。

我想编的世界史,还没材料可取,很急! 我想明日须把馆中所有的西史译本都借来一看。

4 月 11 日（甲子三月初八日　庚申）星期五

晴暖。早 63°,午 67°,晚 68°。

依时入馆工作。审查徐寿龄《罗马兴亡史》稿本。

阅《妇人书简》。我于末一篇《赎罪》最表同情,这样才有真的情感可言,如为林纾所见,又要烦他表章而说是“一失足成千古恨”,幸亏她善于补过也。我意,这不过一偏之见。她的希望自赎。并非但单是忏悔,实在有不能已于言的真挚的情意隐藏着。

夜君畴过谈,至十时始去。他于省教育界情形甚悉,谈言微中,每多不忍卒听,现社会的不安,真是到处听得到呼声了。

何生崇龄将学艺社捐册来募捐,我纳银两元,聊表赞助。

4 月 12 日（甲子三月初九日　辛酉）星期六

晴,午后阴霾。早 66°,午晚俱 70°。

依时入馆工作,审查《罗马兴亡史》稿毕。《本国史》第三册已排样来,以后须腾时校核矣。

夜与硕民、圣陶谈,为章亦至,盖他与硕民曾同往真如看虚舟也。

接讲学社、自治学院、中国公学、文学研究会四团体公启,谓今晨太古尔已抵沪,寓沧州旅馆,将于明日午后在慕尔鸣路三十七号草地茶会,招共赴会。惟明日我已约定珏人同出买物,自难分身,大约只能不去了。平伯与佩弦的意见已寄到,佩弦完全与雁冰同,平伯则又写了一大篇,然归结仍在不开店上。我对此事已灰心,不愿闻问,然恐于短时期内不能摆脱也。

4 月 13 日(甲子三月初十日　壬戌)星期日

晴,近午阴,午后复晴。上午六十五,下午七十。

上午乃乾来,因同至振铎所。未几,晴帆过访,复归。

饭后本约与珏人同出,以恐降雨,遂罢。我乃偕圣陶、东华、仲云赴文学会约,参与欢迎太古尔式。顺道复招乃乾同去。待至四时半,太古尔始来,道貌岸然,手致甚雅,洵东方哲人也。

志摩以英语致词,甚流利而且甚得体,真不可多得。

归道由北四川路购 The Outlines of World Today 7、8、9、10 及 Countries of the World 2、3 以归。前书第六已售罄,再来须三阅月,甚懊恨。拟托振铎为我一觅之也。

4 月 14 日(甲子三月十一日　癸亥)星期一

晴暖。上午六十三　下午七十。

依时入馆工作。散馆后为章来,因于傍晚时与硕民送之出。

彼上车后,我们二人便闲步走走。信行到味雅,遂入小酌。八时出味雅,有风迎面甚凉,乃急归。

日来气候不定,小儿多患痧子。圣陶之女方患此,我们居室密迩而小孩又多,至恐传染,颇不宁。

轮船水手蒋义坤,已写二次信给他,叫他来取单赴苏运物,他老不来,很念,或者已歇业离轮局乎?今日又写信去催,顺便一探究竟。如再无音,则我意中矣。

4 月 15 日(甲子三月十二日 甲子)星期二

晴暖。夜雨。早 65°,午 79°,晚 73°。

依时入馆工作。接乃乾、翼之信,并颉刚寄来代购之《清代通史》二册。此书为北大学生铜山萧一山编,只出上卷,尚有中、下两册须待续也。

散馆后与雁冰、东华、圣陶、既澄参观本馆新建之图书馆及俱乐部。设备之好,不思青年会而实超过之。今后我们当稍享受矣。馆中诸凡举措,只此事差强人意。

夜作书致柏寒,荐翼之教理科,并告翼之。继又作书致怀之。本想遍复颉刚、秋白诸人,因时晏置之。

4 月 16 日(甲子三月十三日 乙丑)星期三

阴霾有风微雨,午后大凉。早 71°,午 68°,晚 62°。

晨写信分寄颉刚、勖初、秋白、剑秋。

依时入馆工作。改订谢观《共和本国地理》教育一章,校史稿八页。

散馆后在振铎所为朴社事集议。愈之已回绍兴未到,振铎为

筹办欢迎泰戈尔事特忙，亦未出席。到场者只有雁冰、予同、圣陶
及我四人。决议开店不涉社事，另推人担任出版委员全权处理。
当推圣陶记出，写寄社员，如得赞同，便可由他们投票选举了。不
知此后有效进行否？

　　夜看萧一山《清代通史》（名不妥）及《东方》廿一卷三号。

　　该做事当未着手，殊急。明日当罗列材料，分别动工矣。

4月17日（甲子三月十四日　丙寅）星期四

　　阴，寒。早56°，午58°，晚56°。

　　依时入馆工作。复查史地重版书样本多种。

　　散馆后与硕民同出闲步。在北万馨吃点心，复徜徉于浦滨。
继由四川路迤逦北归，抵家已六时半矣。

　　夜草拟《世界史》下册目录。尚待细酌。因我于外史甚少致
力，未敢苟焉已也。

　　昨晚睡眠未安。今日眼花而左胁作隐痛，颇不适。大约天气
不良骤变，感冒所致耳。盖最近三日来天气，竟备三季之长也。

4月18日（甲子三月十五日　丁卯）星期五

　　晴，较昨略暖。早55°，午61°，晚59°。

　　依时入馆工作，校史稿印样二十四页。午后三时，乃乾来，因
同出，共参泰戈尔欢迎会。到者千馀人，由沈恩孚主席。恩孚旋
去，聂其杰代之。泰戈尔演辞由志摩译述。会场中发现反对欢迎
的传单，我觉十分无谓，人家是来作客游览的，不是挟了什么主义
来侵略我们的，何苦带着政治作用的臭味去漫斥远宾呢！

　　雁冰已交五百元给圣陶，过付与乃乾印书，大约可以渐上轨

道了。

4 月 19 日(甲子三月十六日　戊辰)星期六

晴，有风扬沙。早 55°，午后 63°。

上午入馆工作，下午未到。与硕民、圣陶至宋园及六三园一游。四时归，累甚。坐未久，屋外锣声喧，知有赛会，因出观。仪从之盛，较去年所见为尤胜，龙灯大小计五起，长者达二十二节。最可注意者为八卦旗及刀枪戟矛队，一群愚众，耀兵通衢，警吏竟熟视而无睹，是不啻庚子义和团之缩影矣。慨自学校提倡拳术技击以来，匪人投机，大得活动之护符，我久已深恶之。不图于海上无意中复见此状，岂我言不幸而中乎？圣陶谓中国事事复古，色色求陈，于是文有"国故"之乱思想，武有"国技"之荡血气，诚然！诚然！

母亲今年入春以来，多病侵寻，迄未霍爽。昨夜又患微热，今日竟不能起坐，投以"阿司匹令"或可稍退内热乎？甚焦虑也！

4 月 20 日(甲子三月十七日　己巳)星期日

晴暖。早 68°，午 72°，晚 75°。

上午与硕民同至泰东买书，彼买一《庄子校释》(支伟成标点)，我买一《中国文化史》。《中国文化史》为兴化顾敦福所编，曩尝投至本馆求售，我批却之。今署以唐伯，遂于泰东出版。我既索观，不好意思不买，便买之，将以作评揭之眉，俾勿贻误后人也。

饭后与珏人出，购物于丰泰。用点于北万馨。四时归。

夜子玉来，谈鬼至十时始别去。硕民因谈近在徐州闻盐城人言阜宁书吏王曜计占民妻被淮安府城隍司差役立拿事。事虽不经,颇快人心。于以知喜人之谈怪说鬼,意在斯耳。不图时至今日,古之象刑仍深入一般人心也!

4 月 21 日（甲子三月十八日　庚午）星期一

晴。早 68°,午 73°,晚 69°。

依时入馆工作。

散馆后与硕民到四马路豫丰泰吃酒。未上酒馆前,并在本馆发行所购得《史地学报》第七、第八以归。第七已买得,以不知去向,重购。及归,知在圣陶所,只索赠之矣。

颉刚寄一片来,谓《地理哲学》(白眉初编)已购寄,且告我他又另租一屋预备专供静修用。

夜半,圣陶夫人患血症,呻吟达予室,珏人因起看之。

4 月 22 日（甲子三月十九日　辛未）星期二

晴,骤凉。早 62°,午 70°,晚 64°。

依时入馆工作。

晚六时半,在振铎所聚餐,文学会予同、愈之值期也。席间痛谈一切,全忘尔我,快快! 接心南嫡母讣,知廿七日在沪开吊。

又接颉刚片,因催我即复,便于午前答之。

4 月 23 日（甲子三月二十日　壬申）星期三

阴,午后细雨。早 64°,午 69°,晚 70°。

依时入馆工作。

夜全家赴圣陶宴,因其母夫人今日六十寿辰也。

接仲弟信,知将入京接眷住津,租屋在"日界旭街新旅社后面,兴张里二十五号"。当夜即复他。

明日百俞续娶,我与圣陶送礼去,竟璧返,甚怪!或者我们非其类乎?

4 月 24 日(甲子三月二十一日　癸酉)星期四

阴霾,隐隐有霉气息。早 64°,午 67°,晚 65°。

依时入馆工作。

下午,为章、颂皋来看我,谈悉为章将回苏搬家来此。我因托他把我寄存怀之处书箱等带来矣。蒋姓水手即不可获得,乘便托带,或可如愿吧。第不识为章能否着力耳。

散馆后与硕民同至先施公司购物,继又至来青阁看乃乾,未遇即返。本想把前欠书帐十四元还却,因未见老班,束手而归。

白眉初《地理哲学》甚似林奎腾(传甲)的见解,或者他们有些关系否?

4 月 25 日(甲子三月二十二日　甲戌)星期五

上午晴,下午阴,有风。早 62°,午 65°,晚 62°。

依时入馆工作。

看《地理学报·近五十年历史的讨源述略》、《清儒之史地学说与其事业》两文。复怀之,告以托为章之便饬人取书簏诸物。

乃乾于饭后来访,为中华图书馆托圣陶标点《王文成全书》。我察其意,或者他自印呢。

夜统读洪深改译之《少奶奶的扇子》,觉其词句之流利畅达,简直不是译作而是创作了。此剧的本身实在也好,描写人类天生的弱点真是*丝丝入扣*。

4 月 26 日(甲子三月二十三日　乙亥)星期六

晴,有风。早 57°,午 61°,晚 60°。

依时入馆工作,把地理的材料搜集有十之八九了。

汉华连日寒热,似为痧子,而烦躁殊甚尤属拟真之象。合家都为此不宁。我今晚本须参观国语师范学校之同乐会,亦因此作罢。溯自今年入春以来,不如意事迭至:珏人首先乳肿;母亲继之,偃蹇迄于今日,右手足竟成麻木;女佣又因事解雇,后来者多不胜任而去。坐是一切烦恼,咸集中于珏人之一身。我甚心烦,几于欲逃出此圈。

夜看《少奶奶的扇子》的改译《序录》及《后序》、《联合国之种类与性质》、《国民党最近之宣言》。

4 月 27 日(甲子三月二十四日　丙子)星期日

晴。上午 50°,下午 60°。

晨起看报毕,即过访子玉,旋与之同归,作剧谈。饭后偕出,看戏于共舞台。主要者为张文艳之《蒋老五殉情记》,表情入微,可儿也!我向以文艳为浪角,只能演《打花鼓》、《纺棉花》之类,孰知竟能以悲剧现身手,居然凄婉动人耶!

傍晚散出,小酌于大世界东面之青萍园,天津馆也。遇东华,乃同返。

夜平伯由杭来,下榻于会中。谈朴社开店事,仍不甚了了也。我觉人之秉赋实不同,办事材与书生材确成两路的。乃乾偏于办事一面,平伯、颉刚则偏于书生一面,雁冰、圣陶则又别成一调,我真不能了解他们也。

东华已承允入社，从此又多一健将，甚可为本社前途慰。

4 月 28 日 (甲子三月二十五日　丁丑) 星期一

晴阴兼施，有风。早 58°，午 65°，晚 63°。

依时入馆工作。散馆后在振铎所集谈，到者都属朴社同人。自五时起，连夜餐在内，直谈至十时半始散归。快极了！我们这样不拘形迹的谈话，真是可贵！

汉儿发烧已四天，今晨果见痧子于头面。甚哟嘈，烦极！

李泰棻的《西洋近百年史》竟买不到，我的工作，只好停顿，很棘手。

昨夜因汉儿索汤故，时时起来，竟未得好睡。今日倦极又延至十一时才得归寝，因此倒睡得多些。

硕民已由苏来，我托他交给为章的条子已送去了。

4 月 29 日 (甲子三月二十六日　戊寅) 星期二

阴雨晨作，午晴，晚阵雨。早 64°，午 79°，晚 75°。

依时入馆工作。地理材料已弄全，只待整理写出了。

四时许，家人来叫，说汉儿忽发厥，危机，我亟跑归。但叫我也没法，只得复翻出去面请寿白来诊之。寿白先生随到，谓系热闭，即用冷水湿巾贴头部。家人不敢行，我力主之，遂行。又为防止肺炎起见，用芥末调水敷净布上，拦胸背缠贴之。十五分时便除去（多则伤肤），谓可刺戟发散。又配药水三顿候服。入夜稍稍见好，甚感寿白云。

初闻雷。

4 月 30 日（甲子三月二十七日　己卯）星期三

晴阴兼施，风稍息。上午 70°，下午 68°。

依时入馆工作。预备整理材料，贯串成篇。

读张慰慈《政治概论》。全书仅二四〇页，读两日矣，未及五之四，当于晚间读完之。稍稍留心看去，便这样费时，可见读书匪艰，时不我贷之为恨也。尝笑颉刚那样用功为自苦，今而后知积累之力实可敬服矣！

散馆后与硕民同出，在北万馨吃汤团。

午后封四金酬寿白，盖汉儿已渐痊，似弗必再药也。

5 月 1 日（甲子三月二十八日　庚辰）星期四

晴，傍晚阴，夜半雨。早 62°，午 68°，晚 65°。

上午入馆工作。下午未往，与硕民、圣陶同赴炮台湾扬子江饭店参与达夫与高女士订婚茶话会。二时至天通庵站，购票入站台。是日江湾赛会，往看者众，甚挤，圣陶被挤不得上，几摈落。直至炮台湾，始见之。同行者有予同、贤江、振铎、君箴诸稔友。在站接者有颂皋、东屏、为章诸旧好，共赴会所。四时许，会毕。我与为章、圣陶、硕民结伴循江塘入宝山城东门，出西门游公园。旋由大道归吴淞，途遇赛会，有纸糊大元宝无数，率高可隐牛驼，十数人挽之行。后有穿前清盔甲乘马者押送之，所谓元宝会也。夜色已阑，始抵淞镇，乃在萃华楼晚饭，然后乘八时许车仍返天通庵。

汉儿午刻忽反复，合家惊惶。予为仍用芥末敷治法处之，乃渐平。

5 月 2 日(甲子三月二十九日　辛巳)**星期五**

阴雨,早间雷鸣。上午 65°,下午 64°。

依时入馆工作。将前编《地理》送馆,作先交一半五万字算,又找得五十元。然身负愈重矣(此项材料,已定高中教科用)。

汉儿今幸稍痊,然痧后一切均险,真难处理,而珏人连日辛苦,已累不堪言,设亦睡倒,将奈何! 今春这样不顺,不识何以遣此也。或者我将永陷困境乎?

夜与硕民谈。略翻张慰慈《政治学大纲》。

5 月 3 日(甲子三月三十日　壬午)**星期六**

阴雨。始终 62°,极平和。

依时入馆工作。散馆后冒雨出,与硕民、圣陶同往来青阁看乃乾。乃乾已至高上兴饮酒,便过访之,略谈而别。即于附近面馆吃面,代晚餐。餐后至职业学校看晴帆,为章已在。遂共登职工教育馆之楼,看戏剧协社所排演之《少奶奶的扇子》。在场遇愈之、仲云、尔梅及道始兄弟。

八时三刻开场,至十一时三刻完,共四幕,很见精彩。尤以布景像真为沪上所未见。散场出,踉跄奔西门,始得乘车返北站。抵家就寝,已一时矣。

前在来青阁所购书帐已还讫,并既购《续经解》一部,约明午后送来。

5 月 4 日(甲子四月初一日　癸未)**星期日**

阴,午后晴,近晚又雨。上午 62°,下午 64°。

饭后与珏人、硕民同出，到先施购物。送珏人归车后便与硕民往访浩如。未晤，即他适，因赴二中同学会于职工教育馆。先在晴帆所闲谈，硕民即止息于彼处。

会时晤颂林先生及为章、映娄、晓先、厚斋、钧章诸君。圣陶后至，略于会的组织加以讨论。五时许，冒雨照相而散。乃与硕民、圣陶、为章扰饭于晴帆所。夜八时许始同归。多雨如上海，虽南人亦觉其可厌矣，况我们仆仆雨中乎！

《续经解》已送来，只三十二本而价须七元，未免太贵。过日当与来青主人一论之。

5月5日（甲子四月初二日　甲申）星期一

阴雨。午后止，然仍阴。上午63°，下午62°。

依时入馆工作。写《关东平原章》未完。

从今日起，拟每夜抽两小时编《世界史》，否恐不及交卷，难以应约也。日来心思太散漫，不能坐定，颇不安。如果上轨道做去，或可一收放心耳。俟《世界史》编完，当搜材作《转注说》矣。

平伯自苏州来，谓接其父阶青先生，并出所集孙仲容、戴子高、章太炎写与他曾祖曲园先生之信札见示。颇有兴味。中有太炎骂康、梁语多则，颇可窥见当时真相。最珍的轶闻，乃是梁逃回上海后犹作应会试想也。宜乎章之瞧不起梁矣。

5月6日（甲子四月初三日　乙酉　立夏）星期二

阴雨，甚凉。早61°，午63°，晚64°。

依时入馆工作。续写《关东平原章》。

今晨为章已将我托带之书箱饬人送来，甚感。惜遇雨，中多受湿矣。散馆后整理一下,迄未就绪,拟明日续理,务支配妥贴也。

写信分寄颉刚、介泉、钰卿、翼之。

饭后平伯来,即赴站回杭。晚饭后乃乾来,子玉来,谈移时而去。

时已立夏,犹御棉袍,甚奇!宜乎易感疾病矣。

夜偶翻从前日记,有许多事竟恍如隔世了。年事未衰,阅境苦多,不知老之将至矣,可惧弥甚!

5 月 7 日 (甲子四月初四日 丙戌)**星期三**

晨大雷雨,旋阴雨竟日。早 65°,午 67°,晚 70°。

依时入馆工作。写完《关东平原章》。

散馆后理书,大旨已就绪了。甚快。惟原拟计日程功之件则尚难着手,殊与处事上确露才短的弱点呵!我心上要作的事正多,而每当着手之际则颇怕经心,不知与生理上有何关系也?

原允《星海》作《辛弃疾》一文,因久延不出很把它停搁下来了。现在振铎来说,已与商务里讲妥,尽三四星期内排完,必须即时交稿出去。因此又逼着要赶快交卷了。小船重载,不知怎样过呢?

5 月 8 日 (甲子四月初五日 丁亥)**星期四**

阴雨,下午略霁。上午 69°,下午 66°。

依时入馆工作。校《本国史》下册印稿二十页。

今日水星凌日,本可一看。因天雨多云,竟未得见日,只好装作不知一样了。

下午,阮志明来访,略谈便去。他近已与一寡妇同居,或者可以减些烦闷。本来他这样长期孤单是不对的,何况他的心理又与别人有别呢!这样一来,或他的家庭可以谅解了。

夜在振铎所聚餐,雁冰、讱生作东。下一期要轮到我作东了。谈至九时半归。已不能做什么,便睡。

5 月 9 日 (甲子四月初六日　戊子)星期五

阴晴兼行。早 64°,午 65°,晚 63°。

本日停工,遂未入馆。

饭后往看子玉,未遇。入晚,我买酒徐酌,而他自至。因略谈近事,知高恩洪在青岛恐不能久于其位也。高氏有胆敢为,是他的长处,乱砍横斫往往偾事,那便是他的坏处了。从前他初长交部时颇有新气象,颇不畏强御,曾不几时,两院议长都送贴为顾问矣。所以他的好处只是毛,其实太不懂得世情也是不行的。

我觉得当世最无救药的只有两种人,一种自命不凡,光会寻别人短处而自己绝不能顾到行事的;一种别是一味蛮横胡干,自以为是的。这两种人,只有坏处,没有好处。我所见的,第一种人更多。

5 月 10 日 (甲子四月初七日　己丑)星期六

阴晴兼施,时见细雨。早 60°,午 63°,晚 65°。

依时入馆工作。看四印斋刻本《稼轩词》。

小说月报社杜迟存先生丧妇,我徇振铎意,致赙二金。圣陶亦然。想同社诸子或都有赙赠也。盖《文学》未收归自己经理时,一切都由他代劳。很宣过劳力的。我们于他猝遭家故时,当然该量力帮助的。

接颉刚信,并由国学门寄《国学季刊》第三期来。知他寓里又动手茸理过一番,或又焕然改观了。他对于京寓真有好感,好像比家乡还要亲切些呢。

5 月 11 日(甲子四月初八日　庚寅)**星期日**

晴,午后细雨旋止,夜大雨。早 64°,午 70°,晚 63°。

晨与圣陶出,共赴三马路成记理发。及归,子玉在家候我,因为作书致萧次修。

饭毕,匆匆行,与珏人挈清儿往职工教育馆看《少奶奶的扇子》剧。圣陶全家与俱,乘电车以往。至则挤甚,几无坐地矣,视时计当未到一时也。挨到开幕,汗流浃背,真有些耐不住了。我看了两幕,便退坐于晴帆所,待她们同行。五时许,始散出,乃共驱车以归。

夜颂皋来谈,继次伯、希猛乔梓并至。谈至九时许,乃行。知希猛近与我住所相距甚近也。——在北四川路永康里四街第一家。

5 月 12 日(甲子四月初九日　辛卯)**星期一**

阴雨,午后止。早 64°,晚 63°。

依时入馆工作。审查张资平《人文地理学》稿,即交还经农,让他自定去取。据本人序文,真夸大,宜乎人家都不愿与这班带有狂病的人接近矣。——他不但自夸,而且笼统的攻击一般出版界,只显出他自己是独一无二的的名著,真好笑。

看《东方》廿一卷六号,中有冯式权的《北方的小曲》一篇很不差,或者引动颉刚的注意呢。据他自跋,知是学理科的人,尤为难能。果尔则乇子水有子嗣响矣。

接颉刚片,知我前信由介泉转交者已看到了。

5 月 13 日 (甲子四月初十日　壬辰) 星期二

阴雨,下午时好时歹。上午 61°,晚 64°。

依时入馆工作。看《东方·谶纬考》及鲁迅的小说《祝福》。

夜写信与怀之、为章、勖初、晴帆,并及浒关亲戚曹品鸿。

致觉告我:尝遇柏寒于苏州,据言彼极念我,到此间来,当来看我也。并望我到甪直去云。我久思到甪直而不能如志,甚恚,不知何日始有便一往也? 如得前往,则翼之事或可得一下落耳。

午夜大雷破梦,电光抽闪透窗入,侵帐欲燃,骇极。上海屋小,床又贴近湿墙,万一引电将奈何! 因起坐不敢寝。于是百念交集,神疲气怯,竟不复寐了。直至黎明雨止,乃糊然睡去,然梦魂多扰,殊难宁贴也。自问无所愧怍,宜不当惶惶若此,殆神经衰弱,不任猛烈之刺激乎!

5 月 14 日 (甲子四月十一日　癸巳) 星期三

阴雨竟日。早 64°

依时入馆工作。将《蒙古高原章》写毕。

散馆到寓复作书致剑秋及仲弟,一复前信,一催常通确音也。仲弟写信之懒,真不可救药,无论如何敦促,彼则一味不动,缩至无可再缩,始勉强答一短柬。此短柬中又所对非所问,只落落数十字之电稿耳。

夜子玉来,谈至八时半去。

我欲作《辛弃疾》一文,参考了不少的书籍,反而使我心烦不能下笔,很腻,越是事多,越坐不定凝思;越是不能凝思,越是瞎念头多。或者我已到了神经衰弱的地步吗？

5 月 15 日 (甲子四月十二日　甲午) 星期四

晴，居然撑到终日。午前 63°，午后 66°。

依时入馆工作。散馆时为章来访，因同归。少坐，我与硕民、圣陶及为章同出，为章访戚于火车站，而我们三人乃偕往本馆发行所购书。旋出，饮于言茂源楼下，至八时许始归。

归途于大光电器行购得二百磅轻磅百支光电灯泡一具，抵家后改置之，光明乃倍于从前多多矣。心神确为之一快。大凡无论何物，只要新得，总觉可爱。固不仅候得明灯为快也。

酒后当然不能做事，稍坐便睡。所欠笔债，将何以了之？荷！荷！

5 月 16 日 (甲子四月十三日　乙未) 星期五

晴，闷。早 66°，午 73°，晚 70°。

依时入馆工作。看《国学丛刊》二卷一期，深致不满，盖越出越像课艺矣。东南大学夙以守旧闻，其实连旧的实际也没有，守什么呢？他们最大的成绩，只是努力于反时代思想的宣传而已。譬如金陵学院的创行，全省中等学校国文教学研究会的发起，反而都含有此种毒素在内也。

散馆后与硕民同出，买鞋于五福。后又随便看看草帽，都不合式——非太昂，即太不能入眼——只索不买。旋至北万馨吃点心，信步返日升楼候电车。以时候不巧，挤甚，我困立月台上几不能动弹，而每有人上下辄加紧一些，险轧闷了。上海无事不乱，于此益信。

接勘初复信。

5 月 17 日（甲子四月十四日　丙申）星期六

阴翳，傍晚雨。上午 66°，下午 68°。

依时入馆工作。

晚预备作文，而子玉来谈，直至十一时始去，便只罢了。

今日午后，尚公学校开恳亲会，珽人挈诸儿俱往。薄暮归来，已值雨。幸路近，否则淋漓尽致矣。

5 月 18 日（甲子四月十五日　丁酉）星期日

阴晴不定，晚又雨。早 64°，午 67°，晚 64°。

晨为子玉写信两通，十时，与硕民、潽儿同出，赴为章约于城中傅家街大庆里。——他现在的新居。少坐，同逛城隍庙。旋即归饭其家。顺道参观敬业学校。饭后复茶于得意楼，待子玉，久之不至，乃行。在小东门乘电车至半淞园。在园内涉历一周，天已微雨，急归。比抵家，已衣湿鞋透了。

夜电火不明，燃烛校《原善》四卷（乃乾送来，并约明日往谈），眼花缭乱，不胜其苦，遂睡。于此可见无论何人总难由奢返朴也。我家素俭，到上海后装用电灯，初尚感快，稍久便习焉不之觉矣。今偶停燃，已深感痛苦，则由此推想，万不安再回到油灯时代了。——这便是历史的事实，便是唯物史观下的有力证据。

5 月 19 日（甲子四月十六日　戊戌）星期一

阴雨。早 64°，午 65°，晚 64°。

依时入馆工作。预备作文资料。散馆后，冒雨访乃乾，与硕民、圣陶俱。先到来青阁,未见;继至古书流通处,乃得晤之。谈次,知开店事已流产。将来发行诸事便托流通处,提半成为酬谢。并在他的门首另挂一块朴社发行所的招牌。这样,倒也好。少坐,别归,狼狈较昨为尤甚。

夜略次我预拟之文,仅得大概,尚未成。我自问一无所有,而偏要作东西给人看,真是作孽了。苦甚!! 以后当一切谢绝,绝不能再吃软口汤啊!

5 月 20 日 (甲子四月十七日　己亥) 星期二

晴不甚老,气仍不舒。午前 64°,午后 66°。

依时入馆工作。

作《辛弃疾》数百言,已很乞力,真易令人望而生提笔之畏了。

晚七时在新有天宴客,盖本期《文学》的编辑又挨到我的头上了。除既澄未来外,馀都到,硕民亦为我拉去。谈至九时许始散归。既抵我家,又谈至十时多钟始各散去,甚畅快!

接仲弟函,通讯处又变了"天津日界大罗天南新德里十九号"了。于是我以前的几封信,又不知不觉地白白糟蹋了。可恨!

5 月 21 日 (甲子四月十八日　庚子　小满) 星期三

晴朗。早 65°,午 71°,晚 70°。

依时入馆工作。何柏臣(炳松)昨由杭来,住东华房。今晨晤见,知来就本馆百科全书委员会事的。上下午入馆,俱与他一起走。

夜为硕民代撰一挽联。又作《辛弃疾》千馀言。十一时半才睡。

寄复仲弟、怀之信，因今天又接怀之信，遂一起复去也。

柏臣言，金兆梓编《初级本国历史》很不差。我却未之一见，甚惭。因于午后特向图书馆借取，以备即览。乃馆役迟钝，且兼惰逸，竟未送来，很可恨恨！馆中用人真不对，一切听差，上海气息总太重，从前人说，入其国，问其禁，知其俗也，今入本馆，便了然于资本制度未改以前的劣况了。一切资本场合，当均作如是观。

5 月 22 日（甲子四月十九日　辛丑）星期四

晴，略有风。早 67°，午 76°，晚 73°。

依时入馆工作。

所作杂文已成，共得三千馀字，拟题为《辛弃疾的生平》。明日便可交出，心稍安。

散馆后独至浙江路陆稿荐为母亲购食物。

夜看金兆梓所编史——今午送到——确不差。惟对于古史仍不免粘着耳。睡后觉胸闷不适，而同居声喧，竟不能宁贴，殊难过。明日或难免老怀也。

5 月 23 日（甲子四月二十日　壬寅）星期五

晨晴，旋大雨，竟日不休。上午 70°，下午 71°.

上午入馆，已觉勉强。下午未及入馆，已大吐，即卧。头不甚重，身又不热，而胸闷作恶，竟夕为之转侧。明日如再不能起坐，当求医一诊矣。不则长此迁延，怎么得了！

我久不病，此次病成，必不轻，可惧！但我素来易感易出，今不觉已呕，或已有出气之兆乎？

5 月 24 日（甲子四月二十一日　癸卯）

晴朗。早 70°，午 75°，晚 73°。

未入馆，只坐着将息。随便看《书林清话》。饭后与硕民浴于宝兴池。

散馆时，圣陶携稿来，因编成《文学》第一、二、三期，交陈榕送报馆。旋即与圣陶、硕民出，在本馆发行所购得吉利剃刀一柄，后又至来青阁看乃乾。即遇乃乾，便同至大东帽庄购草帽，又往言茂源饮酒。勉下数杯，病乃稍松，甚奇！及谈罢各归，已十时矣。

十二年度红利的花红金，已分到：计现款一百四十四元，特别储蓄五十七元六角云。惟所欠书账四十二元八角一分六则在现金项下扣去了。实际到的不过百元耳。

5 月 25 日（甲子四月二十二日　甲辰）星期日

晴朗。早 73°，午 79°，午后 81°，晚 79°。

竟日未出。午后二时许，君畴来谈，言童子军事业前途真有望。因怂恿他赶图发展。深谈至五时三刻才去。那时硕民、圣陶已从上海大戏院回来了。——我因珏人带诸孩往六三园，在家照看。

看徐卓呆译的《人肉市场》，未及终篇，令人发指。人类的罪恶真是上通于天了，还讲什么人道！它的内容是描写国际的拐卖人口，连警吏都串通一气的。这种事，上海就最多，不过人家看惯听惯了不算什么一回事，也就淡下来了。我想，要这种事绝迹，除非先从法律上严止妓源及犯官加等重惩不可。现在文明国的法律

很好笑，一面禁止买卖人口，一面却容许卖淫，试问这许多卖淫的
妇女全是天生就的或自愿以肉为货的吗？

5 月 26 日（甲子四月二十三日　乙巳）星期一

晴朗，甚闷。早 79°，午 82°，晚 80°。

依时入馆工作。看张其昀《世界地理》稿。

散馆后与圣陶、硕民同出，先在微微公司饮冰，继至本馆发行
所购书，并在北万馨进点而归。

夜睡甚热，启窗、摇扇，犹不觉凉，奇极！我伤风已愈，惟精神
只是不振。颇想出游。拟于下月月将圆时约人同往西湖一逛也，
预计用款须二十元，同伴则圣陶最好。到杭后可往看平伯，或便住
俞楼耳。

5 月 27 日（甲子四月二十四日　丙午）星期二

晴朗。早 71°，午 75°，晚 73°。

依时入馆工作。

接颉刚信，汇款四十元来，托定《申报》、《新闻报》、《民国日
报》、《神州日报》四全份。明日当饬陈榕往定之。盖研究所国学
门所定也。

夜写信寄晴帆，送《东方文库》优待券及《法国文学研究》优待
券各一纸。因该二书他或需购买也。

傍晚乃乾来谈，因决《孟子字义疏证》、《原善》、《绪言》三种合
订，称《戴氏三种》云。继又闲谈，于诗文的传统上，圣陶颇与争
论。乃乾所与多遗老，思想不免拘着，是其蔽也。然他亦有独到
语，未可全以顽固目之也。

又写信三封,一复颉刚,一追复翼之,一则寄仲弟催信。

5 月 28 日（甲子四月二十五日　丁未）星期三

晴燥。早 72°,午 80°,晚 71°。

依时入馆工作,把《秦晋山地章》写次完毕。

复颉刚函甫发,陈榕订报单已交来,乃又作书寄之,挂号发出。惟《民国日报》向禁邮递,未能定,曾钞得京中秘密代派机关的地址罢了。只得请他径向那边洽商了。

散馆后于硕民闲步北四川路而归,在复兴园叫了些酒菜,约硕民和圣陶共饮之。甫半,希猛来访,因谈至九时而别。

5 月 29 日（甲子四月二十六日　戊申）星期四

晴,有风。早 72°,午 77°,晚 72°。

依时入馆工作。散馆归,硕民正接祝君书,恰巧回复次伯所托,因于晚饭后同访希猛于永康里。至则次伯适在,得直捷复之,甚快。少谈即出,信步由北四川路、天潼路、北河南路而归。

刚欲伸纸有所事事,而子玉来叩门,因款入闲谈,直到十时才罢去。一再蹉跎,又耽搁不少矣。因念谢绝人事为绝不可能,一意下帷杜门者非不近人情之骇竖即深遁山林之禅客耳。我们生斯社会,殆未能洁此身以独游也。

5 月 30 日（甲子四月二十七日　己酉）星期五

晴,有风。早 70°,午 75°,晚 72°。

依时入馆工作。

散馆后与圣陶、雁冰同至北四川路怀史堂看经农与杨静山女士结婚。教仪之讨厌，老实说，竟不如从前跪在祖宗面前拜堂合卺之为得也。牧师大概震于名人，特别讨好，婚仪足足经过一小时之久也。我知杨女士是教徒，在教堂结婚原无足异。惟向不悉经农亦教徒也。我有一个偏见，总觉得信教——无论什么教——的终有些曲的。

夜与圣陶、振铎、雁冰、应昶、既澄、志坚、致觉在一品香同席，盖吃经农之喜酒也。席散，又与圣陶、雁冰往天吉里参观经农的新房，比归，已十时许矣。

5月31日（甲子四月二十八日　庚戌）星期六

晨暖，夜雨。白昼晴。早71°，午78°，晚73°。

依时入馆工作。

散馆后，与硕民偕出，往访十年前老友曹铁生于大马路，因他与他侄子曹培灵在此营牙医业也。谈顷，即出。饮于浙江路之胜鸿楼。九时许，散出，又同来我寓谈旧，直至十一时半始去。已值雨矣。

6月1日（甲子四月二十九日　辛亥）星期日

阴雨。上午70°，下午72°。

饭后与硕民、珏人同往共舞台看戏。因张文艳复演《蒋老五殉情记》，故偕珏人一往看之，至时尚早，坐久始得睹之，颇累。五时散出，复至先施购物，入暮始得归。

我连日怕构思，怕动笔，不自知其何故？

《民国日报·觉悟》上载有《青年科学》，说神经衰弱的症象，我倒有什九犯着，宜乎心神不宁，时感没趣也。我在甪直得失眠症,此病已伏根。今稍烦于肆应,当然要加剧的。很可怕!

6 月 2 日 (甲子五月初一日　壬子) 星期一

阴霾。昼 71°,晚 68°。

依时入馆工作。

夜在振铎所聚餐,除既澄外俱到。谈甚畅。及归休,已十时许矣。知子玉曾来访我,待至十时始去云。我心甚歉,然倦极思寝,不得不颓然就枕也。孰知登床以后,转成清醒,辗转反侧,竟不得寐,十二时后才睡去呢。长此以往老病其将复发乎?

在振铎所见既澄信。历数自己遭际甚恳切,责振铎不应以他行踪可疑便蔑视他。我觉既澄此信颇真,惟环境所搆,只得睁着眼睛往沦落的路上走,未便太不挣扎。振铎态度直率,有时确有令人难过处,也是真的。

6 月 3 日 (甲子五月初二日　癸丑) 星期二

晴朗。早 70°,午 75°,晚 73°。

依时入馆工作,把《现代史》中俄交涉事据上月卅一日协定修正之。

珏人体忽失健,似有初胎之兆,恚恨极了!果不幸而确,那真是心头又来一块大石。这样的纠缠,叫我如何安心!

读赵晔《吴越春秋》及《东方》廿一卷八号。

夜作《世界史》开端三百字。颇想多写一点,而蚊蚰攒啮,竟不能少耐,只得就寝。寝后依然难寐,攀开乱想,几及百世,可笑极了!然在当时,正不自知其何以如此也。

6 月 4 日（甲子五月初三日　甲寅）星期三

晴朗，北风正和。早 72°，午 76°，晚 73°。

依时入馆工作，把《江楚平原章》续写下。但尚未完。

饭后子玉来，即去，约晚间来托我写信。晚饭后浩如来，适硕民已去，他略坐便走。彦龙亦由苏来看硕民，相左未遇，即归，苦留不果，只得任他自去。

夜续编《世界史·法国大革命章》。刚写得没有多字，子玉来了，便为他写信两通。十时许去，我亦只能就寝矣。

6 月 5 日（甲子五月初四日　乙卯）星期四

晴燠。午前 70°，午后 74°。

依时入馆工作，《江楚平原章》仍未完。

北京《晨报》，颉刚已为我定寄，今日已接到第一批，六月二日的一份了。明日当写信谢之。它本是我所爱看的东西，不幸中断了，殊可惜，今又得延下，很快。

夜草《世界史》，把《恐怖时代章》的正文写完，只有六条附注未注上。居然有了一点成绩，极自慰。从此，每日写它一章，自不难如期脱稿也。只恐又有不相干事来缠绕，则这股劲儿怕又要松下呢。

6 月 6 日（甲子五月初五日　丙辰　芒种）星期五

晴朗，午后转风，略见雨。午前 71°，午后 78°。

依时入馆工作，把《江楚平原章》写完。

散馆后以壶觞自劳，与珏人谈饮。是夕竟未作事，连馆中携归

之《暹罗》(日本山口武著、陈清泉译)亦未及浏览也。耽饮废事,
在在可见,果欲有成,自以戒绝为宜。但戒了又不甚快,闷时竟无
以自慰,则又不愿以苦行头陀自居矣。

6 月 7 日(甲子五月初六日　丁巳)星期六

晴朗。早 72°午后 79°。

依时入馆工作。审查重版书修改多种。

散馆后在寓集朴社同人会议进行事,无甚结果。

夜与乃乾、圣陶共饮于章仁兴,九时乃归。

傅东华久出不归,渠夫人今日由京来寻,夜归时,见他们已团
聚矣。傅君聪明人,惜太浪漫,似不像上正式生活轨迹者。如他夫
人能管他,确是好事,特不识究如何耳。

6 月 8 日(甲子五月初七日　戊戌)星期日

晴暖。早 71°,午 78°,晚 76°。

晨出看子玉,同至协兴里看房子,无当意者。

饭后,与圣陶、子玉同出,闲步甚久,归已五时矣。硕民与浩如
自苏来,知彦龙过节甚窘,日前来看硕民特设法筹款耳。他即来沪
看我,而独不一言,甚奇。或者以为我不能助人也。

夜取馀酒自酌,陶然而睡,竟未作一字。

6 月 9 日(甲子五月初八日　己未)星期一

阴霾,午后雨,旋止。早 72°,午 77°,晚 78°。

依时入馆工作。写《江浙平原章》三百言。现在作文,一切均
慢,人未老而态已颓荡如此,其可久乎? 当力矫此弊,则修养其必

要条件矣。大概我之松劲,多由不上读书构思之路,终年徘徊在衢侧叹息耳。欲免叹息,只有努力走上此路,或可稍变此颓唐之态也。

接颉刚片,因即复书答之。散馆归寓,又作书二通,一寄翼之,一寄钰卿,均答书也。又作书寄乃乾,以既澄交来平伯手写序付之。托他制版印入《初日楼少作》上,示美也。其实平伯终不脱名士气,只能在此等屑碎处狡狯耳。

夜作《世界史·拿破仑的野心节》四百言。

6 月 10 日 (甲子五月初九日　庚申) 星期二

晴暖。阳光不烈。早 75°,午 79°,晚 76°。

晨续写《拿破仑的野心节》五百馀言,本节的正文完。

饭后馀暇,又把附注了结,于全节告成了。

依时入馆工作。午后四时,馆中编译所同人拍全体照,便在怿园草地上举行。

何柏丞于今日搬去,将暂住旅馆,以让东华家眷接住也。

晚饭后,与硕民出外闲步,自宝通路、靶子路、台浦路、昆山路、海宁路绕车站而归。此行极恬适,惜到家坐定,汗出更甚为可厌耳。

6 月 11 日 (甲子五月初十日　辛酉) 星期三

晴,风向不定。早 74°,午 79°,晚 76°。

依时入馆工作,续写《江浙平原章》。

夜作《世界史·维也纳会议节》八百言,未完。

君畴来访,出所拟《童子军组织》属为改定。我应之,许明晚交还他。他于童子军事业,感兴味甚浓,又抱有绝大计画,将来或大展所怀也。

他去后,我续完前作,共得千一百言。惟附注未及作成耳。

6 月 12 日(甲子五月十一日 壬戌)星期四

晴暖。早 73°,午 80°,晚 77°。

依时入馆工作,把《江浙平原章》写完。《闽粤海疆章》开始预备。

晚饭后与硕民方出外散步,忽忆君畴将来看我取件,遂折回,赶紧把他所拟的东西看了。未几,他至,又出一件托改,一件托带草,约后天来取。又长谈至九时许始去,我亦不能再有所事矣,遂就寝。

6 月 13 日(甲子五月十二日 癸亥)星期五

晴,有风沙。早 76°,午 83°,晚 75°。

上午入馆工作。下午未到馆,与硕民同浴于宝兴池。五时许到北万馨进晚餐,餐后偕往京周新诊所一访之。未晤,便闲步由静安寺路、长德路、麦根路、光复路、北西藏路至开封路口更新舞台入看夜戏。时只七句钟,正上第二出《草桥关》。坐后以次阅及《浣花溪》、《塔子沟》、《穆柯寨》、《罗成叫关》、《群臣宴》,乃得见李吉瑞之《董千里》上场。李吉瑞能唱能打,武生中确为不可多得之材,惜扮相欠善,只合演悲剧耳。深晚一时许散出,二时乃抵寓。

6 月 14 日(甲子五月十三日 甲子)星期六

晴,有风。早 74°,午 79°,晚 75。

依时入馆工作。续写《闽粤海疆章》。散馆后与珏人同出，在商务购物后，至北万馨吃点心。旋又在洋货店德新祥买衫裤料而归。夜与硕民、圣陶痛谈学校风潮事，颇涉辩诘。总之，圣陶带革命论调太重，只顾理论，我则偏重事实，不欢喜好作单相思之论也。

下午勘初来馆看我，因彼此有事，未得畅叙，甚憾。秀夫亦来看我，出捐启为烈裔身后谋善后，我拟与硕民、子玉一度商榷，再决是否与他们取同一步调——因他们的办法太琐屑而乏实惠。

6 月 15 日（甲子五月十四日　乙丑）星期日

晴，有风沙。早 72°，午 79°，晚 76°。

晨为君畴修改文件二种。勘初来谈，极畅。他于午前即须离此返苏，故不能合饮一次。这确是一件小不如意事。

饭后与硕民出，往访马可亭于城东之敬业学校。略谈便出，我二人遂闲步至本馆发行所。又至曹铁生处访问，知他以伤风养疴于新闸戚串家，未晤。继即漫步走归，甚累，又兼天热，汗涔涔欲渗衣出矣。

夜偶看萧一山《清代通史》，印刷之纰缪，实一大憾事。不知将来再版时能否力矫此弊也？

6 月 16 日（甲子五月十五日　丙寅）星期一

阴雨。早 74°，午 76°，晚 73°。

依时入馆工作，写完《闽粤海疆章》。

晚六时文学会在新有天聚餐，圣陶与仲云当值。到者有振铎、雁冰、予同、愈之、调孚、六逸、硕民并两主人，我坐与硕民、愈之比肩。谈宴甚欢，直至九时许散归。

饭后为君畴草函一通,三时许,他自来取去。

6 月 17 日(甲子五月十六日　丁卯)星期二

阴雨。早 72°,午 73°,晚 71°。

依时入馆工作,起写《苗疆山地章》。

四时半,与硕民、圣陶、翰仙、珏人共往青年会听日本关鉴子女士独唱德、法、英三国歌。歌态甚好,歌调亦优美——歌词如何,实在不得而知,只能领略她的态度和声调——惜我辈生长东土,不惯听受刺激太甚的西方音乐,则似觉不甚恬适耳。中间间以大同乐会郑觐文君的三十六弦大瑟,静穆过分,殊不敢谓然也。此次出席,原为发扬国乐计,实则自暴疲懦弱点而已。

六时许,与振铎赴自治学院之宴,仅有石岑、振铎与我是客,馀四人具系院中同人——菊农、六幾、梦良及注册主任某先生——七时就食,九时散。我乃偕石岑先归。

6 月 18 日(甲子五月十七日　戊辰)星期三

晴阴兼作,晴卒胜。早 71°,午 73°,晚 72°。

依时入馆工作,续写《苗疆山地章》。夜看馆收稿临海秦楠梗友所著《蜀辛》二卷。是书详记辛亥蜀中争路风潮始末并革命前后事,迄于清廷宣布退位止,颇详瞻,大半得自亲身闻见,尤为难得之资。著者官蜀久,政界情形,知之独悉,前后参校,至可信,民国史之好材料也。他省如亦有类此之作,则集成巨帙,必蔚为大观耳。

6 月 19 日(甲子五月十八日　己巳)星期四

强晴,夜仍雨。上午 68°,下午 72°。

依时入馆工作，写毕《苗疆山地章》。

散馆后与硕民同出，在千顷堂购书。旋遇乃乾，同在胜鸿楼饮酒。八时许归，已值雨矣。及抵家，一切感倦，即就睡。

6 月 20 日（甲子五月十九日　庚午）星期五

阴雨，强晴。上午 72°，下午 72°。

依时入馆工作。起写《滇蜀高地章》。

散馆后与硕民出，在本馆发行所购书，旋在北万馨吃点心。七时归寓，未做什么便过去了。

日来气候欠佳，神思懒倦，一切不高兴，便是聚谈痛饮，也有所不快，不知为的什么？大概耽逸时人之恒情，所做的事情不出本愿，更易晚起懒惰，这是实话。至于气候关系也居很大的分数，不但精神上受到不爽快，即身体上也大为难过呢。

6 月 21 日（甲子五月二时日　辛未）星期六

阴雨，湿润。七十二度无增减。

依时入馆工作，把《滇蜀高地章》写完。

现所僦室，正是北面打边，梅雨初至，每由北风挟来，势甚慓劲。不但屋角渗漉，壁间湆水，而水门汀制的地皮，竟由墙外打入水迹，满浮各处，十分难受。如这样的不行，恐难安然在此过夏，或促起思迁之意乎？

接勖初函，知下半年将来中国公学大学部任庶务会计事，月得七十元，托另为找寻二三十元之兼课云。又得颉刚给我与圣陶一片，谓将抽暇作长信与我们。

夜读李笠《国学用书撰要》及苍园《我之所以异于佛者》，二文俱载《东方》廿一卷第九号,看之聊当消遣耳。

今天本约往晤乃乾于古书流通处,因雨而罢,亦预为约明者。

六月二十二日(甲子五月二十一日　壬申　夏至)星期日

阴雨,午后仍之,傍晚晴。早 68°,午 71°,晚 73°。

午前作书复勘初并秀夫。复勘初为留意代觅兼事事,复秀夫则寄还捐启也。刚封发,得君畴书,知将赴丹麦参与童子军大会,因与圣陶约,饭后共往看之,以谋一叙。

饭后出,将乘车赴省教育会访君畴,道遇为章,适来看我,遂共往君畴所。略谈后,彼有事他出,我们三人则参观美专美术陈列会。继又至大世界听大鼓词,坐待君畴之来。直至五时许,映娄亦来,君畴后至。乃同领于都益处。席上谈甚欢,唯圣陶疟发,未终即归。

6 月 23 日(甲子五月二十二日　癸酉)星期一

晴。早 71°,午后 76°。

依时入馆工作,起写《康卫高原章》。

散馆后乃乾来谈,晓先亦至。谈至六时出,同乘电车至南京路。乃乾有事往福州路,而我与晓先则同赴二中同学会之约,应悦宾楼公饯颂林先生赴北京,君畴往丹麦之宴。席间谈甚洽,散时与勘成、春蕃同行。

至先施门前,春蕃别去,乃偕晓先、勘成乘一路电车由宝兴路归,及抵家,已十一时许矣。

6 月 24 日(甲子五月二十三日　甲戌)星期三

晴,傍晚日下雨。早 73°,午 78°,晚 80°。

依时入馆工作,将《康卫高原章》写完。

平民教育捐册已届交出期,明日当备函送出。

夜参阅地图多种,并预备续编《世界史》材料。

6 月 25 日(甲子五月二十四日　乙亥)星期三

晴,早上雨,半夜大雨。早 78°,午 81°,晚 84°。

依时入馆工作,写《天山高原章》。

午后绍虞、乃乾两夫妇来,晚间在新有天请他们,我与圣陶作东,并邀雁冰、东华两夫妇同往。六时许去,近十时始散,甚畅。绍虞昨日由闽到此,明日便须返苏,暑后将前往开封,任教于中州大学云。

6 月 26 日(甲子五月二十五日　丙子)星期四

阴雨,饭后晴,忽大雨如注。早 78°,午 82°,晚 78°。

依时入馆工作,把《地理》的末一章写起,并把《天山高原章》写毕。

写信给颉刚,把课程标准起草委员会的委托书寄去。因他们要请他作高中的历史(本国史)课程纲要,故特转出也。

夜在家续写《陇右高原章》,以冀早日交割,免得临时催索。但神思已倦,未及告终即抛去矣。大概气候为之,无可如何者也。

6 月 27 日(甲子五月二十六日　丁丑)星期五

阴,时见雨滴。当午 77°,早晚俱 76°。

依时入馆工作,把《陇右高原章》写完,居然全书告成了。打算从明日起,把馆中积着的看稿诸杂事悉数赶完,在本月底前作一小结束。

陈榕今日下午又被窃,因决然引去,即日搬出。其实他因傅家来后不堪其扰耳。我向不愿与人合居,到沪后无法暂耐,今如此,我亦想另外觅屋独住矣。

接颉刚信,知他近况竟大改昔观,感情又远胜理智矣。

6 月 28 日(甲子五月二十七日　戊寅)星期六

晴,傍晚阴,微雨。上午 75°,下午 77°。

依时入馆工作,将馆中搁件一清,甚快。

圣陶已看完房屋在仁馀里,我家也不得不速搬了。

因与珏人同出看屋,看了几处,俱没定夺。宝光里有一家要招顶,索价二百七十元,我也回他二百,尚不肯,只索罢休。

饭后乃乾来,浩如亦来,略谈即别。

6 月 29 日(甲子五月二十八日　己卯)星期日

阴雨。午后略晴。上午 75°,下午 76°。

晨与珏人同出看屋,已看定在仁馀里八十号。计一上下统间各带亭子间,兹有一统间过街楼,小租等费三十元,月租二十八元,拟与下星期内搬去。已言明阴历六月初十日起租。

上午十时许,晴帆、东屏来看我,因同出午饭,便在广东路的得和馆小酌。三时许散出。又往访铁笙,谈至四时许各归。

6 月 30 日(甲子五月二十九日　庚辰)星期一

阴雨。上午 75°,下午 79°。

依时入馆工作,反感无事,我想赶把《地理》校印。

夜子玉来谈，至十时去。

这几天我又不定心，因搬家关系。必须新屋弄舒服了，或者恢复得转，不过上海的环境，怕总不能称心如意吧。

颉刚有片来，谓沈尹默嘱他招我到孔德专任高中教员，教国文历史，月薪百四十金。但我诸事牵制，不能即离此间，拟复书回他，托他转辞。

7月1日（甲子五月三十日　辛巳）星期二

晴。早77°，午78°，晚80°。

依时入馆工作。

新屋已饬匠工修理，惟上海房东真乖，必待你们自己看了不满才化钱修理，否则他们做好了，要多出费用的。

散馆后与圣陶往古书流通处看乃乾，因见浩如于一乐天。浩如头脑不清，说话牵混，宜乎到处蹭蹬也。下半年恐不能蝉联矣。我倒很老实地劝他，叫他于出处方面稍硬一些，不要太阿顺了，反叫人家欺侮。

7月2日（甲子六月初一日　壬午）星期三

晴。上午78°，下午85°。

依时入馆工作。午刻勖初来。

散馆后乃乾来，因与圣陶及他小饮于章仁兴。

写信给仲弟、怀之、翼之，颂皋告搬家。

7月3日（甲子六月初二日　癸未）星期四

晴。上午上午78°，下午88°。

是日搬家,忙甚!子玉来帮忙,极感。乃乾亦于下午来看我。

7 月 4 日(甲子六月初三日　甲申)星期五

晴。上午上午 85°,下午 88°。

上午入馆工作,下午在家整理,极倦。

晚间电灯尚未装就,火油灯下热不可挡,只得闲坐暗处扫蚊。

7 月 5 日(甲子六月初四日　乙酉)星期六

晴烈。上午 84°,下午 91°。

依时入馆工作。把发排手续接洽妥当,下星期一即可付排字房矣。下午为《文学》作杂感文《开倒车与准游魂》一千五百言。

散馆后与珏人同出购物,在北万馨吃点心。近六时归,已将黑矣,其实屋中无灯故耳。明日当上紧饬装,不再迁延了。

7 月 6 日(甲子六月初五日　丙戌)星期日

晴烈。上午上午 84°,下午 90°。

上午特托本里经租账房王先生,饬匠拆装电灯,说好今天办妥。乃迟之又久,迄未办到,甚恚!上海无事不忙,无事不粗率,独有你要求他快些做,他便故意装慢了。真正可恶!

圣陶今天搬家,我于上午略帮了一些忙。下午则特访晴帆,预备同往振华馆贺东屏结婚。乃至职校后,晴帆已先出,只得一人独往。良久,始晤为章、达夫诸君,最后乃晤晴帆、道始。

东屏婚礼,不请人证婚,我觉得甚是,不用证书,更彻悟了。所以这次观礼,我极谓然。

夜归已十时,取水濯身,一榻当凤,极快!

7月7日（甲子六月初六日　丁亥　小暑）星期一

晴烈。上午上午84°，下午88°。

依时入馆工作。整整为配图事忙了一天，直到晚了，还没弄楚。

晚饭后子玉来谈。电灯尚未装妥，暗中苦热，不久便去。

书室前面，阳光太烈因饬匠搭盖一棚，用芦帘舒卷，倒很不差。从此早风之下或可多坐一回，于作事看书方面，多少得到一点益处呢。否则终日如蚁盘磨，如何得了！

7月8日（甲子六月初七日　戊子）星期二

晴烈。上午上午82°，下午83°。

依时入馆工作，接洽配图事极琐屑。而司其事者又不应调，殊可厌，可见无论何事，办事方面总比规画打样方面麻烦些。

电灯居然装好了，只是接电须时，不知何日才得见光耳。明日拟亲往水电厂报装，以冀快些。但官场办事，向来颟顸，不识能否手到成功也？

7月9日（甲子六月初八日　己丑）星期三

晴烈。上午上午82°，下午83°。

上午未入馆，亲往水电厂接洽通火事。及到了营业科，主办者便是草桥同学沈伯涛，喜极。应允明日即通火，十分满意而回。

饭后乃乾见过，以所印《元人刻古今杂剧三十种》见赠。

下午仍入馆，把配图事弄妥，明日即可发排矣。

书房居然收拾好了，也是一件快事！明日灯明坐净，未始不是大快事呵!

7 月 10 日（甲子六月初九日　庚寅）星期四

晴烈。有南风。上午 84°,下午 85°。

依时入馆工作,居然把《地理》稿发排。

电灯已接通,大放光明,快极! 自搬家以来,只见不安,从未得慰如今夕者,其亦久别重逢之故乎!

佩弦今日由宁返沪,绍虞、颂皋或将于明日赶到,平伯则今晚必来,于是我们朴社同人想乘此聚会,作一度进行的商榷了。即晚聚餐,或者有些好的结果也。

颉刚又来一片,谓孔德事仍盼就,且《地学杂志》已由陈援庵接办,亦望我去负责编辑也。盛意极可感,无如我形格势禁——家眷拖累——去不得耳。因委婉陈词,托渠辞谢矣。

自搬仁馀里以来,今夕始亲案写字,否则入夜即无从措手也。

7 月 11 日（甲子六月初十日　辛卯）星期五

晴烈,夜半后起北风。上午 83°,下午 86°。

依时入馆工作。

午刻在振铎所吃饭,盖他宴请远客,并邀我们多人作陪也。

下午四时许,乃乾来馆看我,因即偕他及圣陶同探六逸病状于寓邸。彼之住所极好,比了我们的真要好到几倍呢。谈半小时,归,振铎、佩弦陆续至。五人合谈至八时而散。极快!

7 月 12 日（甲子六月十一日　壬辰）星期六

阴雨,飓风,午后晴。上午 81°,下午 80°。

依时入馆，复阅《本国史》下册样书。又校订吕思勉的《高中本国史》。

散馆后与雁冰、圣陶、愈之、予同、振铎往广西路古书流通处访乃乾。至则佩弦、平伯已在，因共往新世界对面的晋隆聚餐，就商朴社进行事。九时散出，复登天头楼纳凉，谈久始归。及抵寓，已十一时矣。

平伯下榻振铎所，佩弦则留在圣陶所，上海屋狭，一家竟难容两客也。

7月13日(甲子六月十二日　癸巳)星期日

晴烈，有风。上午82°，下午85°。

早上平伯过我，即去。旋乃乾夫妇同来，因与偕看雁冰，谈至十一时许，归饭于我寓。饭后，与圣陶、翰仙、乃乾及夫人并珏人、至善、清华同往天通庵车站，乘车共游炮台湾。在江滨茶棚小坐，看云影波光之变幻，甚快！四时四十分赶归，及到寓，才及六时耳。

晚睡不安，因过街楼下有近邻江北人在彼借路灯之光打牌。叫嚣万状，真可恶。此间要讲择邻而处，实比登天还难。无论如何，将来必须搬向别地呢。

7月14日(甲子六月十三日　甲午)星期一

晴，下午风凉。上午81°，下午80°。

依时入馆工作。

晨与珏人、瀋华同往大马路买电料，顺便在北万馨吃点心。

散馆后独至永安取款，并在东州理发。六时半赴文学聚餐会。

九时散归。即睡,思有以补昨日欠睡之疲。幸极枕便着,殊酣。否则一再迁挨,将不胜其困矣。

7 月 15 日（甲子六月十四日　乙未）星期二

晴烈,略有东南风。上午 81°,下午 84°。

依时入馆工作。校订张其昀编《世界地理》第六稿本。

晓先告我,尚公排去勖成,实出百英诡谋,言下甚愤,所责极是。现在无论何人,在外作事,每喜玩弄手段,予智自雄,其实自隳人格,于事无补,徒招人之反感耳。我于此,甚为百英惜之。

铁笙曾来访我,不值。稍暇,当往答访,且以其手记信稿奉还也。渠思想甚奇,阅世甚深而真性不泯,深可钦服。

7 月 16 日（甲子六月十五日　丙申）星期三

晴烈。上午 79°,下午 85°。

上午入馆工作。写信分致愈之、钰卿、晴帆、组青,并将《浮生六记》四册寄京交介泉转致。又为国立自治学院出招考新生史地试题八则。

下午未入馆。三时许出,径访铁笙。谈至五时许,同往胜鸿楼小酌。饮后复至其处小坐,旋走黄浦滩步月一回。少选,乃乘六路电车归,归后知乃乾曾来看我,为章亦见访不值云。

7 月 17 日（甲子六月十六日　丁酉）星期四

晴不甚烈,似有变兆。上午 81°,下午 85°。

依时入馆工作。审查缪编《本国地理》稿及陆订《本国史》稿各一通。

接勘初书,约订期会晤,即复书订星期六下午六时去言茂源候谈。久不与此君畅叙,殊念之,幸得机共醉,固所愿也。但不知他的校事能暂摆脱忙字否?

日来左眼梢略羸,很不适,灯下竟不能看书,窘极! 所该文债,具无由得偿,真大苦也。

7 月 18 日(甲子六月十七日　戊戌)星期五

晴,时有阴翳。上午 81°,下午 87°。

依时入馆工作。为《文学》作文千五百字,全稿未毕,尚待明日续下之。

颇想与老友会晤一次,而没有集合的机会,另另碎碎地约会,实无此闲暇,只得废然而止。

今日晨报没有递到,或者阻水不通乎。果尔,则我所寄《浮生六记》亦未必能依限送到也。今岁到处有水患见告,而闽、湘、粤、赣、鄂、浙、直诸省尤甚,中国真百废待举哉! 不然,林木翳然,水道深涸,即有洪流,又何患泛滥邪!

7 月 19 日(甲子六月十八日　己亥)星期六

晴烈。上午 83°,下午 88°。

依时入馆工作。续写《文学》稿件千五百字。

下午勘初来馆看我,散馆后因与圣陶和他同出。三人共至古书流通处访乃乾,遂与小饮于言茂源。谈社事进行殊乐观,虽勘初非社员而我们曾征过他入社的同意的,亦不妨我们谈兴也。

十时始归,抵家浴身就寝,已十二时矣。

7 月 20 日（甲子六月十九日　庚子　初伏）星期日

晴烈。东南风颇盛。上午 85°,下午 92°。

晨起,把昨文作完,计共四千馀字,命曰《过去残影之片片》。

午前铁笙见访,托我代询印书价格。少谈即去。午后浩如来,告明日当到精勤从事,亦不久便去。

眼病十分厉害,简直畏光怕热。今日竟有未出户一步,而看书写字的成绩却也无从建树,自觉太奄忽了。

7 月 21 日（甲子六月二十日　辛丑）星期一

晴烈。午 86°,下午 90°。

依时入馆工作。

接介泉信,知我所寄去各书,或已到了。他虽没有提起,而此后确因前信所致,以故悬揣如此也。

日来馆事大忙,待审查之稿件山积,一一披寻,正需时日,我预应之《世界史》稿,竟无暇着手矣。且《地》稿已付排,校样亦纷至,殊碌碌也。我想,这样过去,实在不是道理。做到沉闷处,真翻然有返京就孔德之思了。但家累太重,移徙大困,不得已,只得安之已。

7 月 22 日（甲子六月二十一日　壬寅）星期二

晴烈,风不大。午 84°,下午 92°。

依时入馆工作,审查外来稿两种。又校《地理》印样二十页。

平伯今午由杭州来,即晚转车北上。散馆后我与圣陶共陪之出,在上海大戏院看电影后,往味雅晚餐。餐后,复至微微公司饮冰。将十时，归，途遇乃乾，乃共返。承渠代购《方舆纪要》、《天下郡国利病书》送来，极感。又谈至十一时，乃乾顺道送平伯登车。而我与圣陶各归就寝。

接颉刚函，剑秋片，顾告代购《民国省区志》预约；剑约到苏晤叙也。

7 月 23 日（甲子六月二十二日　癸卯　大暑）星期三

晴烈。午86°，下午90°。

依时入馆工作。

散馆后在振铎所议《结婚的爱》的版税抽法。到愈之、乃乾、振铎、圣陶及我五人，决先付印，将来照定价取百分之一五。

日来炎暑如蒸，晚间坐窗口摇扇，犹觉汗喘弗宁，竟不能剔灯伏案，作半晌的看书写字也。颉刚每以刻苦自励，人劝之，辄曰我乐此，其秉性固异人乎？

7 月 24 日（甲子六月二十三日　甲辰）星期四

晴烈，饭后略阴。午88°，下午91°。

依时入馆工作。

各省大闹水灾，而此间独盼雨甚殷，气候不调如是，其真人事上应天象乎！董生有作，又将连篇示警矣。乃今之当局，冥顽无耻，说脱除迷信吧，却求雨祈晴，打醮斋戒都来，说畏天吧，白日杀人，巧取豪夺，无所顾忌，又遑论暗室亏心。我想，他们天天叫实力，或者以毒攻毒，必借实力以杀之耶？

自治学院试卷已送来。明后日当为阅定。

7 月 25 日(甲子六月二十四日　乙巳)星期五

晴烈,夜南风。午 88°,下午 94°。

依时入馆工作。校印样二十八页。

散馆后与圣陶同过流通处访乃乾,未值。旋在路上遇之,因同往惠通饮冰。坐次,谈洽诸事,至六时别归。

晨午两次,写信四通寄出。仲弟久不得音,甚念。不识彼何混沌乃尔也。

7 月 26 日(甲子六月二十五日　丙午)星期六

晴亢。早 84°,午 94°,晚 92°。

上午入馆工作。下午在家草相当年期师范科史地课程纲要,天热未完,当俟明日足成之。愈是天热,愈有事迫,真不得了。

晚七时,与圣陶同赴东华召集之文学聚餐会,仍假座新有天,到调孚、仲云、振铎、既澄等七人。九时散出,途遇两巡警,用绳反接一俄人,且行且击,其后从而叫嚣者甚众,据云此俄人方打死一小孩,遂当场被擒云。

7 月 27 日(甲子六月二十六日　丁未)星期日

晴亢。早 86°,午 90°,晚 87°。

终日未出,把相当年期师范科的史地课程纲要一气呵成。共十一纸,计三千言。作书一通,备明晨到馆时,挂号寄给课程标准起草委员会。

晚饭后子玉来访,谈一小时,去。我们近在咫尺,而一别辄以经句,甚奇。从前我初来此间,他复闲住在家,虽相距很远,而一星期内,必数数见。大概现在情形变了——我既携家,彼又任事——所以反觉突兀。

7 月 28 日（甲子六月二十七日　戊申）**星期一**

微阴有风。早 85°,午 89°,晚 86°。

依时入馆工作。为馆中收史地稿两种,因大忙,替他们接洽插图的配制等项颇费力。

晨为自治学院阅定史地试卷五十六本。已交由杜迟存转去了。

下午为陆光宇所撰《初中本国史》补作近事一节,未就。缘天热无心动虑也。明日或将为之作完。

夜略阅《方舆纪略》凡例。

7 月 29 日（甲子六月二十八日　己酉）**星期二**

晴烈。午 82°,下午 87°。

依时入馆工作。补作陆编《本国史》一节,即发排。

写信给介泉、颉刚。

夜在家独酌,颇怡然自得。

接乃乾信,知昨病,甚念。

7 月 30 日（甲子六月二十九日　庚戌）**星期三**

晴烈,饭时忽雨,即止。早 85°,午 88°,晚 84°。

依时入馆工作。校印样廿二页。

接乃乾信,知病尚未愈也。是晨已作一书复渠昨书,并约星期之晨前往面谈矣。

散馆后,振铎来谈,良久乃去。他于文学会前途多所擘画,尤于出版物言之津津。弄得好,将来版税收入,确可做一桩较大的事业呢。

7 月 31 日（甲子六月三十日　辛亥）星期四

晴烈,有风。早 83°,午 88°,晚 84°。

依时入馆工作,颇劳倦。

写信寄梦九,并接介泉片。

本月因搬家及添补等项,今日揭算,竟用去二百七十三元七角九分,思之可怕。谓长此以往即以此为例,其可久乎!我想,从下月起,除房金外,日用伙食杂项不得过五十元。馀则非不获已不浪费。惟不知能否做到耳?

8 月 1 日（甲子七月初一日　壬子）星期五

晴烈。早 82°,午 88°,晚 84°

依时入馆工作。校订印样及图样甚多。

晚饭后,达夫、为章来谈。至九时十分才去。圣陶亦来参加。

接乃乾信,希望我们于星期日往晤之。他印书费已罄,须再支五百金,已向雁冰说过,雁冰已将存折交我,嘱取四百元付之。后日去时,当并交也。

8 月 2 日（甲子七月初二日　癸丑）星期六

晴烈。早 84°,午 90°,晚 84°。

依时入馆工作。

下午三时半出,与圣陶同往中美图书公司为介泉购书。至则以土曜故,下午不开,早闭门矣。因至中华及本馆发行所一走,特为潜儿购得用书六种,遂返。顺道过惠通饮冰。并在永安取朴社款四百元归。

明日已约定圣陶同访乃乾,十时许当可晤见矣。交款给他后,还要托他别的事情也。

圣陶送我一册《我们的七月》,读之很感美快。此书系平伯、佩弦等几个人弄的,不定期,不篇篇署名,表示共同负责,极善。

8 月 3 日 (甲子七月初三日　甲寅) 星期日

晴烈。早84°,午89°,晚83°。

晨九时,与圣陶往访乃乾,谈至十一时许,同出游半淞园。在湖心亭啜茗,至十二时半,叫面共餐。不饱,乃出园,至西门福禄馆再吃。吃后归家,已四时半矣。随意出行,不觉竟日,殊不自知也。

归后极倦,不能做什么,便睡。

预与馆中自编之件,迄不能如期交出,甚惭,俟经农到馆时,当一陈此中情形也。

8 月 4 日 (甲子七月初四日　乙卯) 星期一

晴,午后雷雨,旋止。早83°,午88°,晚83°。

依时入馆工作,甚忙。

看《东方》廿一卷十二号,其中周守一的《士气与国运》一文,颇中肯痛快,近来有数文字也。又看梁启超《清代学者整理旧学之总成绩》未及完,便睡。

此间久旱不雨,苦燥热殊甚,今竟得雨,虽不甚快,亦聊以慰意矣。犹忆从前伏中,昼热固恒事,然傍晚必起阵雨,风雷过后,大凉午至,则是夕为之大安。今则不然,久不见此等景象矣。不识是否气候转变也?

8 月 5 日 (甲子七月初五日　丙辰)星期二

晴烈。早 84°,午 88°,晚 85°。

依时入馆工作。地图事告一结束,当可发制矣。

续看《东方》梁文,毕其第一章。

下午写信四通,分别复致介泉、乃乾、颂皋及朱生菱阳。

买《本国史》五部,分送圣陶、介泉、平伯、振铎、予同。

夜为自治学院看北京招生史地卷二十一本。并写信给平伯。

8 月 6 日 (甲子七月初六日　丁巳)星期三

晴烈。早 83°,午 87°,晚 85°。

依时入馆工作,审查外稿两种。

下午将散馆时,映娄、岷原来访,因与同归。旋偕圣陶共觞之于味雅。谈至八时许,别途各返。岷原明晨即须遄返周庄也。

作书复晴帆。

8 月 7 日 (甲子七月初七日　戊午)星期四

晴,晚十一时略雨。早 84°,午 90°,晚 86°。

依时入馆工作。

绍虞来圣陶所,因过此作两度谈。夜间阮志明先生亦来,送所制日高表给我。渠研究天文甚精,所制亦准,乃为遭境——婚姻——所厄,时时灰心,可惜之至!

接翼之函,知他家除两亲外俱病。甚为轸忧。

8月8日(甲子七月初八日　己未　立秋)星期五

晴烈。早88°，午92°，晚88°。

上午入馆工作，归饭时，剑秋、建初兄弟来，下午因未到馆。

三时许，我与剑秋、建初出，迤逦由爱多亚路至北四川路微微公司饮冰。晚在寓小酌，以酒不佳，未能畅叙也。食后纵谈，至十一时许始各睡。

久不得仲弟信，恙甚，因于今早作书责之。

8月9日(甲子七月初九日　庚申)星期六

晴烈。早88°，午94°，晚89°。

上午入馆工作。

下午与建初、剑秋游大世界，坐大鼓场中甚久，至六时，出，少饮青萍园。饮后热甚，乃至麦家园双凤园洗澡。乘车归家，已九时许矣。又谈至十一时，寝。

8月10日(甲子七月初十日　辛酉)星期日

晴烈，傍晚起阵未果。早84°，午90°，晚86°。

晨与剑秋兄弟至先得楼吃羊肉面。旋入城，在城隍庙后得意楼茶话。至十时，出小东门，乘电车赶归，以今午家中祝飨也。饭后，建初先出，会其友于半淞园。我则与剑秋闲步南京路，略购物事。至四时，回车站，候建初来后，乃送他们出站，然后赋归。

接梦九函，知渠新任铜山县立师范学校校长，已不在十中矣。

8 月 11 日 (甲子七月十一日　壬戌) 星期一

晴烈。幸有风。早 86°，午 90°，晚 87°。

依时入馆工作。经农自外归馆，一别已将两月矣。每值夏令，必四出应聘演讲，真难乎其为名人也！曩见适之浴食无时，辄窃叹之，以为一切自由俱为名牺牲，不值得太甚，何如人家不知，倒乐得自由研究乎。否则自己的一切，将为他人驱策下产物矣。

日来气热困人，竟不敢动弹。视气温表并不加高，而汗沈四溢，稍坐则裤粘臀椅矣。虽在风扇下，不能已也。吾甚疑真正气温与皮肤感觉之不相应也。

8 月 12 日 (甲子七月十二日　癸亥) 星期二

晴烈，晨晚略洒细雨。早 84°，午 90°，晚 85°。

依时入馆工作。大写信，把积欠之件一清，甚快。

散馆后为章来谈，至六时许才出去，借《迈尔通史》原本去校勘。子玉亦来，谈至九时许去。

珏人感冒极重，早餐后，家中顿呈凌乱之象，颇可怕，何要人之系其团体有若是之重耶！

8 月 13 日 (甲子七月十三日　甲子) 星期三

晴烈。早晚 84°，午 88°。

依时入馆工作。排字人送样甚慢，而出版部屡次促之，很厌。

《地理》插图，今日上下午具往图版股催询，而寿芝孙一再延宕，必说明日才可取得。如果图早做好，上半册已印就矣。

接仲弟书，知近况尚善，一再懒复，都因晏起晏眠所致云。又得介泉书,知所寄书已到了。惟平伯无复,或者他一时未及复我否?

夜取酒独酌,颇自得,因悟饮酒固不必上馆子,集合多人聚啜也。

8 月 14 日（甲子七月十四日　乙丑）星期四

晴燥。早 84°,午 90°,晚 84°。

依时入馆工作,《地理》插图刚制就,遂转发排字人补入各章中。

下午勘初来馆谈一时许。

写信复仲弟、介泉书,于上午发邮。饭时接乃乾书,因于晚间复之,备明日寄出。又接平伯片,知《本国史》已寄到,他于廿三四当南来也。他片中有"京中非无事可图,而仍有眷眷江南之心"语。何与颉刚之"愿永离苏州,长作北京人"相异若是耶!

"新学制课程标准起草委员会"所委之件已届期,今晚强坐灯下作之,想于明日寄出也。惟夜来坐不宁贴,至十时,已倦不胜矣。仅草毕历史,地理则须俟之明日矣。

8 月 15 日（甲子七月十五日　丙寅）星期五

晴燥。早 84°,午 88°,晚 85°。

依时入馆工作。

草六年师范地理课程纲要。因将昨草之历史纲要并寄课程标准起草委员会,心头又为一松。我自信不认繁剧,稍一有事在心,便处处不宁。不识时流之被捧场者终日冗忙,即沐浴睡眠亦无形受制,心中究何思也?

后三年师范中国史课程,请由颉刚起草,迄今竟未得复。今日该委员会又来函催促,因即转去顺催之。

傍晚浩如至,知渠已无端被沈洽之辞歇,甚愤沈某之险诈,且悯浩如之懦弱,真令我莫可奈何,有气无从泄也。

8 月 16 日(甲子七月十六日　丁卯)星期六

晴烈。早 82°,午 85°,晚 82°。

依时入馆工作。

散馆后得乃乾约晤书,因明日已约定振铎、愈之游苏州,遂与圣陶赶即往访,说明明日事。至则渠已他出,留条而还。甫脱外褂坐定,而子玉来,因与纵谈良久,直至九时许乃去。

明晨七时即须赴苏,因即睡,但四周牌声聒耳,殊难觅甜梦也。上海环境之恶劣,真是全国少有,奈何为衣食所困,终不能摆脱之!

8 月 17 日(甲子七月十七日　戊辰)星期日

晴烈。早 82°,午 86°,晚 82°。

早六时半,与圣陶出门,途遇愈之,因同发车站。在站待严敦易、顾彭年及振铎陆续来,乃购来回票登车。车中挤甚,几不得坐,勉强分散插人丛中。九时许抵苏站,绍虞已在那边迎候,遂联车入城,径抵拙政园。在园遇次伯、希猛、览庵父子,匆匆立谈即别。旋到玄妙观,即饭于宫巷中新开之城中饭店,绍虞觞我们也。饭后出城,到虎阜,茶于冷香阁。复至各胜地如千人坐、小菱轩等地一巡而返,折至留园。将四时,由留园出,乘车归站,即附四时三十一分快车回沪。

8 月 18 日 (甲子七月十八日　己巳) 星期一

上午阴霾,下午晴。早 81°,午 84°,晚 86°。

依时入馆工作。

昨日游苏太促,疲乏殊甚,入夜竟不可支,即睡。然巷中露赌者有三席,彻夜牌声,使我难安枕席,极恨！然而无可如何,上海真不可居哉！(巡警明明巡逻至此,而熟视无睹,仅少坐下食矣。)

8 月 19 日 (甲子七月十九日　庚午) 星期二

晴烈,午后欲雨未果。早 84°,午 87°,晚 85°。

依时入馆工作。写信分复翼之及乃乾。

读杨鸿烈《史地新论》十七章毕。尚有杂论六篇载入附录中,以它从前曾载《晨报副刊》上约略见过,因暂略之。此君见解尚好,惟间有矛盾处。介泉说他不过尔尔,并不过分。

8 月 20 日 (甲子七月二十日　辛未) 星期三

晴烈,午刻阴翳欲雨。早 86°,午 90°,晚 85°。

依时入馆工作。

散馆后在振铎所集议朴社进行事项,到雁冰、愈之、乃乾、振铎、圣陶及我六人。所议详会议录(雁冰记),总之,本社发言人太多而做事人少见,前途实无多大希望也。

乃乾过我谈良久,我于浩如被侮事深发愤语,竟斥精勤沈某为鬼蜮云。

8 月 21 日 (甲子七月二十一日　壬申) **星期四**

时阴时晴,炎热闷损。早 86°,午 92°,晚 90°。

依时入馆工作。《地理》下册刚排完,明后日不知能否付印也?

江浙军阀互斗,近又旧事重提。吴江、平望及昆山、宜兴一带,节节布防,报载消息甚恶,戎首实为齐燮元。至此,颇思国民军训练之不可缺。否则非但直辖军队不应征调,即应调矣,亦不能自由通过各地也。实力制止祸乱,会是殆莫良图。

本馆总经理鲍咸昌,今晨入馆时被匪胁登汽车疾驰,幸彼绝有力,仅被伤臂创一处,卒得脱祸,巡警追救者,竟身殉一人云。咳!上海之为上海,真鬼蜮矣。白日架人,至于通衢,尚复成何事体耶!

8 月 22 日 (甲子七月二十二日　癸酉) **星期五**

阴雨不快,闻雷增热。午前 85°,午后 90°。

依时入馆工作。

予同将任温州中学事,暂离此间,或者从此不来,或者去半年如圣陶之往福州也。何其宽亦走,将往杭州安定中学教英文矣,国文部同人自研因出走后,竟寥落若此。

晓先未至,不识苏州作何状?

8 月 23 日 (甲子七月二十三日　甲戌　处暑) **星期六**

阴,午前晴烈。早 84°,午后 89°。

依时入馆工作。晓先人未至,而确知其已来,不识何故不即到馆也？

　　平伯晨间过此，已由京来，返杭后再作区处，大约到京与否尚不能即定也。渠言我所编史，上册太略，中、下册甚好。

　　午后三时，救鲍殉身警士阎玉山出丧，道过宝山路，仪仗甚盛，说者谓从前故厅长徐国梁出丧，亦无此盛况云。可见公道自在人心，原不能一概谓人心已死也！

8 月 24 日（甲子七月二十四日　乙亥）星期日

　　阴雨，午后晴，晚又微雨。早 83°，午后 86°。

　　饭后出访子玉，因同过铁笙谈，并将所托估价书缴还。旋出，纵步于法租界贝勒路、霞飞路，饮冰于新民公司。五时许，偕赴青萍园小酌。八时许归。

　　夜十一时，仲弟自津来，因长谈过久，竟未安睡。

　　今日饮冰喝酒，颇滋不适，腹膨胸叭，屡泄不快，后当切戒杯中物也。否则自坏身体，无谓亦太甚矣。即使偶感无聊，亦当别求怡悦之方，不能恋之于屡中其害、屡戒不悛之迷汤也。

8 月 25 日（甲子七月二十五日　丙子）星期一

　　阴雨时作，下午雷阵，未得大雨。早 82°，午后 85°。

　　依时入馆工作。

　　此间前后左右之邻舍坏极了。非流氓拼妇即师巫左术，即稍好矣，亦剪裁、皮匠、理发、浴堂擦背之流，真杂。我此次搬家，颇自悔孟浪也。然而费钱已多，当然不便于最近时期内重迁耳。

　　夜作书致怀之，代子玉托询绣货价。

8 月 26 日 (甲子七月二十六日　丁丑) 星期二

晴热。上午 81°, 下午 90°。

上午入馆工作。下午未往。

是日为母大人诞辰, 晚间略治酒菜, 聚家人并邀圣陶夫妇共宴。宴后大热, 竟难安睡。

8 月 27 日 (甲子七月二十七日　戊寅) 星期三

阴晴雨间施, 闷热甚。上午 84°, 下午 88°。

上午入馆工作。下午与乃乾茶同芳, 顺探江浙战讯。

今天上午西行车未开, 北站已为何丰林所占, 西来车则人甚拥挤呈丧乱象。各旅馆盛满, 据说各家所到戚族亦复平添不少云。钞票已不甚通行, 米价突然大涨, 或者来源已塞, 而奸侩复乘此掠夺耳。

前线接触说未确, 恐又不甚爽利也。在我意决不宜相持, 还是速出一战, 倒易解决, 否则旷日持久, 徒乱人意矣。

8 月 28 日 (甲子七月二十八日　己卯) 星期四

雷阵大作, 雨卒不大。上午 83°, 下午 84°。

依时入馆工作。看《东方》二一, 一三号①。

战讯仍不见开展, 环顾居民惊惶之象则加甚。谣传米已无存,, 虽重价亦难买云。各地迁来避难者仍络绎不绝, 正不知伊于胡底也?

---

①《东方杂志》二十一卷一十三号。

修妹来,偕澄儿与俱。

8 月 29 日（甲子七月二十九日　庚辰）**星期五**

晴明,下午时阴。上午83°,下午85°。

依时入馆工作。

江浙战息,依然相持,来源既受军事包围,不可以通,则此间民食问题将大起恐慌矣。军阀之造恶,真可恨也!

馆中景象甚寂,或有空气影响。

8 月 30 日（甲子八月初一日　辛巳）**星期六**

阴,夜雨。上午81°,午后83°,夜80°。

上午入馆工作。下午未到。

饭后往南市访晴帆,不值。留字柬而返,甚悒悒也。来往电车甚挤轧。车站上落尤甚,扶老携幼,抱衾负箧之流比比然,而呈丧乱之色,口吐太息之声,真一幅流民图也。为之心伤不止。

据车中人言,"宜兴、无锡一带乡间,凡兵过处,掳系壮丁,占据房屋,滥用什具,甚或侮辱妇女,尚未一战,已如此,不竟如前清之长毛耶!"呜呼!其言悲矣!觇然人首之军阀,其肉殆不足食乎!

晚间本为文学会聚餐期,因约仲弟在家谈,未赴。振铎来邀,亦以此却之。而仲弟卒未归,大约又宿友家矣。

8 月 31 日（甲子八月初二日　壬午）**星期日**

阴雨,午后放晴。早77°,午78°,晚80°。

上午未出,待愈之、乃乾来。振铎于九时至,以事即去。及十时许愈之到。十一时,乃乾遂至。未几,圣陶亦来。谈社事至一时许始罢。间及江浙兵乱事，证以各处所遭，真有谈虎色变之概云。

午后二时许，与珏人出，略购应用之件于永安、先施两公司。并饱啖蟹粉面及鸡肉馄饨于北万馨。值此丧乱，人人逃窜不遑，并食敝衣，而我侪居然驾言出游，餍饫时鲜，宜可自足矣。第方寸之间隐隐作痛，正不自知其何欲也。

仲弟以急事遄返天津，今晚乘十一时车北行，不知能准时出发否也？待至十二时不见回头，想已开出矣。

子玉于晚饭后来谈，九时去。

9 月 1 日（甲子八月初三日　癸未）星期一

阴雨，大凉矣。上午 76°，下午 78°。

依时入馆工作。

作书分致颉刚、仲弟、怀之、愈之。日来不作信，以心不定故，今得机一挥，便成四札，甚快。可见凡是皆然，只要肯耐心做去，便无往不可大获也。

夜为自治学院看史地试卷三十本，评定分数，明日当交由振铎送去。旋为颉刚草后三年师范本国史课程纲要，未及成已倦极，即睡。

9 月 2 日（甲子八月初四日　甲申）星期二

阴雨，傍晚止。七十五度。

依时入馆工作。

为颉刚草后三年师范本国史课程纲要成，计二千言。

又为朴社拟一"与胡仲持合印《结婚的爱》的契约"，即于散馆后与愈之同往访乃乾。初至流通处，未晤。乃沿途打听前线战讯，顺往商报馆与仲持晤见。旋又折至流通处才得与乃乾面洽一切。比归，已七时许矣。

今日沪宁路已不开车，前锋接触与否不可知。沪杭车则仍开驶。归过车站一望，重门站兵，旅客之来此者备受搜索，真愤愤也。

9月3日（甲子八月初五日　乙酉）星期三

阴晴兼施。上午75°，下午78°。

依时入馆工作。

散馆后以战讯沉寂，特偕圣陶出探之，俾明真相。由北车站横盘街、望平街而还，知沪宁车仍断，电线亦不通，前方于今日上午确已开火。归途且见车站货栈已变成临时输送机关，有苦力数十人负包累贯行，前后均有军警督之，状甚沮丧；不知就雇抑被拉也？

此次既不免一战，则吾人当求彻底的解决，万不能白供牺牲，兴此无名之师，受此无名之累也。呜呼！懦弱之同胞，其勿馁！

9月4日（甲子八月初六日　丙戌）星期四

晴，午后略阴。上午78°，下午80°。

今日未入馆，在家赶编《世界史》。因手中无钱，不能不把原允之件，先赶出一部，好算取若干费用也。乃时局不靖，时时引我分心打探，竟日工作，只得千五百言，甚憾。

饭后，邻右大乱，盖附近已实行拉夫也。以此，顷刻间搬箱移笼入租界者踵相接，亦可见弱者心理之一斑矣。其实此次战祸，我以为必不致在闸北作战，若果作战，则虽租界亦无安全之望也。

访子玉未晤,即返,竟不敢远出也。

9 月 5 日(甲子八月初七日　丁亥)星期五

晴明。上午 78°,下午 85°。

依时入馆工作。散馆出后,遇振铎、雁冰俱以闸北危机情形告。因亟与圣陶商,将重要箱笼及两家老弱先行设法安顿。遂由圣陶看定克能海路仁厚里一所统楼,即将他们送去。是夜不能交睫。

圣陶一人守屋,我则与珏人及七小女三人坐守耳。兵间生活,一再尝试,真有不堪磨折者存此矣。

9 月 6 日(甲子八月初八日　戊子)星期六

晴。上午 81°,下午 85°。

上午为圣陶守屋,未入馆。下午到馆,仍饱听谣言。夜宿存厚里陪家人,而留珏人独守,心旌摇摇,竟夜不寐。

二房东营业不甚正,男女笑谑,彻夜醋嬉,非惟扰我清梦,抑且恐防盗窃。又兼臭虫爬缘肢体,真奈何天也。未乱先尝此味,悬揣大乱即起,则更将如何耶!

9 月 7 日(甲子八月初九日　己丑)星期日

晴。上午 83°,下午 87°。

饭后看乃乾,仍饱听谣言,废然返,心不定甚。昨日我本已往访他,未及晤而归,今晤之,满拟有所商量,乃更入恐怖之言耳。

傍晚安甫来访,谈至七时,以戒严故即去。

连日战讯,浙军确胜,惟乏后援,少生力之接应军耳。中山已宣告出师,奉张亦持满待发,或者有补于反直系之军心乎!但沪上一般舆论,颇以浙败为速收残局之妙策者,是乃苟安性成,难与言正义矣。

9月8日(甲子八月初十日　庚寅　白露)星期一

晴热。上午83°,下午88°。

依时入馆工作。战报仍大捷,惟无知者总喜播散不静稳的空气耳,以此又吃紧,实则听不了许多也。散馆后往看母亲于临时寓所,归经车站,见浙军徒步押夫抬锅帐诸物,行于宝山路、虹江路一带者,是殆防护车站,将于附近扎营耶?不知一般乱传者见之,又将作何宣传也?

圣陶夫人已由苏闸关来此,备述苏军后备空虚状。即其所言以与浙军较,无论如何,苏将不能取胜也。惜浙军略形单薄耳。然今日奉张已通电出师,士气已壮,而他方之响应者恐亦不少,则浙方亦不易侮也。意者,段祺瑞即将通电有所表示乎!

9月9日(甲子八月十一日　辛卯)

晴烈。傍晚雷雨倾盆。上午85°,下午88°。

依时入馆工作。

下午馆中空气大不佳,有谓浙军败退,已在宋园附近作战者;有谓华洋交界处已建立铁丝木栅,并派有万国义勇团逻守者,风鹤频闻,情形极恶。我与圣陶明知谣传只可信什一,但心旌摇悬,何来宁绪,乃即出,匆促回家。略摒挡后即雇车送珏人辈往临时寓所。旋我送七儿往,道塞不通,状甚可怖。竟叫不到车,步行群众杂遇间,真大有逃难况味矣。行至宝山路口,雨即至,坐车遄往,已半湿。本拟送到即返,而大雨滂沱,平地水深盈尺,竟阻不得行。圣陶亦继至,状更狼狈,遂权宿彼处,舍家不顾云。

是夕未合眼。

9 月 10 日（甲子八月十二日　壬辰）星期三

上午晴,下午雷阵,雨不大。上午 82°,下午 85°。

依时入馆工作。日来风鹤频惊,真有郑人相惊以伯有之概,馆中亦颇涉张皇,同人之安心从事者,殆无其人。最可笑者,岫庐命事务处赶制布袋多只,分发各部部长,属于必要时纳入之。袋式既类盛面粉之囊,而其上又分题部名,竟如老妪进香之香袋。我意一时吃紧,各部长未必肯负之而趋也。不亦多此一举乎!

今日打早归家,幸未稍损。晚间即未出,与圣陶合饮而已。

9 月 11 日（甲子八月十三日　癸巳）星期四

上午晴,下午雷雨。上午 80°,下午 83°。

上午入馆工作,下午阻雨未出,在家续写《世界史》。

战线进退,两方各不出十里,实则未有胜负耳。然而因此延搁,不但百业停顿,而人心惶惶,天天有谣言来相撄心矣。今日又有浮动,我则坚持不走了。

颉刚在苏不能出,往还书札又极难达,甚念之。

晨作一函报梦九,告此间情形并言个人近状。

9 月 12 日（甲子八月十四日　甲午）星期五

阴雨。七十九度。

依时入馆工作。作《恐怖的空气与麻痹症》一文,登《文学》。

各报俱载两军阵线无大变动，而浙军之在西路者大胜利。盖由长兴进占湖汊，再进则直发宜兴矣。如果确凿，则东路必松，此间或不致重见恐慌也。

夜间在寓独酌，稍舒积闷。

赶作《世界史》一千言。

9 月 13 日（甲子八月十五日　乙未）星期六

阴雨。午后大雨倾盆。七十八度。

依时入馆工作。与经农约，即日起编《现代初中世界地理》，其《世界史》只索在馆外续成。先支稿费三十金，俾偿此次搬动之失。夏天心血尽耗是矣。

接硕臣先生太夫人之讣，知十六日开吊，兵间递信，往返需时，故迟至今日才接讣。然则马上寄唁，已当过期矣。今日秋节停汇，明日又值星期，不知能否于过后一二日内接到也？

9 月 14 日（甲子八月十六日　丙申）星期日

阴晴雨间至。上午 77°，午 79°，下午 76°。

饭前写信三封，一复仲弟，一复为章，一致子玉。饭后出，先至临时寓所省母，然后偕圣陶同往本馆发行所。购《史地学报》三卷一、二合期归，顺途赴来青阁还账，又至古书流通处访乃乾。乃乾未见，据言已搬回西门矣。遂废然返。

晚读《史地学报》，看陈训慈的《史学蠡测》。

据传浙军已入宜兴，陈乐山已请委知事接替矣。卢永祥有委定前绍县知事王嘉曾往署说。果尔则惊之有据，上海方面当可大见松缓也。

9 月 15 日 (甲子八月十七日　丁酉) **星期一**

晴明。上午 74°,下午 79°。

依时入馆工作,计画《世界地理》的编次体例。

前线战讯仍沉寂,宜兴陷落之说尚未证实,大约彼此都入相持状态,俱不肯浪战以耗损实力也。但人民悬之于此,急待战事速了,始有生业可言耳。

看《史地学报》。

写唁信寄硕师。

9 月 16 日 (甲子八月十八日　戊戌) **星期二**

晴明颢爽。上午 74°,下午 78°。

依时入馆工作,继续设计编次《世界地理》体例。

昨今两日又拉夫,警厅既一再声明不强迫,乃告示煌煌方揭于通衢,而巡警追赶驱迫又发现于车站,是何说也!吾知如此其殆自造谣言,自乱人心矣!

战况如垣,两不进展,而彼此猛扑却屡见,是足征两方之实力相等,苟无外援,谁都不能操必胜之券也。

晴帆昨来晤,亦言直系终将倒也。

下午三时许,乃乾来访,谈至五时始去。朴社事大约将暂告结束矣。

9 月 17 日 (甲子八月十九日　己亥) **星期三**

晴明。早 73°,午 80°,晚 77°。

依时入馆工作。

战讯依然,恐浙军不甚顺利耳。盖此间消息,例无败报,两挺手已足征前线不利矣。否则铺张扬厉,将不胜其鼓舞也。由是相持,必致延长,至有害于百姓,宜一般不辨是非之社会只求速了耳。

写信寄硕民及剑秋,告近状,并希他们亦以近状见告也。

9 月 18 日 (甲子八月二十日　庚子) 星期四

晴明。早 76°,午 77°,晚 75°。

依时入馆工作,编《世界地理》第一章。

战况依然,大约真入相持状态矣,人民祈求不战不可得,而既开战后,求速战以决胜负又不可得,军阀真不可理喻耶!不然,既出于一战以求逞,宜不待敌方之增援而进攻也。

今日发出通启,准暂时解散朴社,算还馀款。提出一千元作发行所基本股款,分股归户,将来盈绌,即尽此分配,甚善。此意本乃乾所出,不识颉刚诸人得不持异议否?

9 月 19 日 (甲子八月二十一日　辛丑) 星期五

晴,午后阴霾。早 73°,午 80°,晚 78°。

依时入馆工作,编《世界地理》。

今日阅报,知杭州生变,卢永祥已移扎龙华。以此风声紧迫,馆中又起慌乱之象矣。午饭归,即打发珏人及诸儿仍往临时寓所暂避,而我与圣陶仍到馆。

在馆确闻炮声,因益纷乱。

散馆后,在圣陶所共饮,随便吃食,竟忘乱离,很快活的过去了。但就枕以后,彻夜闻炮,耳为之异感,心为之奇动,竟未合眼也。顾念家人远散,尤不得稍宁矣。

9 月 20 日 (甲子八月二十二日　壬寅) 星期六

上午阴,下午阴雨。早 73°,午 80°,晚 77°。

依时入馆工作。炮声上午尚清晰,下午则模糊,或浙军已有进步乎!报载苏曾并力攻浙,而浙未必即却,可见相持之事转赘,旦夕不能即决也。

早晨我去看珏人及家人,而珏人已至家略看。我终悬之于此间之治安,故心不能宁贴也。时日稍定,我当特别自慰耳。

夜仍与圣陶同饮于家,俾稍壮胆。但是夕竟未闻炮声,居然安睡也。

9 月 21 日 (甲子八月二十三日　癸卯) 星期日

晴明。上午 72°,下午 79°。

晨八时许,珏人挈儿归视,我即出门赴乃乾、怡珍之约。至则未见,待至十一时始来。略谈即别去,彼有事他往也。我亦出馆门,往访晴帆于铁笙所,便在铁笙所午饭。饭后,同游新世界,人挤,竟挤散,遍寻无所得,即径归。

夜十二时,炮声又作,恚甚。不图屡遇兵凶,竟一至于是也。

9 月 22 日 (甲子八月二十四日　甲辰) 星期一

晴朗。早 72°,午 77°,晚 73°。

上午入馆工作。下午往访乃乾于永吉里,送仲持所提条件前去,属为解决。旋与闲步法界各地,由棋盘街返南京路,乘电车遄归。夜仍独酌自慰,以期少安,但是晚确未闻炮声。

接颉刚片,知于十五夜到京矣。此次居然挈春成行,甚佩!他一切不顾,率意径行的精神,实不可及,朋辈中罕见其匹也。

9 月 23 日（甲子八月二十五日　乙巳　秋分）**星期二**

晴朗。早 76°,午 77°,晚 75°。

依时入馆工作。战况依然沉寂,大约此间须坐待奉直变化矣。但浙军总攻击之讯已喧传,意者日内当有大战乎? 在我们此时此地位看,固求战事速了,俾得安心生活也。然而大憨不去,国难未已,似亦不能不希望正义之伸张,则战祸虽酷也不得不忍痛须臾了。

夜在家独酌,夜间居然未闻炮。

9 月 24 日（甲子八月二十六日　丙午）**星期三**

晴明。早 72°,午 79°,晚 75°。

依时入馆工作。

浙军集中后,屡闻总攻击之令,而卒未见一度血战,果有待耶,抑别有用意耶! 侧闻潘国纲与郝国玺俱有表白非迎孙及斥孙矣,或者日内浙中又有变局乎?

我已托晓先为我代定梁溪旅馆房间,明晚当挈眷住彼,不再在此空担虚惊矣。本来在此死守真不通,难道遇变可以御侮吗?

9 月 25 日（甲子八月二十七日　丁未）**星期四**

晴不甚烈。早 74°,午 78°,晚 76°。

依时入馆工作。

散馆后与珏人及诸儿往梁溪旅馆。当由晓先照料,即住入三十七号房间。旋偕他们至青萍园吃夜饭,并至大世界游览。九时许返寝,因诸儿纷扰,仍未安睡。

9 月 26 日 (甲子八月二十八日　戊申) 星期五

阴,入夜微雨。七十五度。

依时入馆工作。

晨往医院视圣陶疾,晚间复往,遇红蕉,彼云彼经手所赁之屋想敲竹杠也。闻之甚愤。明日只索搬走了。自院归梁溪馆后,再出独饮于言茂源。

9 月 27 日 (甲子八月二十九日　己酉) 星期六

阴晴兼施,入夜雨。七十六度。

是日未到馆,收束克能海路临时租屋,一方被二房东敲诈去十元,一方竟不欢而散。可知凡事一涉利害临头,一切狐尾都毕显出来了。

到庞京周医院看圣陶三次。又往看乃乾两次,夜间便与他同饮于高上兴。酣谈甚畅,直至十时始归。

9 月 28 日 (甲子八月三十日　庚戌) 星期日

阴雨。上午 75°,下午 72°。

午前坐雨不出,闷处旅舍中苦甚。午后往访铁笙于南京路,谈久归,已值雨。旋又出,冒雨行视圣陶疾,又坐雨,久之乃出,过乃乾,同清儿返,盖方才来领去游玩也。

夜拭身濯足,竟未出,徒苦闷而已。

战讯转更沉寂,而军署发行淞沪公债,临近勒派,为丛殴崔,我知必至之境矣。不识勒收款项时百无问题也?

9月29日(甲子九月初一日　辛亥)**星期一**

早晚晴,午后大雨。未得检视,但觉闷耳。

依时入馆工作。

闸北又见拉夫两批,心头实在不安极了。战争沉闷之至,不知儿时才了,我辈身受者真苦痛得不了了!

散馆后挈濬、清两儿出,拟径归旅馆。振铎来约同访圣陶,又言愈之亦去。我乃过愈之询之,即以两儿属焉,期待于里门。及我由愈之所出,竟不得他们踪迹,急甚。旋身四寻,杳然矣,乃乘车抵旅舍,又云未来。少顷,他们乃至,始急完。

圣陶热势稍退,仍打针,大约无碍矣。

9月30日(甲子九月初二日　壬子)**星期二**

晴明。七十五度以上。

上午与晓先同招乃乾往新康里等处看屋。延至十时三刻始到馆。下午则依时出入。夜与濬、清两儿宿旅舍,老母以下俱冒险返居,盖苦客住久矣。然我心悬两地,殊念之也。

六时许挈两儿往视圣陶,乃乾又以到旅舍看我,追迹而来。共谈多时,始各散。我则挈儿就饭于长春楼,继游新世界。挨磨至九时许,乃返旅舍就寝。

颉刚太不识世故,致今日来沪妄责我们以解散朴社事,甚为他惜之。

10月1日(甲子九月初三日　癸丑)**星期三**

晴朗。七十五度左右。

依时入馆工作。把《东亚章》编完。散馆后与晓先同行,径往流通处看李先生,偕至聚庆里看房子。乃房东甚狡,未成交而散,即往庞京周处省视圣陶。当将代取还之社款二百馀元交他,并询知明日他将出院归家。

闸北治安,据愈之云可以无虑,所以我明日亦将搬回矣。今夜即偕珏人宿旅舍中,备明晨部署赋归也。未归室前,同餐于得和馆,需费二元,亦可谓苦中寻乐矣。

10 月 2 日(甲子九月初四日　甲寅)**星期四**

晴,和暖。近午 80°,下午 77°。

上午未到馆,即搬回仁馀里。

下午到馆,校书看样书外,别无他事。

作书复仲弟,因他昨日有信前来也。

夜在家小酌,连日逃难,居然今日安居,虽苟安,究自屋之为适也。如果治安可保,我且从此安然乐生矣。

10 月 3 日(甲子九月初五日　乙卯)**星期五**

上午晴,午前后至夜雨。八十度左右。

依时入馆工作。

松江方面闽、苏各队,已于昨日向浙、沪联军正式开火,胜负尚未分晓。黄渡、浏河各面,虽有战事,阵线仍无变动。彼此相持,徒苦我民,正不知何日才得了此劫运也?

圣陶昨已由院迁回,热仍未净,而口腔糜碎亦不见痊,甚为之焦灼也。

晓先眷属来游,因此次同住旅舍所识也。

10 月 4 日（甲子九月初六日　丙辰）星期六

阴雨。七十六度左右。

依时入馆工作。

乃乾于下午来馆访我，因以代支之朴社还款交付之。并将绍虞所得亦交他。明日天晴，我约他于午后访他。

夜十一时，珏人忽患腹痛腰酸，呻吟至天明始稍止。她近来身体真坏，此次适值经期，迁延已两旬，今加疾痛，宣血遂益多。我竟无所措手，只有静待天明时再说耳。

馆中裁员减薪事将证实，大约先发表裁员，然后再议剩员薪金之缩少耳。战争长此不变，殆难免大多数人之失业也。军阀之造祸真烈矣！

10 月 5 日（甲子九月初七日　丁巳）星期日

晴明。七十八度左右。

今日为曹锟贿选告成之日，实为民族史上莫大之耻辱。但愿从今以后，不再有第二回耻的纪念也。

饭后往晓先及乃乾所一行，即购物返。珏人已稍好，亦颇自慰也。竟夕未腹痛，当然好些了。不知如何，红物终不肯止出也。大约体弱愆经，必有之象耳。

10 月 6 日（甲子九月初八日　戊午）星期一

晴朗。七十五度左右。

依时入馆工作。

接翼之函，知其老太太病终，为状至惨，因即驰书复唁之并赙十金。顺手又作书一通报梦九,告渠订报手续也。

珏人竟于今午后二时小产,经停只二月,竟有身,奇极。我不解渠身体之坏如此而容易受孕若彼,真莫名其妙也。

10 月 7 日(甲子九月初九日　己未)星期二

晴明。七十四度左右。

依时入馆工作。

散馆后到永安存款五十元,补前虚三之一,馀三之二不知何日始能归垫也。归途经外白渡桥,见苏联领事馆之旗帜,甚辉煌夺目而略带可怖之色,不识资本家见之,究作何想也?

夜独饮于寓次,居然薄醺,珏人之疾稍痊,深为之慰。她体弱而任劳,甚非所以摄生之道,不过我境不裕,总难使之安闲度日耳。可悲也!

10 月 8 日(甲子九月初十日　庚申　寒露)星期三

晴朗。七十四度左右。

依时入馆工作。圣陶今日已能勉强到校,盖馆中以机械视人,例假已过,不到便需扣薪也。资本家制度下竟绝对产生不出好结果,其病根殆在是矣。

今日报载此间战讯甚不佳,松江似已失守,石湖荡方面已成弩末,闵行大吃紧。果尔则解决之期当不远,独叹正义之不能得申,天实为之,甲子劫运其天开杀机乎!

读何炳松译 James Harvey Robinson《新史学》,仅及他自作的"译者导言"二二页,已觉深惬我心。暇当详细一读,试一绎其涵义也。

10 月 9 日 (甲子九月十一日　辛酉) 星期四

晴,下半夜雨。七十六度左右。

依时入馆工作。

今日沪松车通,足征闽、苏军队又被联军击退。直系将领如此无能,而北庭伪令且奖掖之不遑,甚至令开大批保案,真盲人梦呓耳。直系将领而果有效于用兵,则匝月以来竭半天下之力曾不能进尺寸,又何说之辞。可见时局内部不变,联军前锋早过常、镇,进捣白门矣。伪令所称诵戴中央之夏超,其肉殆不足食也!

夜读何译《新史学》,毕第一章。

10 月 10 日 (甲子九月十二日　壬戌) 星期五

晴明。七十六度以上。

晨在家看《申报》、《时事新报》、《民国日报》,以均有增刊也。

近午乃乾来,因于午后偕圣陶及他同出。乘电车至外摆渡桥,迤逦由爱多亚路至横盘街同芳啜茗。茶后即归,以酒自劳。适硕民今日自苏来此,遂于食后过圣陶所共谈。

战线消息如故,又成相持之局矣。

10 月 11 日 (甲子九月十三日　癸亥) 星期六

晴。七十四度。

依时入馆工作。

硕民于今日由苏来。

10 月 12 日 (甲子九月十四日　甲子) 星期日

晴。温和。

晨与硕民往访六逸,比出,在仁德里乘电车,拟往看勘初,不料右手中指为铁门轧去半节,痛甚。因即雇车赴京周处求诊,乃未起,致求李梅龄诊之。据云骨未伤,尚无妨,为敷药包裹而出。仍访勘初,至十二时才返。以手病心慌,竟不能不卧下矣。

夜饱听炮声,手痛为之移念,竟忘却矣。

10 月 13 日(甲子九月十五日 乙丑)星期一

手痛剧甚,不能入馆。

卢、何已去,情势大变,于午后三时许,全家出去。初至梁溪旅馆,以客满改往东方,颇不适,明早当搬。

圣陶与硕民住东方。

10 月 14 日(甲子九月十六日 丙寅)星期二

手痛不能到馆。

迁居梁溪旅馆。

10 月 15 日(甲子九月十七日 丁卯)星期三

手痛不能到馆。

10 月 16 日(甲子九月十八日 戊辰)星期四

手痛未入馆。

10 月 17 日(甲子九月十九日 己巳)星期五

手痛未入馆。

10 月 18 日(甲子九月二十日　庚午)星期六

晴。薄寒。

初到馆,试握笔。

代梦九支款定书。

10 月 19 日(甲子九月二十一日　辛未)星期日

晴。薄寒。

下午与硕民、圣陶试乘爱多亚路之公共汽车,甚快!

到本馆发行所,遇慰元等,比归,已晚,因与硕民共饮于言茂源。既毕,晓先来,因与闲步而归旅舍。

10 月 20 日(甲子九月二十二日　壬申)星期一

晴。约六十四度。

依时入馆工作。

手痛依然,惟可下垂矣。

10 月 21 日(甲子九月二十三日　癸酉)星期二

晴。六十四度左右。

依时入馆工作。

圣陶已搬归,硕民亦然。我则须俟明日再定行止耳。计我此次搬动,共有五次,可约揭之如下:

第 1 次　浏河吃紧。

第 2 次　租界初设防御。

第 3 次　杭州事变。谣传卢走。

第 4 次　南翔被袭,大闻炮声,

第 5 次　卢、何出亡,闸北大震。

五次中以以五次为最久。极希明日可搬回也。

夜与家人饮得和馆,作此行收束之纪念。

10 月 22 日（甲子九月二十四日　甲戌）星期三

晴明。六十五度左右。

依时入馆工作。

今日上午全部由梁溪旅馆迁回。其实联军退去,苏军大来,未必安全。特久旅在外,殊不能耐耳。故忍痛冒险出此也。

夜君畴来访,畅谈甚久。承赠照片及烟枝、玩具等,俱堪纪念之物,因什袭藏之。

10 月 23 日（甲子九月二十五日　乙亥）星期四

晴明。六十五度左右。

依时入馆工作。

夜写信两封,一致晴帆,一致乃乾,俱告迁回。

日来军事大定,惟尚未通车。而得诸传闻,则苏军来后,颇见骚动,公兴路竟有强买勒索事发见。呜呼!齐燮元真难乎为情哉!总之,此次用兵,这一口气竟闷住了。

10 月 24 日（甲子九月二十六日　丙子　霜降）星期五

晴明。早 60°,午后 62°。

依时入馆工作。

沪报京电不通,据外人方面无线电消息,盛传都中剧变,有谓冯玉祥前锋张之江已抵京逼曹者,有谓孙岳与冯合作者,有谓曹锟已出走者,殊不一律。总之,京津交通已断,则千真万确,恐直系的内讧未必无因耳,果尔,则吴佩孚其殆矣!

10 月 25 日（甲子九月二十七日　丁丑）星期六

晴明。早 58°,午 66°。晚 64°。

上午入馆工作,下午未往。二时许,与硕民同出,在南京路下车后即访铁笙,未值。乃至东州理发。及理毕已四时,遂进点于北万馨。五时许归家已将上灯矣。

圣陶来言,汽车已雇就,明日当可往浏河一吊战场也。已约定者为硕民、晓先、仲彝、雁冰、愈之、圣陶及余七人。

10 月 26 日（甲子九月二十八日　戊寅）星期日

晴,微风,夜雨。早 64°,午 70°,晚 68°。

上午未出,看报知京状甚混沌,不识冯玉祥究否放逐曹锟也?据沪上所得消息,则卢永祥、徐谦俱得冯氏电。一召返国,一促入京,甚似冯氏已握最高权柄矣。

饭后与振铎、仲彝、圣陶、晓先、硕民共乘汽车赴浏河,愈之因事未去,雁冰则临时以亲戚托事见阻,故只去六人耳。沿途尚平顺,虽遇兵甚多,然无甚可怖也。惟过罗店后后轮之内胎忽坏,修葺乃费二十分钟,过抵浏河,已三时矣。到彼即西市梢,满目炮弹、枪子痕,状甚可惨,而热市菁华全付劫火,犹为怃心。偶闻乡老谈,辄带悲梗声,吁惨哉! 我平时只识燹字,今乃睹燹之真状矣。从前在长辛店所见,殆不若是之甚也。半小时即返,五时已抵沪上矣。

10 月 27 日（甲子九月二十九日 己卯）星期一

阴雨，惟出入时未下。上午 68°，下午 65°。

依时入馆工作。编《苏联在亚的属土》很难于着笔，甚闷。

手创似乎好些，今日乃用热温水洗开看视，岂知结痂甚坚，一时不易脱下，勉强一二，竟碰伤，结果仍未取下，而转滋微痛。深悔不再耐须臾也。夜睡后尚不作剧痛，或幸免作脓矣。

10 月 28 日（甲子十月初一日 庚辰）星期二

晴朗。早 64°，午 68°，晚 64°。

依时入馆工作。

是日母亲搬上楼住，因楼下较凉，且晨间声杂不能安睡也。

思将日来所积函件——手创后不能即答者——于最近期间清理之，惟手强心乱，终难就绪耳。

10 月 29 日（甲子十月初二日 辛巳）星期三

晴明。早 56°，午 64°，晚 62°。

上午入馆工作。阅报知京局仍复如昨。吴佩孚已在津指挥，大约此次停战之运动，事实上实移近京、津作战耳。且报载卢小嘉与臧致平今已遄返上海，则此间战局，又将复现，不知他们为什么当初要出于一走也？总之，武人弄柳，谁都不能信任。国民正义，必恃自己有以申之也！

下午未入馆，在家搬腾房间，布置一切。虽费半日之力，而居然改观，心亦自惬不少也。我喜常常变动，不愿终古长如前昨，殆天性使然也。

10 月 30 日（甲子十月初三日　壬午）星期四

晴朗。早 60°，午 68°，晚 66°。

依时入馆工作。

夜饭后作书六通，分复并寄颉刚、颂皋、仲弟、组青、怀之、梦九。积日苦闷，为之一松。虽费时两句钟，而中心甚快，竟不觉疲也。但指创未痊，不无受累耳。

10 月 31 日（甲子十月初四日　癸未）星期五

晴朗。早 64°，午 70°，晚 68°。

依时入馆工作。

下午写信约晴帆，谓后天午后往访彼，且托招道始预在那边叙谈也。

夜硕民来谈，至八时辞去。

11 月 1 日（甲子十月初五日　甲申）星期六

晴明。早 63°，午 71°，晚 67°。

上午入馆工作。下午未往，便与硕民同出闲游。先看铁笙不遇，遂信步所之，由马霍路、爱多亚路、山东路而进点于南京路之北万馨。四时许归，火车站一带，兵队尤重集也。

报载冯玉祥已得势，吴佩孚将败剑，而此间复有第十师不稳消息及臧致平重来海上之讯，恐又将引避也。

饭后晓先为我摄一书房景，且坐我于躺椅，态殊萧然自得，此影果成，确为一可喜事，不识能续愿否？

11 月 2 日 (甲子十月初六日 乙酉) 星期日

晴朗。早 60°,午 68°,晚 64°。

清晨允言来,盖昨已来访未晤,今早特自彼兄寓中赶来也。早餐后,因与硕民送之车站,俾乘九时五十分车归苏。乃人挤票少,竟不得上。挨至十时,硕民觅得一识友,始为买得一票,但须乘十二时三十分车行矣。遂再出车站,茶于附近之来风楼,长谈至十一时四十分,乃送之登车。我亦归,祀先。

饭后与硕民往访晴帆,谈长途汽车中可见战迹,十分有意味。至四时,同出,访铁笙谈。至五时许,乃乘车归,不敢在外晚膳,恐不得归,格于戒严也。

11 月 3 日 (甲子十月初七日 丙戌) 星期一

晴明。早 60°,午 66°,晚 64°。

依时入馆工作。夜在家小酌,饱啖馒头,颇回忆此地风味,殊可念也。因思天下纷乱,京师更不能居,否则我宁受老于彼矣。

报纸载军情及政情俱混沌,浙江孙传芳的态度尤堪注意,不识有否取金陵的意味也?鄂军援苏总指挥张允明署衔之告示,竟称奉总统令维持地方治安,凡先到沪上之军队统归指挥;上海防守总司令江苏陆军第一师长白宝山署衔之告示,亦称奉浙闽巡阅使孙训令委任云云:二者皆不及齐燮元,可见江苏军权统一之迷梦殆非齐等所得克践矣。然而兵戈再起,终亦徒苦吾民耳。于军阀之下场,最大限亦不过去位也。

11 月 4 日 (甲子十月初八日 丁亥) 星期二

晴明,夜雨。早 60°,午 65°,晚 63°。

依时入馆工作。编完《西亚章》。

本地鄂军及第十师均已妥协或调开,大约已无问题了。惟吴败曹退,大局正有一日千里之势的发展,不知怎样的结局呢? 我们住在此地的,固然希望本处平靖,安知别处不靖,他们的希望正和我们一样啊!

11 月 5 日(甲子十月九日　戊子)星期三

阴,入夜雨甚。60°。

依时入馆工作。

接颂皋信,知所寄书已到。因念梦九诸书不知曾否陆续递去,且我所寄的收修发票,又收到未也?

将朴社所出之《戴氏三种》,分别打包,预备分寄给颉刚、介泉、万里、缉熙、济之、绍虞、平伯、佩弦、颂皋。于是社款已毕,真不愿再过问此事矣。

夜子玉来谈,至九时去。大约渠青岛之行,又将因政变而作罢矣。

11 月 6 日(甲子十月初十日　己丑)星期四

午前阴,细雨,午后止。58°。

依时入馆工作。

将朴社所印书分别寄出。此后再有印出,已托乃乾径接,可不再预问矣。于心甚快,或可即此离却无谓之烦恼也。

饭后晓先来谈,因云日记所以属辍之故。圣陶亦在座,谓只记食宿会友,无谓已甚,故难继续。余谓惟其不逊烦琐,乃能持之不坠,有价值与否,本第二步事也。大家以为然。

北京电：溥仪业于昨日午后四时废号出宫，住醇王府。冯玉祥入京以来，此举差强人意，于国于溥，而有所裨，惟黄郛以孺子据阁揆，乃乘时建此大绩，为不平即侥幸成功耳。

11 月 7 日（甲子十月十一日　庚寅）星期五

晴明。上午 58°，下午 60°。

依时入馆工作。日来昼已大短，散馆外出，已见暮色矣。

今日将散归时，又闻谣言，谓白师、孟旅、张旅、郑师已联合，将合力去齐，江湾已大有人逃此，情势甚迫，租界万国义勇团已出防云。我意此说，余亦屡有逆忆，决非无因空谈，须至车站觇虚实，才得定心。乃偕硕民、晓先同往一视。至则并无其事，且知齐已回宁，则即有事亦不会在北闸发生问题矣。于是泰然而返。但念我辈空拳无力，实做小民，一切听人主宰，实非自立之道也。思之愧愤。

11 月 8 日（甲子十月十二日　辛卯　立冬）星期六

晴明。上午 56°，下午 60°。

上午入馆工作。将饭时，闻谣传江湾不靖，屈家桥铁轨已拆断，天通庵站将与宝山路北口成对峙形，势颇危急云云。饭后我未入馆，便与硕民一往觇其究竟，至则散兵放哨者数十人，聚守宝山路口者约百人，并架机关枪北向，惟行人车辆仍许通过耳。我细察其意，大约迫第十师残馀部队缴械，防变，先事设备也。至于驻军争闸北防地，及他项传说，恐非其时。

自宝山路过，即由窦乐安路出北四川路，乘车到四川路桥，步行浦滨及福州路、山东路、南京路而复返。中间曾在北万馨进点焉。

夜饮振铎所,并在本馆俱乐部看踏戏。

11 月 9 日(甲子十月十三日　壬辰)星期日

晴朗。上午 51°,下午 53°。

晨与硕民、晓先同出,往访晴帆。谈至十二时左右,晓先赴复兴园应酬,而我们三人乃至佛陀街正兴馆吃饭。饭后,略购东西,便过铁笙所痛谈。至四时,黄警顽来,坚邀往市政厅听奏乐,遂共赴之。我不谙乐,但觉繁音合节耳。七时归。

警顽为馆中招待,人极殷勤,惟过用生意行,未免令人难受也。甚矣,气味不可不相投矣!

11 月 10 日(甲子十月十四日　癸巳)星期一

上午晴,下午阴寒。上午 49°,下午 51°。

依时入馆工作。

四时赴同人慰劳保卫团员大会。仪式演说占两小时,至六时,始见所演新排剧。先为《公而忘私》,即前晚所见之踏演者;次为《社会主义》两幕,为杨贤江编,尚有意。可笑那班重要的股东兼要职的人,一见此名,便尔不快!竟不终局而溜之大吉,其实何尝有激烈过分处耶!

八时半散归,冷甚。即烧锅煮面食之,婆娑有顷,乃就寝。

深晚二时许,忽闻警笛大鸣,乃急起,披衣出视,知前二街中火起,幸即扑灭,未酿灾,然惊扰已甚矣。上海居民大稠,品类太杂,终非安居之所也。我为此凛然久之。

11 月 11 日（甲子十月十五日　甲午）星期二

晴朗。早 51°，午 60°，晚 58°。

依时入馆工作。

《星海》已出版，我已得到一册，印刷很好，惟定价过贵，恐难出手耳。

散馆后晓先偕我归，谈至六时乃别去。

11 月 12 日（甲子十月十六日　乙未）星期三

晴朗。上午 52°，下午 56°。

依时入馆工作。

读叶恭绰《交通救国论》凡三万言，于已往交通界的情形和未来交通的应兴变革诸事，言之历历，如数家珍。交通系所以为交通系，其殆有不可磨灭之点在乎！近闻颇有出长交通之说，此君卷土重来，或有新的设施乎？

政局依然未定，而沪上军事已渐决，只问齐、孙间有无问题，否则将有苟安状态出现耳。小民依然小民，曾不因此次激刺而有所觉怪，来日大难，正未有已时也！

散馆后与硕民、圣陶、晓先同出，散步于近郊，田野之趣盎然，殊可念也。惟壅肥甚臭，不惯闻耳。

11 月 13 日（甲子十月十七日　丙申）星期四

晴朗。上午 52°，下午 55°。

依时入馆工作。

振铎祖母将于本月十八日做七十寿，我与予同、圣陶、雁冰合

送十元。今日报载冯玉祥、王承斌到津晤张作霖后忽失踪，一说王
逃英租界，冯则被扣留。果尔，则北方政局又将大变，而奉张之势
力又咄咄逼人矣。我始终不信张作霖有救国热忱，此番入关，正有
以启其贪耳。外传彼有复辟阴谋，故冯知之而特对溥仪下辣手，今
有此被拘之讯，或不虚诬张作霖乎！

11 月 14 日（甲子十月十八日　丁酉）**星期五**

晴朗。上午 48°，下午 54°。

依时入馆工作。

向振铎假得《碑传集》归，分查参与四库馆事诸人行迹，以便
着手一文，即论《四库全书》的经过情形。此文草成，拟应《小说月
报》国学专号之征也。

阅报，知冯玉祥被拘是谣，王承斌则确被迫去职矣。直隶省长
即属之李景林，燕人士亦太会利用时机矣。惟有一事真堪顾虑，则
张作霖之野心终难戢之耳。

硕民今晨返苏，托渠带热水瓶一具与允言，贺其子婚也。

此间宫邦铎已就淞沪镇守使职，而张允明复挟孙传芳力将实
任护军使，则前途风云或即将大展也。又安往宁杭耶！

11 月 15 日（甲子十月十九日　戊戌）**星期六**

晴明。上午 54°，下午 58°。

依时入馆工作。

散馆后与晓先、圣陶同出，径赴顺源楼小酌。餐后走至外滩，乃
乘车归，已八时矣。看《醒狮》旬刊第六号，盖少年中国学会的同志
所出，用以提倡新国家主义者，圣陶定阅，以其例赠者转送我也，中

间颇有精到处,虽隘,犹胜于侈谈理想的主义也。我甚愿矢同情焉。

11 月 16 日 (甲子十月二十日　己亥)星期日

晴明。上午 56°,下午 68°。

晨十时许出,往访为章,居然一走便到,未待问讯也。坐少定,晴帆来。又有顷,钱梦渭来,因午饮,合其戚友为一席。擘蟹持杯,陶然自得,浑忘对门即张允明驻兵所矣。

饭后达夫来,为章坚约打牌,于是为章之父、为章之戚李君合达夫、晴帆入局矣。枯待至六时,始了,乃乘电车归北站,换车返寓。觉竟日之游甚倦,而下午为尤难受也。盖我非反对打牌,实性不相近,反觉牵人费时为可厌耳。

夜读《东方》廿一卷十七号。

11 月 17 日 (甲子十月二十一日　庚子)星期一

晴,带湿,将致雨。上午 56°,午 68°,晚 65°。

依时入馆工作。

看《东方》廿一卷十七号。

写信与堪舆先生徐绶臣,询今年是否可安葬。盖先伯父下世已久,尚未入土,而俗例格禁,不得不先询而后下窆也。必询徐氏者,正以其为我祖若父规墓相穴,得此更可告慰母氏耳。

近来经济竭蹶,而路上又不甚方便,因拟不到苏吊翼之母,即于今日汇二元去,作奠仪,并声明以不能躬送举殡之故。

11 月 18 日 (甲子十月二十二日　辛丑)星期二

阴晴时作,湿润。早 62°,午 70°,晚 66°。

依时入馆工作。《世界地理》第一编完。

是日振铎祖母七十寿辰，散馆后与致觉、圣陶、雁冰合同往祝。因为时尚早，且打牌者如林，乃在隔壁致觉所坐谈以俟食。及往就之，第一批人已入席，只得俟第二批矣。八时许入席，至十时毕。接着便看电影，十一时始得归。

11月19日（甲子十月二十三日　壬寅）星期三

阴雨。上午65°，下午67°。

依时入馆工作。起编第二编《欧罗巴》。

报载齐燮元、孙传芳、萧耀南、刘镇华、吴佩孚、杜锡珪、马耿甲、蔡成勋、周荫人、萨镇冰、张福来、李济臣、刘存厚、刘湘、杨森、邓锡侯、袁祖铭、黄毓成、金汉鼎、林虎、洪兆麟筱日通电，在武昌组织"护宪军政府"，并发布组织大纲十条，自为元帅，一切以元帅会议行之。斥冯、张，恐混战之局，不出旬月间矣。首先发动处其在山东之津浦路线乎！

11月20日（甲子十月二十四日　癸卯）星期四

阴寒。西北风起。上午65°，下午61°。

依时入馆工作。

散馆后与硕民偕往言茂源买饮御寒。至七时罢归，过民智书局，见孙中山所作《建国方略》、《孙文学说》及《民族主义》三书，因标价仅半元馀，即斥资买之。归后尽三小时之力将《民族主义》读完，学中山之言，真有不可忽视者在。世人以浅妄轻之，正自见浅妄耳，于中山何损！

《民族主义》即以正心诚意修身齐家入手，以先达治国之境，然后进而讲平天下,其道本一以贯之者。故《世界主义》必俟国已治(即民族主义的完成)始可及之,盖即所谓平天下也。此老取譬近而托旨深可佩之至!

11 月 21 日 (甲子十月二十五日　甲辰) **星期五**

晴不甚烈,风寒甚。上午 50°,下午 48°。

依时入馆工作。

今日天初寒,倍觉不能任,馆中已燃炉取暖矣。

吴佩孚之护宪军政府,拔梯者多——昨日韩国钧与江苏省教育会俱有电驳筱电,显系齐燮元授意,而报载萧、孙诸人及林、洪等均貌合神离,尤征不能合作——恐疑抑不能,将致孤立取亡耳。吴佩孚尽有罪恶,而就个人人格论,实超诸豸之上,未可以覆败少之也。况局势尚未大定耶!

夜起草一文,说《四库全书》的经过情形,但头绪甚繁,不知何日才得观成也。

11 月 22 日 (甲子十月二十六日　乙巳　小雪) **星期六**

晴,下午略阴。上午 50°,下午 48°。

上午未入馆,便续草前文。下午却只索假出,与硕民同过子玉,偕出一游。先往看铁笙,未晤。继至城隍庙吃面筋、百叶。薄暮归道,便在天主堂街茂源小饮。酒不贵而好,是小酒店中铮铮者。七时许归,颇挟馀甘,他日有兴,或当再过此觅一小醉也。

11 月 23 日 (甲子十月二十七日　丙午) **星期日**

晴寒。早 40°,午 48°,晚 38°。

晨续草前文，至十时，与硕民同过铁笙，因他有客约事不能偕行，遂与硕民二人往职校访晴帆。至时已十一时许，略坐即同出，饭于福州路聚昌馆。遇晓先及楚材、良才诸人，并遇仲友。饭后赴乃乾同芳约，至则圣陶已先在，良久，乃乾始至，振铎、愈之亦至。谈至六时，陆续散去，我与乃乾、硕民、圣陶小饮浙江路老源元。八时乃归。

夜与珏人多谈数语，又兼邻右叫门喧闹，竟未安睡。如此，深恐唤起宿疾也。

11 月 24 日（甲子十月二十八日　丁未）星期一

晴寒，初见冰。早 36°，午 47°，晚 45°。

依时入馆工作。

夜续草前文，至中夜十一时才寝。但尚未得全文三之一，大体告成，恐尚须时日也。可见无论何事，不作固一无所成，而着意作之，亦无一容易辛成之事也。

今日始得颉刚复书。彼甚固执，终以上海同人之举行解散为大衅，似太不近人情矣。然他有绝顶精神，如此信所述在苏冒兵险赴甪直迎眷事，及此次京变他们在兵中绝不徙避等情，实不可及，盖他的素秉如是，固不能以不近情目之也。

11 月 25 日（甲子十月二十九日　戊申）星期二

晴，寒气较昨稍淡。早 48°，午 52°，晚 48°。

上午入馆工作。下午因在家装床——今日新买一旧床——未到馆。

三时左右，乃乾来，代我携到《章氏丛书》及《经传释词》各一

部,并为梦九亦便买一部《章氏丛书》。甚感！他谈《结婚的爱》将
再版,而原译人胡仲持颇左右作梗,欲再伸手多拿钱。我听他剖析
之后,觉绍兴人做事真麻烦,到处显现着前清的刑幕气,殊可厌。
记在京时听沈兼士说,也有这样感想,可见越州之民夙秉有异乎他
处之人也。

夜查新买书缺页,竟费二小时,因之前文未能多续。

11 月 26 日 (甲子十月三十日　己酉) 星期三

晴,较暖。上午 48°,下午 54°。

上午到馆工作。下午陪珏人出门买布,遂未入馆。

夜续草前文,至十一时,仅得数百言,甚仄。预计今年阴历年
内不能一日安闲过去,始得还清笔债之已许者,否则将如店家开翁
之将被倒账者然,恐难恬然过年也。

11 月 27 日 (甲子十一月初一日　庚戌) 星期四

晴暖。早 50°,午 56°,晚 51°。

依时入馆工作。

夜子玉来,为之写信三通,又阻续文之进行。我心理甚奇,愈
有事愈想逸脱,好容易勉强擒住放心,却外来打一个扣,便尔轻轻
过去了。我之所以无成,或即坐此故乎？今后无论如何,第一须不
放此心逸脱,而凡事必下苦心去刻虑耳。

11 月 28 日 (甲子十一月初二日　辛亥) 星期五

晴暖。早 51°,午 60°,晚 58°。

依时入馆工作。

夜续草前文,决心须告一段落才罢。至十二时,共得七千言(连前草在内),然未完篇。因不任再坐,即寝。

11 月 29 日(甲子十一月初三日　壬子)星期六

阴霾,似有雾。上午58°,下午60°。

依时入馆工作。

夜仍续文,至十一时寝。仍不得完,甚不适。但将《汉书·艺文志》以后的史志分类,一一勾稽出来与《四库》书目对比,辄见他们的传统则颇自快心。

11 月 30 日(甲子十一月初四日　癸丑)星期日

阴霾,大风。上午56°,下午54°。

九时至下午三时,续前文,以材料难分配,竟无多大的成绩可言。

三时半,出访子玉,因同往天主堂街茂源小饮。夜九时,归。遂未续文。不知明日能否完成也?

12 月 1 日(甲子十一月初五日　甲寅)星期一

晴,寒不甚烈。早52°,午53°,晚50°。

依时入馆工作。

散馆后与振铎、圣陶、雁冰同往来青阁晤乃乾,同至高长兴小饮。谈社事进行,并解决《结婚的爱》再版事。圣陶、乃乾及我较能饮,至八时才走,雁冰、振铎则先行。我归后仍续文。

在高长兴见一对,平日所习见者,今日乃乾为我言,此联实嵌高长兴浩记号六字,颇工妙,因录之如下:

高歌登百尺元龙,把盏望青天,长铗休弹,一代兴亡同拇战;
浩气付千杯绿蚁,凭轩移白日,记球紧握,分曹号令抵新兵。

12 月 2 日 (甲子十一月初六日　乙卯) 星期二

晴,略有风。早 52°,午 62°,晚 58°。

上午入馆工作。下午未往,在家续草前文,至夜十时,全文毕,凡万馀字。明日当交振铎。我不善为文,颇费力而不自惬意,甚苦。以后当更谨下笔,还是多看少作,痛下预备工夫要紧。

12 月 3 日 (甲子十一月初七日　丙辰) 星期三

晴不甚朗。早 53°,午 60°,晚 57°。

依时入馆工作。

散馆后访硕民不得,独至茂源卖饮。席间来一宁波人顾姓者,与我攀话和调,我因分羹援之,且为之付酒资也。于此,很可见社会趋承掠食之风,故特为记此。

夜归已晏,当然不作什么。现拟自明晚起,当赓编《世界史》下册矣。

12 月 4 日 (甲子十一月初八日　丁巳) 星期四

晴阴迭见,夜雨。早 56°,午 65°,晚 60°。

依时入馆工作。

夜编《世界史》,把从前的只索从新整理,重起炉灶。至十时许,得七纸,遂辍工就寝。

阅《东方》梁文,本期为清代的传记、谱牒、方志等学,讲来尚好,只是不免错误,竟误南浔镇为县名而置之乌程之上,又以乌青镇归之苏州,似不能为自命大师恕也。

12 月 5 日(甲子十一月初九日　戊午)星期五

晴阴兼至,有北风。早晚 54°,当午 56°。

依时入馆工作。

夜续编《世界史》,写一千言。旋弃去,阅览李泰棻的《西洋近百年史》。

12 月 6 日(甲子十一月初十日　己未)星期六

阴霾。早 51°,午 52°,晚 50°。

上午入馆工作。下午因朱姓缝工挟衣不至,特辍事半日寻之。说是茧眼酸,缝不得其处,恚甚,然无如何也。急行归,告明此故,即再出独饮于言茂源。七时归。

我托道始代乞丁仲祜《说文目录》,已送到,甚感。夜即披览一过。

12 月 7 日(甲子十一月十一日　庚申)星期日

晴寒。早 45°,午 47°,晚 45°。

晨与珏人出,吃羊肉面于先得楼,旋在北京路购到电器数事归。

将午,子玉来,谈有顷,去,约饭后再见过。我饭后无事,正在待子玉而铁笙至,知渠已移住棋盘街商界联合会。未几,子玉来,因同出游散,信步至斜桥总会,乘公共汽车过浙江路,偕饮于附近酒家。快谈弥永,竟过饮,遂至十时许。归后已头晕目花,睡至三时,泛恶顿作,大吐四次,喉为之痛不可咽。

12 月 8 日 (甲子十一月十二日　辛酉) 星期一

晴寒。早 45°,午 51°,晚 50°。

上午入馆,勉强坐下,因追悔昨夜醉酒,毅然有戒饮之念。自即日起,痛除饮酒及臧否,无论何事,概不撄心,口边万勿遽下褒贬也。

下午未入馆,偕珏人出,又寻缝工不着,废然返。

12 月 9 日 (甲子十一月十三日　壬戌) 星期二

晴,北风较昨为烈。早 47°,午 50°,晚 45°。

依时入馆工作,将《西班牙和葡萄牙章》编完。

今日在馆写复信一大批,将近日所欠往还信债了结一清,颇快!

夜续编《世界史》,至十一时始就寝。

12 月 10 日 (甲子十一月十四日　癸亥) 星期三

晴,寒冰。早 37°,午 45°,晚 38°。

上午入馆工作。下午未去,与硕民同出,买料再制,盖朱裁缝已匿不相见矣。海上人心之坏,真是一时无两,安得严刑峻法痛夷之也。

夜七时,勋初、颂皋见过,约饮于豫丰泰,我顷戒酒,勉徇之而已。十时归,寒甚,竟未作事。预勒日程,又坐此废矣。

12 月 11 日 (甲子十一月十五日　甲子) 星期四

晴寒坚冰。早 36°,午 44°,晚 42°。

依时入馆工作。

昨晚略欠睡，今日殊不快，散馆归后，百无聊赖，夜间竟未续作《世界史》也。

12 月 12 日（甲子十一月十六日　乙丑）**星期五**

晴阴间至。上午 38°，下午 47°。

依时入馆工作。

散馆归，见仲弟已携眷南旋，但渠即出，未相语也。

夜写信复徐绥臣，开年庚去，请他赶速拣日，俾为先伯父安窆也。

12 月 13 日（甲子十一月十七日　丙寅）**星期六**

晴，较昨为暖。上午 45°，下午 49°。

是日休息，未入馆。晨与硕民往访子玉，同乘电车至外白大桥，转乘十路公共汽车游曹家渡。凡历三十五分时乃至。其地为沪西华境，今辟极司非而路，已为公共租界工部局所侵越也。最近之越界筑路案便在此地。今日信步西行，从吴淞江而上，过小万柳堂，直到圣约翰大学，乃返。即在附近饭馆进餐，酒饭尚不差，惟烹手当不逮四马路一带耳。饭后复乘公共汽车归，在西藏路下车，信步由河南路大桥而行，至五时始抵家。

仲弟夜出晏起，竟未一谈，殊可太息。

12 月 14 日（甲子十一月十八日　丁卯）**星期日**

晴暖。五十度以上。

晨十时许与圣陶、硕民出，访平伯于东亚、大东、东方三旅社，俱不值，盖圣陶虽接他昨晚由杭来沪之信，或今尚未至也。旋往三在里访乃乾又不值，即往福禄馆午饭。饭后趋职校，晤晴帆，乃同入场看戏剧协社表演《好儿子》、《月下》、《回家以后》三独幕剧。五时终场，适铁笙来，遂偕赴佛陀街正兴馆晚饭。饭后，复往大庆里访乃乾，仍未晤及。废然返。

　　所见三剧均可观。《好儿子》刺激最厉害，《月下》意深而味长，《回家以后》则情词兼至，确为最胜。

12 月 15 日 (甲子十一月十九日　戊辰) 星期一

　　晴阴兼至，夜微雨。早 45°，午 50°，晚 46°。

　　依时入馆工作。

　　晨平伯见访，知渠确来，而客牌上未写耳。因约散馆后访之于旅馆。及期往晤，与振铎、雁冰、予同俱。旋访乃乾，未见，因留柬约于晋隆候叙。久久，乃乾乃来，遂开樽合餐。谈至八时才归。已值雨矣。

12 月 16 日 (甲子十一月二十日　己巳) 星期二

　　晴。上午 50°，下午 48°。

　　依时入馆工作，将《意大利和巴尔干诸邦章》编讫。

　　散馆后乃乾来，以事冗即去。

　　夜饭续编《世界史》，至十时编完一课。

12 月 17 日 (甲子十一月二十一日　庚午) 星期三

　　晴暖。五十度以上。

　　依时入馆工作。

夜仲弟未出,因大谈。数日未吐之怀,得一吐之,至快!

12 月 18 日(甲子十一月二十二日　辛未)星期四

晴暖。早 50°,午 55°,晚 53°。

依时入馆工作。下午为章来访,因与偕归。五时去。

夜五时,在振铎所晚餐。藉商《文学》编辑事,乃定明年元旦起归振铎主持集稿,同人则努力任撰稿。谈至八时许,各归。因念聚餐久废亦不行,同人娱乐之趣扫地矣。颇议再复旧观,而同人亦有同感者。

写信复晴帆、颂皋、梦九、颉刚。

12 月 19 日(甲子十一月二十三日　壬申)星期五

阴晴并至,傍晚微雨。上午 55°,下午 56°。

依时入馆工作。

夜与家人闲谈,未作甚么。我明日拟赴苏一行,所任事或将担延呢。

12 月 20 日(甲子十一月二十四日　癸酉)星期六

阴霾。五十度以上。

上午入馆工作。

饭后乘十二时三十分快车赴苏,三时到王宅,晤怀之、翼之兄弟及其尊人亲属。是夕未出,饮谈达十一时始就寝。

12 月 21 日(甲子十一月二十五日　甲戌)星期日

晴。五十度以上。

晨十时与翼之及其尊人同出阊门,乘马车到盘门天坛庙,即下乡访我坟丁。讵坟丁已出视其女,由其邻人导往,乃在横坛茶馆候之。价已讲妥为十四元,当先付五元。坟丁去后,便在那边吃饭。饭后迈步入城,再乘人力车访徐绥臣。傍晚始归翼之所,又开樽痛饮矣。

12 月 22 日(甲子十一月二十六日　乙亥　冬至)星期一

阴霾,晚晴。五十度以上。

晨八时半出苏城,乘九时四十分慢车返沪。十二时十五分到站,即归寓午饭。饭后与圣陶同入馆,照常工作。

夜作信复绍虞,并分致怀之、吉如。

12 月 23 日(甲子十一月二十七日　丙子)星期二

晴。早 44°,午 48°,晚 47°。

依时入馆工作。

散馆后与硕民、圣陶往看乃乾,未晤。及遍寻之,因在来青阁约,嘱他们转告在言茂源候谈。未几,渠与夫人至,遂痛谈移时,至八时始归。

乃乾之中国书店已筹备就绪,颇可乐观,大约阴历年内可应市也。如果生涯不恶,做开去后,中国书籍之流通,当能大获效益耳。

12 月 24 日(甲子十一月二十八日　丁丑)星期三

晴。上午 48°,午后 50°。

依时入馆工作。

散馆后与圣陶、晓先往日日新澡身理发。旋出,圣陶独归,我则与晓先至佛陀街吃夜饭。谈久乃各返。他于史地及公民之述作颇有心为之，因勉促成功。

12月25日 (甲子十一月二十九日　戊寅) 星期四

上午晴朗，下午阴霾。早47°，午54°，晚52°。

上午入馆工作，将《瑞士和德意志章》编竣。

下午未入馆，与珏人出购物，备赴苏时赠戚友。至四时半归，途遇子玉，约来一谈，竟未至。

此次办葬，而费不资，向馆中先支《世界史》稿费以应之，讵岫庐支吾作态，一若先支费用为图赖也者，殊愤，拟不支此款，亦不交稿，两下不必有此一番交涉也。

夜作书付晴帆，嘱所托代办书架俟我回沪后送来。

12月26日 (甲子十二月初一日　己卯) 星期五

晴。上午48°，下午51°。

依时入馆工作。

经农来言，支稿费事已办妥，先作二万字算，取百元，馀再计。下午四时，支票乃来，即嘱茶房去取。

12月27日 (甲子十二月初二日　庚辰) 星期六

晴和，连朝有浓霜。早46°，午50°，晚50°。

上午入馆工作。

下午偕圣陶至卡尔登看《斩龙遇仙记》电影。六时出，七时始归。

夜饭后酌定明日行程时刻，俾与珏人辈从容就道也。

12 月 28 日（甲子十二月初三日　辛巳）星期日

晴。五十度左右。。

晨八时偕珏人、修妹及清、漱、澄三儿同赴车站，乘客甚挤，幸昨已预购车票，否则难出栅门矣。登车后勉强排得坐位，尚舒服，至十一时许，已安抵苏州车站。即送修妹、澄儿上车，径归其家。我乃与珏人等乘马车到阊门，然后易人力车入城，直诣怀之所。

少坐，即出，与珏人赴吊胡氏于城西龙兴寺。晤允言、硕民、彦龙、浩如、圣陶。饭后至四时许乃返怀之所。夜与仁斋姻丈痛饮，谈至十一时始寝。

12 月 29 日（甲子十二月初四日　壬午）星期一

晴。五十度左右。

早九时，坟丁来，因率赴康济局领先伯父泾田公柩舁之下乡。我乃折回司前街，过访建初。谈有顷，仍归怀之所，偕同珏人及两儿赴晓先午饭约，雇车直往，已累渠家久待矣。

在晓先所饮啖甚畅，直至三时许，乃辞去，又过访彦龙。

夜在怀之所又饮，不觉过量，几大吐。辄醒睡作胡想，颇不适。

12 月 30 日（甲子十二月初五日　癸未）星期二

阴，午前后微雨，入夜加甚。五十度以下。

清晨拏舟出城，至胥江日晖桥万象春邀绥臣先生以俱行。建初原约未见，即引去。十时至横塘，购石灰载之至九曲港先茔，正十一时。俟至十二时，扶柩安窆，亲视掩灰圆墩乃返舟午餐。餐后复视，又嘱坟丁补树三棵，约明春再看，遂解维归城。比抵怀之所，已黑。

夜饮怀之所,又被劝过饮。

12 月 31 日(甲子十二月初六日　甲申)星期三

阴雨。五十度以下。

晨至胥苑晤彦龙、吉如及友松先生。当将先君未了之事当面交付友松,遂毕心事。吉如约我午后四时在吴苑聚会,乃别去。至十二时,我行,饭于百花巷叔岳家。

饭后,乘车特谒绥臣先生躬送酬金。旋赴吴苑遍晤草桥同学十一人,因公宴我于城中饭店。计主人为吉如、秩臣、渔臣、闻皋、延甫、玉书、亚伟、伟士、蓉初、子清、欣伯。席间谈甚快,于母校兴替事多所论列云。九时归怀之所,又就其女兄宴。

姓名录

姓名	字号	住址及通信处	履历及杂记
王慰祖	怀之	苏州护龙街五三七号	
王㲄	彦龙	苏州铁瓶巷四一号	
计汉望	硕民	苏州卫前街五号	
尤志序	拾尘	苏州皮市街七二号	
孙祖基	道始	无锡北门万巷	
		上海昆山路东吴法科	
孙祖宏	君毅	同上	
柯一岑	一岑	Herrngtyen kǔo, lei Dr. Kalenscher, Kantotr. 47, Charlotterlurg, Berlin	

姓名	字号	住址及通信处	履历及杂记
吴翼诗	颂皋	苏州南仓桥上海哈同路民厚里 402 吴淞炮台湾中国公学	
仲弟		北京香厂蜡烛芯胡同四五号	
邱铭九	晴帆	南京北门桥踹布坊十二号 上海陆家浜职业学校	新迁南京城北安将军巷十号。
练璋	为章	苏州葑门石象巷 吴淞中国公学 上海哈同路□少里	近迁西门大吉路二十三号。
郑云龄	梦九	徐州 户部山西巷(家) 省立第十中学	本年下学期起接任铜山县立师范校长,通讯处改徐州赏宫。
俞铭衡	平伯	杭州城头巷三号许宅 北京齐内老君堂七十九号 上海法界长浜路也是庐七二一号许宅	
吴立横	秋白	龙华计家湾内姚公馆 上海外滩江海关	今迁哈同路民厚里八三〇号,与顾诚安同居。
罗嘉显	菊生	上海孟纳拉路四八六号	
陈乃乾	乃乾	上海西门静修路三在里十七号	
吴思	勘初	苏州庙堂巷四八号	
曹宅	品鸿	浒墅关南津桥上塘丰泰京货号转	已改在南津桥下塘泰昌新衣号(自开)。
吴传孝	希猛	上海北四川路永康里四街第一家	现迁东宝兴路一四一号,沪北英文专修学校隔壁。

姓名	字号	住址及通信处	履历及杂记
吴维清	缉熙	北京西四牌楼北太平仓平安里廿五号	
陈鹏	万里	同上廿四号	
潘家洵	介泉	北京大石作三十二号	
郭希汾	绍虞	苏州曹胡徐巷东首八号　开封中州大学	
顾颉刚	颉刚	北京大石作三十二号	
周之耆	顾臣	苏州胥门外木渎镇山塘王家桥　又城内盘门新桥巷省立二女师校	
朱自清	佩弦	宁波—驿亭白马湖春晖中学	
张逆	适初	苏州司前街卅四号	
周念永	允言	苏州草桥省立第二中学校泗井巷十八号	
王锦绶	锦绶	苏州齐门外吊桥北堍殷福德兴水果行转	
高阳	践4	吴淞中国公学转	
陈德元	调甫	苏州海宏坊三十七号塘沽永利制碱工厂	
曹诚义	铁笙	上海霞飞路尚贤坊十九陆军四校同学会转	

收信表

日期	人名	地址	事由	备考
1 月 2 日	王怀之	苏州护龙街	复前信。	
1 月 2 日	潘介泉	北京大石作	复告经农家吊礼已代送。	此信与圣陶合。
1 月 2 日	顾颉刚	北京大石作	催朴社报告。	此信与圣陶合，即复上信。
1 月 5 日	仲靖澜	真如暨南学校	复寄达夫否信。	
1 月 6 日	吴秋白	龙华	复谢赠书，并言不能到会。	
1 月 6 日	王彦龙（片）	苏州铁瓶巷	催硕民归看昆剧。	
1 月 6 日	王翼之	甪直五高	复稿件收到并谢。	
1 月 12 日	柯一岑	柏林	贺年及略告近况。	
1 月 12 日	孙道始	本埠昆山路	告将年假，并托介绍。	
1 月 17 日	仲弟（片）	北京香厂	复去信已到。	
1 月 18 日	振新书社	苏州观西	复驳函并强辩。	
1 月 19 日	顾颉刚（片）	山西太原晋祠	告在晋祠病，并将入京。	
1 月 19 日	刘安甫	杭州	谢我送他母丧礼。	
1 月 21 日	计硕民	苏州卫前街	问《十三经》价目。	
1 月 25 日	顾颉刚	北京大石作	汇款还我。	
1 月 25 日	顾颉刚	北京大石作	托代送愈之礼。	

续表

日期	人名	地址	事由	备考
1月25日	郭绍虞	福州协和大学	再询《转注说》。	由圣陶函内转来。
1月26日	吴颂皋	苏州南仓桥	寄送代礼。	二18日又接他附件一包，内译稿两本，原书一本。
1月28日	钱浩如	本埠新商业社	托荐事。	
1月29日	王彦龙	苏州铁瓶巷	托代购物。	
1月31日	王彦龙	又	再催代购。	
2月1日	计硕民	苏州卫前街	寄振新收条。	附圣陶信中。
2月1日	练为章	苏州胭脂桥	通问近状，与圣陶合一笺。	
2月1日	王翼之	苏州护龙街	复前信。	
2月2日	孙道始(片)	无锡万巷	通问近状。	
2月2日	郑梦九	徐州南门	汇十元托买书。	
2月4日	顾颉刚	北京大石作	复前信，并商社事。	附有圣陶、雁冰各信。
2月4日	俞平伯	法界长滨路	告回杭。	附有致文学会公函。
2月4日	王彦龙(片)	苏州铁瓶巷。	复前信。	
2月6日	吕家炘	苏州蜜蜂洞	贺年。	
2月6日	吕家铨	杭州新市场	贺年。	
2月9日	潘介泉	北京大石作	复前信。	

续表

日期	人名	地址	事由	备考
2 月 11 日	俞平伯	杭州城头巷	复寄赠书笺。	
2 月 11 日	吴颂皋	苏州南仓桥	告海澄夫人死。	
2 月 14 日	郑梦九	徐州户部山西巷	复寄籍已收到。	
2 月 16 日	王翼之	苏州护龙街	告安抵苏里。	
2 月 18 日	潘介泉	北京大石作	复前问近状。	
2 月 19 日	吴秋白	龙华	送《文学》稿。	
2 月 20 日	沈柏寒	甪直南市	复罗生事不成。	
2 月 20 日	罗嘉显	孟纳拉路	询甪事。	
2 月 21 日	郭绍虞	福州	再论《转注》。	附圣陶函中。
2 月 21 日	自治学院	本埠	送阅卷酬金。	
2 月 26 日	秦祖青	苏州胡家巷	告一时不到沪。	
2 月 26 日	王翼之	甪直公一校	复告近状。	
2 月 26 日	吴秋白	本埠新关	复告寄件已到。	
2 月 25 日	俞平伯	杭州城头巷	复询选诗事。	与圣陶合。
2 月 26 日	练为章	吴淞中国公学	介绍硕民兼课。	与圣陶合。
2 月 27 日	刘虚舟	真如暨南学校	介绍硕民东陆大学事。	
2 月 28 日	陈乃乾	三在里	寄序言来。	
2 月 29 日	顾颉刚	北京大石作	复寄《读书杂志》。	
3 月 1 日	吴颂皋	吴淞中国公学	约今日来谈。	

续表

日期	人名	地址	事由	备考
3 月 1 日	潘介泉	北京大石作	复前信允编书。	与圣陶合。
3 月 2 日	郑梦九	徐州十中	复前信。	与靖澜信同封寄来,内有附致硕民书。
3 月 2 日	仲靖澜	同上	告已到徐。	
3 月 4 日	吕钰卿	杭州新世场	复告近状。	
3 月 6 日	顾颉刚	北京大石作	寄宣言来。	挂号。
3 月 8 日	郭绍虞	福州协和	汇款来。	中国银行饬送。
3 月 8 日	邱晴帆	本埠职校	约参观美展。	
3 月 11 日	王翼之(片)	角直公一校	谓有稿托投。	12 日稿到。
3 月 11 日	吴颂皋	吴淞中国公学	催询售稿事。	
3 月 11 日	尤拾尘	苏州皮市街	托集会金。	
3 月 12 日	邱晴帆	本埠职校	复改期购书。	
3 月 14 日	王翼之	角直公一校	托代递先定《文学》。	
3 月 14 日	陈乃乾	本埠西门	询《孟子字义疏证》。	
3 月 20 日	王怀之	苏州护龙街	得音初四日赴苏。	
3 月 21 日	仲弟(片)	北京香厂	言将返沪一行。	
3 月 24 日	仲弟	又	告十四寅刻生一女。	快信。
3 月 24 日	郭绍虞	福州协和	《训诂通论》将即寄。	

续表

日期	人名	地址	事由	备考
3 月 24 日	王翼之	角直公一校	催询稿到未。	
3 月 26 日	王怀之（片）	苏州护龙街	告书箱已理好。	
3 月 26 日	北京同人	大石作	不赞成开店。	
3 月 29 日	王翼之	角直公一校	告佣人须稍缓。	
3 月 31 号	邱晴帆	本埠职校	清明当返宁。	
4 月 1 日	吕钰卿	杭州商品馆	复我前书。	
4 月 4 日	王翼之	角直公一校	回绝尤佣可荐。	
4 月 5 日	仲弟	天津旭街	告暂不能南回。	因我函告母病促归。
4 月 7 日	顾颉刚	北京大石作	允代购书。	
4 月 7 日	吴颂皋	苏州南仓桥	探询社事。	
4 月 12 日	张剑秋	淮安县公署	复愿常通信。	
4 月 13 日	吴秋白	龙华计家湾	约游龙华。	
4 月 14 日	顾颉刚（片）	北京大石作	另邮寄书。	书件于十五日寄到。
4 月 15 日	陈乃乾	本埠三在里	告欢迎泰戈尔笑话。	
4 月 15 日	王翼之	角直公一校	托谋高小理科事。	
4 月 20 日	吴勖初	苏州庙堂巷	复一时不能来沪。	
4 月 21 日	顾颉刚（片）	北京大石作	寄《地理哲学》。	
4 月 22 日	又（片）	又	告近状。	
4 月 23 日	仲弟	天津旭街兴张里	告将入京接眷。	

续表

日期	人名	地址	事由	备考
4 月 23 日	王怀之	苏州护龙街	复东西待取。	
4 月 28 日	顾颉刚（片）	北京大石作	托询《金石索》。	
4 月 28 日	张剑秋	淮安县署	复前书。	
4 月 28 日	邱晴帆	南市职校	邀看《少奶奶的扇子》。	
4 月 29 日	邱晴帆	又	送入场请柬三份。	
5 月 1 日	邱晴帆	又	续送入场请柬二份。	
5 月 1 日	王翼之	甪直公一校	告近况，并说同事状。	
5 月 5 日	吕钰卿	杭州商品陈列馆	告家移府在东库。	
5 月 6 日	潘介泉	北京大石作	又问印价究竟。	
5 月 7 日	章君畴	南京门帘桥	寄文稿嘱削改。	快信。
5 月 10 日	顾颉刚	北京大学第三院	寄《国学季刊》三。	
5 月 12 日	又	又	复前托介泉转信已到。	片。
5 月 13 日	章君畴	南京门帘桥	谢改稿。	
5 月 16 日	吴勘初	苏州农校	复告他家小孩也病。	
5 月 20 日	仲弟	天津日界大罗天南新德里 19	问我前信复未。	

日期	人名	地址	事由	备考
5 月 21 日	王怀之	苏州护龙街537	告警厅将裁人托事。	
5 月 23 日	王翼之	甪直公一校	询《儿童世界》酬事。	
5 月 27 日	顾颉刚	北京大学研究所	托代定报四种。	汇票四十元附。
5 月 29 日	邱晴帆	本埠职校	复告又得盆景。	
5 月 29 日	郑梦九	徐州十中	告近状。	
6 月 3 日	顾颉刚（片）	北大三院	复我上月廿八信。	
6 月 3 日	王翼之	甪直公一校	仍询酬稿事。	
6 月 7 日	吕钰卿	杭州商陈馆	贺节。	
6 月 7 日	郭绍虞	福州协大	谢赠《章氏丛书》。	
6 月 9 日	顾颉刚	北大三院	告已定《晨报》。	片。
6 月 12 日	王翼之	甪直公一校	谓寄酬未到，仍托查询。	
6 月 14 日	又（片）	又	告酬品已收到。	
6 月 14 日	仲弟（片）	天津日界新德里	复前数函。	
6 月 15 日	章君畴	本埠省教育会	告明午后来所托文件。	
6 月 20 日	庞京周	本埠派克路	告诊所已移该处。	
6 月 21 日	吴勛初	苏州庙堂巷48	告已就中公事，并托找兼事。	

续表

日　期	人名	地址	事由	备考
6 月 22 日	章君畴	本埠省教育会	告将赴丹麦。	
6 月 23 日	顾秀夫	本埠闸北工巡捐局	复捐启已收到。	
6 月 27 日	顾颉刚	北大第三院	托买《华国志》。	
6 月 30 日	顾颉刚	又	尹默招孔德教员。	片。
7 月 4 日	吕钰卿	杭州商馆	复前函。	
7 月 4 日	京三友	北京	质《六记》何以同霜枫社。	
7 月 5 日	顾颉刚	北京大学三院	复前信。	
7 月 5 日	王翼之	角直公一校	告曾伤寒二周。	
7 月 6 日	王怀之	苏州护龙街	复前信。	
7 月 7 日	顾颉刚	北大第三院	寄售稿两册，并附一明片。	
7 月 10 日	顾颉刚	北大第三院	仍促就孔德事。	片。
7 月 13 日	王翼之	苏州护龙街	告又患外症。	
7 月 16 日	张剑秋	淮安县署	告书接将返苏。	
7 月 17 日	吴勖初	本埠静安寺路	约订期会晤。	
7 月 17 日	邱晴帆	南京北门桥	谓望我去信。	
7 月 17 日	课程委员会	本埠省教育会	请起草相当年期师范史地课程。	

续表

日期	人名	地址	事由	备考
7 月 18 日	练为章	本埠城内大少里	约过其家谈。	
7 月 19 日	邱晴帆	南京北门桥	复前信。	
7 月 21 日	潘介泉	北京大石作	告京况甚乐。	
7 月 21 日	张剑秋	苏州司前街	片约到苏。	
7 月 24 日	吴勖初	本埠中大	托询制版学徒。	
7 月 25 日	吴颂皋	苏州南仓桥	询印书事。	
7 月 25 日	秦组青	苏州齐外	复告搬家信。	
7 月 28 日	吴颂皋	苏州南仓桥	复书已收到。	
7 月 29 日	陈乃乾	本埠三在里	告卧病。	
7 月 30 日	又	又	送印样来。	
7 月 31 日	潘介泉	北京大石作	片托代买《结婚的爱》。	
8 月 1 日	邱晴帆	南京北门桥	再询《盛明杂剧》价。	
8 月 1 日	陈乃乾	本埠三在里	希望我们去谈。	
8 月 2 日	课程起草会	本埠省教会	请起草《师范史地课程大纲》草。	
8 月 4 日	朱荄阳	甪直	请任甪直同志学会顾问。	
8 月 5 日	陈乃乾	本埠三在里	复沈函已接，并告其夫人病剧。	
8 月 7 日	又	又	复印件已催。	
8 月 7 日	王翼之	苏州护龙街	告近状并托投稿。	

续表

日期	人名	地址	事由	备考
8月7日	吕钰卿	杭州商品馆	候近状。	
8月8日	陈乃乾	本埠三在里	再询广告事。	以《觉悟》所登,雁冰未复要若干也。
8月9日	顾颉刚	北京大石作	告缉熙新住址。	
8月9日	吴颂皋	苏州南仓桥	复前函,并催索愈之、振铎所选诗。	
8月10日	郑梦九	徐州户部山西巷	复函,并告新任县师校长。	
8月13日	仲弟	天津新德里19	复告近状安。	
8月13日	潘介泉	北京大石作卅2	复书已收到。	
8月14日	俞平伯	北京老君堂79	复谢寄书。	
8月14日	陈乃乾	本埠三在里	复告其夫人病状甚危,并索封面。	
8月16日	陈乃乾	又	复约明日晤谈。	
8月18日	王翼之	角直公一校	告甪校退化。	
8月18日	顾颉刚	北大研究所	告近状,并寄北京同人意见书。	
8月19日	陈乃乾	本埠三在里	告本星期可晤面。	
8月19日	潘介泉	北京大石作	寄《史地新论》(无信)。	

续表

日 期	人名	地址	事由	备考
8 月 22 日	陈乃乾	本埠三在里	告因事赴苏须星期一回。	
8 月 23 日	仲弟	天津新德里	片告廿六七归申省亲。	
8 月 23 日	王翼之	甪直公一校	复我十九函。	
8 月 25 日	顾颉刚	北京大石作	告将为后三年师范起草史纲。	
8 月 25 日	郑梦九	徐州铜山县师校	复前信并索看所草师范课纲。	
8 月 29 日	陈乃乾	本埠三在里	送髭须校样求改正。	
8 月 29 日	顾颉刚	北京大石作	转托代拟后三年师范本国史纲要。	
8 月 29 日	王翼之	甪直公一校	告甪直兵事状。	
9 月 1 日	顾颉刚	苏州悬桥巷	告已归并及苏地罹兵状。	
9 月 2 日	邱晴帆	本埠南市职校	知我曾去未晤，特道歉。	
9 月 4 日	王翼之	苏州护龙街	告已间关返家，因知我一日信未接。	
9 月 6 日	仲弟	天津车站	告已抵津。	
9 月 6 日	陈乃乾	本埠流通处	询闸北安稳否。	
9 月 8 日	顾颉刚	苏州悬桥巷	片告去信已到。	

续表

日期	人名	地址	事由	备考
9月13日	练为章	本埠城内县基路	对时人发议论。	
9月13日	仲弟	天津新德里	告津事已就绪。	
9月13日	王翼之	苏州护龙街	复前信并代摘绣货价。	
9月13日	吕钰卿	杭州商品馆	贺节。	
9月14日	王翼之	苏州护龙街	又复前信。	
9月20日	郑梦九	徐州县师校	复我前信。	
9月25日	王翼之	苏州护龙街	告学校停办及其母发病状。	
9月26日	曹铁笙	本埠南京路	复前函。	
9月27日	仲弟	天津新德里	嘱勿即搬回。	
9月27日	郑梦九	徐州县师	托配订书报。	
9月27日	张剑秋	淮安县署	复慰近遭。	
9月29日	吴颂皋	本埠民厚里	告搬来,并嘱代取还社款。	
9月30日	顾颉刚	北京大石作	片责结束朴社。	
10月1日	仲弟	天津法界	告暂移法界马家楼万国笑舞台。	
10月6日	王翼之	苏州护龙街	告母病危,旋即接到报丧条。	
10月6日	陈乃乾	本埠永吉里	告取朴社末次报告。	

续表

日 期	人 名	地 址	事 由	备 考
10 月 9 日	郑梦九	徐州县师	催询书报价已于 6 日复出。	
10 月 9 日	孙道始			
10 月 18 日	郑梦九	徐州县师	汇书款四十元托代买。	
10 月 18 日	王翼之	苏州护龙街	谢唁，并告其母临终状。	
10 月 21 日	仲弟	天津万国院	告将携眷南返再赴汉口。	
10 月 24 日	王怀之	苏州护龙街	告翼之已赴甪，并慰我伤指。	
10 月 28 日	郑梦九	徐州县师	复我九日信。	
10 月 31 日	张剑秋	淮安县公署	托买《结婚的爱》，并托代询京书价。	
11 月 2 日	王翼之	甪直一校	慰伤，并告甪校课务。	
11 月 4 日	王怀之	苏州护龙街	告其母于本月廿一日出丧。	
11 月 5 日	吴颂皋	本埠民厚里	告书已收到。	
11 月 14 日	练为章	本埠大吉路	请后日午饭其家。	
11 月 14 日	王翼之	甪直公一校	告又到乡，并问我何日到苏。	
11 月 14 日	郑梦九	徐州县师校	汇款十元，归垫并再托买书。	
11 月 18 日	邱晴帆	本埠职业校	托商购《考信录》。	

日　期	人　名	地　址	事　由	备　考
11 月 22 日	徐绶臣	苏州司部巷	片复今年山向大利。	
11 月 27 日	仲弟	天津马家楼	复慰指痛,并言日内将携眷返。	
11 月 28 日	王翼之	甪直公一校	复谢致奠,并告已返甪校。	
11 月 28 日	吴颂皋	本埠中公高大	问加布西之匣销去未。	
12 月 2 日	张剑秋	淮安县署	告书已收到,且言已有信复我(但未见)。	
12 月 9 日	邱晴帆	本埠职校	招看戏剧协社公开表演。	
12 月 9 日	王翼之	甪直公一校	告在甪近状,并约冬至在苏相晤。	
12 月 12 日	徐绶臣	苏州思婆巷	催问年庚。	
12 月 12 日	曹铁笙	本埠南京路	答星期日必在职校相晤。	
12 月 13 日	陈乃乾	本埠三在里	约明后日在大庆里晤谈。	
12 月 14 日	郑梦九	徐州县师校	问《东方文库》可再买一部便宜货否。	
12 月 15 日	徐绶臣	苏州司部巷	寄择定日期单来。	
12 月 16 日	吴颂皋	本埠民厚里	问房屋有人要顶否。	

续表

日期	人名	地址	事由	备考
12 月 18 日	邱晴帆	本埠职校	送图样来问要做书架否。	
12 月 19 日	王翼之	甪直公一校	送复请代购《文学》书。	
12 月 19 日	郭绍虞	开封中州大学	送印泥给我。	
12 月 26 日	张吉如	苏州吴一高校	复我并约在茅亭晤谈。	
12 月 30 日	张剑秋	淮安县署	复前信。	
12 月 31 日	顾颉刚	北京大石作	询指创并催填选票及算账。	

发信表

日期	人名	地址	事由	备考
1 月 2 日	王翼之	甪直五高	寄还稿件，并代定书的定单。	挂号。
1 月 3 日	仲靖澜	真如暨校	告淞事不成。	达夫原信附去。
1 月 3 日	陈乃乾	本埠西门三在里	询绍虞寄书本行印《浮生六记》下落。	
1 月 7 日	陆慰萱	苏州公民厂	寄康伯复信。	快。
1 月 10 日	仲弟	北京城南游艺园	再寄退信，并询近状。	

续表

日期	人名	地址	事由	备考
1月10日	尤拾尘	苏州皮市街	转暨校谢函。	
1月12日	顾颉刚	北京大石作	告朴社事并催款。	
1月14日	振新书社	苏州观西大街	驳正国民书账。	因接账单误开数目之故。
1月17日	孙道始	本埠昆山路	复前信。	
1月22日	计硕民	苏州卫前街	复信，并托代还书款。	托代还振新七元销前账。
1月24日	顾颉刚	北京大石作	复款到已收，书寄出。	附致介泉一笺告已代送愈之礼一元。
1月24日	吴颂皋	苏州南仓桥	询别况，并告代送胡礼。	
1月24日	仲弟	北京蜡烛芯胡同	追询前信发否。	因前片言，同时有详信而迄今未得故。
1月24日	王怀之翼之	苏州护龙街。	招来游沪上。	
1月25日	顾颉刚	北京大石作	复礼已送，并容商朴社事。	
1月25日	张剑秋（片）	苏州司前街	探问曾否归省。	
1月31日	王彦龙	苏州铁瓶巷	复已购就。	
2月2日	刘安甫	苏州横马路	复前书谢我。	
2月2日	练为章	苏州石象巷	复告近状。	
2月2日	计硕民	苏州卫前街	复谢代还书账。	
2月2日	王翼之	苏州护龙街	复告近状并约游。	

日期	人名	地址	事由	备考
2 月 2 日	吴颂皋	苏州南仓桥	复所托稿已退回。	
2 月 2 日	郭绍虞	福州协和大学	复论《转注》事。	附入圣陶函中。
2 月 3 日	郑梦九	徐州	告书已由来青阁寄去。	附入虚舟函中。
2 月 3 日	刘虚舟	徐州东门外	问渠父病安否。	
2 月 9 日	计硕民	苏州卫前街	问渠外症状。	托圣陶携去。
2 月 9 日	王彦龙	苏州铁瓶巷	复告代购物已交圣带。	
2 月 9 日	顾颉刚	北京大石作	复前信,并告近状。	
2 月 9 日	俞平伯	杭州城头巷	复小除夕信。	
2 月 10 日	沈柏寒	甪直南栅	荐罗嘉显。	
2 月 11 日	潘介泉	北京大石作	复信,并询潘元耿住址。	
2 月 21 日	沈柏寒	甪直南市	答已转告罗生。	
2 月 21 日	罗嘉显	本埠孟纳拉路	答甪直事无成。	
2 月 22 日	自治学院	本埠	答谢酬。	与纬平同署名。
2 月 23 日	潘介泉	北京大石作	告朴社进行快。	圣陶写,我附从其后。
2 月 23 日	俞平伯	杭州城头巷	复前书,并告社务。	
2 月 23 日	郑梦九	徐州十中	复前书,并告硕状。	

日期	人名	地址	事由	备考
2月23日	郭绍虞	福州协和大学	复论《转注》,并告社事。	
2月23日	吴秋白	本埠海关	复稿已收到。	
2月23日	王翼之	甪直公一校	复苏州来信。	
2月24日	吕钰卿	杭州商品陈列馆	复贺年信。	
2月24日	吕家炘	苏州蜜峰洞	询他家近况。	
2月27日	练为章	吴淞中国公学	介绍硕民兼课已转。	
2月29日	顾颉刚	北京大石作	复已接信,告社状。	与圣陶合署名,并致介泉及缉熙。
3月5日	刘虚舟	真如暨校	复硕民不到滇。	
3月8日	郑梦九	徐州十中	复前信。	两信合。
3月8日	仲靖澜	又	又。	
3月10日	邱晴帆	本埠职校	复因雨不到。	
3月11日	郭绍虞	福州协和	复款到已分交。	
3月11日	王翼之	甪直公一校	复惠罗货太贵。	
3月11日	仲弟	北京香厂	催问何以无复。	
3月11日	秦佐青	苏州胡家巷	复前信已接。	
3月11日	吕钰卿	杭州新市场	复前信。	
3月12日	尤拾尘	苏州一高	复无力入会,与圣陶合。	

续表

日期	人名	地址	事由	备考
3 月 12 日	吴颂皋	吴淞中国公学	复稿已送出。	
3 月 20 日	顾颉刚	北京大石作	复论社事。	上写缉、介、颉、万四人,下署上海同人名。
3 月 20 日	王怀之	苏州护龙街	复告将取书箱。	
3 月 24 日	王翼之	甪直一校	复稿已送出。	
3 月 24 日	仲弟	北京香厂	复告母病,催归。	
3 月 26 日	吴颂皋	吴淞中国公学	复稿只肯售五十元。	
3 月 28 日	仲弟	北京香厂	告母病甚剧。	
3 月 28 日	邱晴帆	本埠职校	复前信。	
3 月 28 日	北京同人	大石作	各言其志。	快信。
3 月 31 日	顾颉刚	北京大石作	托买《清代通史》。	
4 月 1 日	王怀之	苏州护龙街	说不能赴苏之故。	
4 月 1 日	王翼之	甪直公一校	同上。	
4 月 1 日	张剑秋	淮安县公署	问何以久无信。	
4 月 8 日	仲弟	天津旭街	复母病大痊。	
4 月 8 日	顾颉刚	北京大石作	复昨信。	
4 月 8 日	吴颂皋	吴淞中国公学	复昨信。	
4 月 16 日	王怀之	苏州护龙街	告船友未来。	
4 月 16 日	王翼之	甪直公一校	复已发荐信。	并录稿附知。

日期	人名	地址	事由	备考
4月16日	沈柏寒	甪直南市	荐翼之教理科。	
4月16日	顾颉刚	北京大石作	告书已收到。	
4月16日	张剑秋	淮安县署	复前书，并约常通信。	
4月16日	吴秋白	龙华计家湾	谢不能应游约。	
4月16日	吴勖初	苏州庙堂巷	久不通信，特问。	
4月22日	顾颉刚	北京大石作	复《地理哲学》已到。	
4月24日	仲弟	天津旭街兴张里	复催常写信。	
4月24日	顾颉刚	北京大石作	寄《太平洋志》定单。	
4月26日	王怀之	苏州护龙街	告差人取物。	
4月29日	邱晴帆	南市职校	复乞入场券。	
4月30日	顾颉刚	北京大石作	复当可代询《金石索》。	
5月6日	王翼之	甪直一校	复问甪校近状。	
5月6日	潘介泉	北京大石作	复告印价不悉。	
5月6日	顾颉刚	北京大石作	寄代收件，并告近况。	附介泉函中。
5月6日	吕钰卿	杭州商品陈列馆	复前信。	
5月7日	省教育会	本埠西门	代君畴寄文件。	

续表

日期	人名	地址	事由	备考
5 月 14 日	王怀之	苏州护龙街北	告取物已早到。	
5 月 14 日	练为章	吴淞中国公学	谢代运物。	
5 月 14 日	吴勋初	苏州二农校	复问近况。	
5 月 14 日	邱晴帆	本埠职校	谢招待茶点。	
5 月 14 日	曹品鸿	浒关南津桥上塘	问舅父及姨母近状。	
5 月 21 日	王怀之	苏州护龙街	复慰勿忧。	
5 月 21 日	仲弟	天津新德里	复责时变地址。	
5 月 28 日	邱晴帆	本埠职校	送优待券两种。	
5 月 28 日	顾颉刚	北京大学三院	复款到,并告《金石索》已寄。	
5 月 28 日	王翼之	甪直公一校	复前信已到。	
5 月 28 日	仲弟	天津新德里19	催信息。	
5 月 28 日	顾颉刚	北大第三院	复告《民国报》未定,并挂号寄定单。	
5 月 29 日	郑梦九	徐州十中	复近书接到。	与靖澜合。
6 月 9 日	顾颉刚	北大三院	复谢《晨报》已到。	
6 月 9 日	陈乃乾	西门三在里	寄平伯写序。	即初日楼少作序。
6 月 10 日	王翼之	甪直公一校	复酬品已寄。	

续表

日期	人名	地址	事由	备考
6 月 10 日	吕钰卿	杭州商品陈列馆	复谢贺节。	
6 月 22 日	吴勘初	苏州庙堂巷	复已询人兼教。	
6 月 22 日	顾秀夫	闸北工巡捐局	寄还捐启。	
6 月 27 日	顾颉刚	北京大石作	寄代收件去。	
7 月 1 日	顾颉刚	又	复不能到京,并告搬家。	
7 月 2 日	王怀之	苏州护龙街	告搬家。	
7 月 2 日	仲弟	天津日界	又。	
7 月 2 日	吴颂皋	苏州南仓桥	又。	
7 月 9 日	王怀之 翼之	苏州护龙街	复慰,并约来游。	
7 月 9 日	张剑秋	淮安县署	告搬家。	
7 月 10 日	顾颉刚	北京大石作三十二号。	复谢不就北京事。	
7 月 16 日	王翼之	苏州护龙街	复前信,并慰疾。	
7 月 16 日	邱晴帆	南京端布坊 12	寄回画笺。	
7 月 16 日	吕钰卿	杭州商品馆	复告搬家。	
7 月 16 日	秦组青	苏州胡家巷	告搬家(片)。	
7 月 16 日	潘介泉	北京大石作	寄《浮生六记》。	四册分转在京同人。

续表

日 期	人 名	地 址	事 由	备 考
7 月 17 日	吴勖初	本埠静安寺路	约星期六小酌。	
7 月 23 日	张剑秋	苏州司前街	约夫妇偕来。	
7 月 24 日	邱晴帆	南京踹布坊	复告《盛明杂剧》价格,并寄《元剧卅种》。	
7 月 25 日	吴勖初	本埠中大	复昨信。	
7 月 25 日	练为章	本埠城内	复谢招游。	
7 月 25 日	曹品鸿	浒关南津桥下塘泰正衣店	告搬家。	
7 月 25 日	吴颂皋	苏州南仓桥	复书事,并寄《浮生六记》。	
7 月 30 日	潘介泉	北京大石作	复前信,并问书收到未。	
7 月 30 日	顾颉刚	北京大石作	复告有存钱,可买他物。	合一封。
7 月 30 日	陈乃乾	本埠三在里	复昨函,并约星期晨往晤之。	
7 月 31 日	郑梦九	徐州户部山西巷	询近状。	
7 月 28 日	课程委员会	本埠省教育会	寄《相当期师范史地课程大纲》(挂号)。	
8 月 4 日	陈乃乾	本埠三在里	寄雁冰函。	

续表

日期	人名	地址	事由	备考
8月5日	潘介泉	北京大石作	寄《结婚的爱》及《本国史》,与颉刚合。	
8月5日	吴颂皋	苏州南仓桥	复《英小诗选》社不印,请卖稿。	
8月5日	陈乃乾	本埠三在里	复慰其夫人病并托催印《结婚的爱》。	
8月5日	朱荄阳	甪直灰堆弄	复承认顾问。	
8月6日	俞平伯	北京老君堂	寄《本国史》。	
8月6日	邱晴帆	南京北门桥	复前信,并作沪寓路途草图告之。	
8月12日	曹品洪	浒关南津桥下塘	再告搬家,并催复。	
8月12日	顾颉刚	北京大石作	复寄代收函,并请代购《史地新论》。	
8月12日	吴颂皋	苏州南仓桥	复托译愈选诗当转托。	
8月12日	王翼之	苏州护龙街	复慰家人病,并告稿已送出。	
8月12日	郑梦九	徐州黉宫县师校	复贺就任县师校长。	
8月12日	陈乃乾	本埠西门三在里	复广告事可勿念。	
8月8日	仲弟	天津日界新德里	责他不写信。	

日期	人名	地址	事由	备考
8 月 12 日	吕钰卿	杭州商品馆	复谢问候。	
8 月 14 日	仲弟	天津新德里	复信已收到，并促常写信。	
8 月 14 日	潘介泉	北京大石作32	复昨函。	
8 月 15 日	陈乃乾	本埠三在里	寄封面字样及广告语。	
8 月 15 日	顾颉刚	北京大石作32	代转新标草会催草函。	
8 月 15 日	新标草会	本埠省教育会	送六年师范史地纲要，并望复。	
8 月 19 日	陈乃乾	本埠三在里	复请明午后四时来铎所集议。	
8 月 19 日	王翼之	甪直公一校	复前信，并表示对甪意见。	
8 月 26 日	王怀之	苏州护龙街	代子玉托询绣货价。	
8 月 26 日	王翼之	甪直公一校	复前信。	
9 月 1 日	顾颉刚	苏州悬桥巷	告史纲已代作，并邀来一谈。	
9 月 1 日	仲弟	天津新德里	转代接快信，并询旅途平安否。	
9 月 1 日	王怀之	苏州护龙街	嘱速送春来此避兵。	
9 月 1 日	王翼之	甪直公一校	告已函怀之送春来避兵。	

日 期	人名	地址	事由	备考
9 月 5 日	又	苏州护龙街	复告此间近状。	
9 月 5 日	仲弟	天津新德里	代转信。	
9 月 6 日	又	又	告已暂避租界。	
9 月 6 日	陈乃乾	本埠流通处	复已搬避租界。	
9 月 8 日	顾颉刚	苏州悬桥巷	复来片，并告暂避状。	
9 月 8 日	王翼之	苏州护龙街	告已暂避租界。	
9 月 11 日	郑梦九	徐州师校	告近状。	
9 月 14 日	章子玉	本埠电政处	转绣价单。	
9 月 14 日	仲弟	天津新德里	复昨函，并催复。	
9 月 14 日	练为章	本城县基路	复昨函。	
9 月 15 日	周硕臣	苏州木渎山塘	唁太师母丧，并附致奠仪两元。	
9 月 17 日	计硕民	苏州卫前街	告近状，并求复。	
9 月 17 日	张剑秋	淮安县公署	告近状，并求复。	
9 月 19 日	王翼之	苏州护龙街	复前信，并谢代询绣价。	
9 月 19 日	吕钰卿	杭州商品馆	复前贺节信。	
9 月 22 日	曹铁笙	本埠南京路	谢昨饭，并申言失途之故。	
9 月 22 日	邱晴帆	本埠职校	告违失之故。	
9 月 25 日	顾颉刚	北京大石作	复前信已到，并告此间近状。	

日期	人名	地址	事由	备考
9 月 25 日	郑梦九	徐州县师	复前信,并告近日状况。	
9 月 27 日	王翼之	苏州护龙街	复慰之,并告近状。	
9 月 30 日	吴颂皋	本埠民厚里	复谓即来编所取款。	
10 月 2 日	仲弟	天津法界	告暂已回仁馀里了。	
10 月 6 日	郑梦九	徐州县师	告拟订书报须二十元。	
10 月 6 日	王翼之	苏州护龙街	唁其兄弟丧母,并赙十金。	
10 月 7 日	陈乃乾	本埠永吉里	复寄朴社末次报告。	
10 月 9 日	郑梦九	徐州县师	再复前书已于六日复出。	
10 月 18 日	郑梦九	徐州县师	复款到即往代定寄。	
10 月 18 日	王翼之	苏州护龙街	复谢信已到,并慰之。	
10 月 21 日	郑梦九	徐州县师	挂号寄发票,并告书已寄。	
10 月 24 日	陈乃乾	本埠流通处	告搬回,并寄朴社社员录。	
10 月 24 日	邱晴帆	本埠职校	告已搬回,并托致意道始。	

日期	人名	地址	事由	备考
10 月 31 日	顾颉刚	北京大石作	复前接函件,解释误会。	
10 月 31 日	仲弟	天津马家楼	复询近状,并告伤指并最近遇避状。	
10 月 31 日	吴颂皋	本埠民厚里	询问《结婚的爱》收到否。	
10 月 31 日	秦组青	苏州胡家巷	复来片,并告伤指。	
10 月 31 日	郑梦九	徐州县师	复询定购书报发票已收到否。	
10 月 31 日	王怀之	苏州护龙街	复谢慰问伤指,并询苏警厅状。	
10 月 31 日	张剑秋	淮安县公署	复允代购《结婚的爱》,并告指创。	书即寄出。
11 月 4 日	王怀之	苏州护龙街	复告廿一日或能到苏一谈。	
11 月 17 日	王怀之	又	汇奠金二元,并告不能躬送之故。	
11 月 17 日	郑梦九	徐州县师	告款已到,书缓日即寄。	
11 月 17 日	徐绥臣	苏州司部巷	请告今年是否可下葬。	
11 月 19 日	邱晴帆	本埠职校	复约下星期日上午往晤之。	

日期	人名	地址	事由	备考
11 月 24 日	仲弟	天津马家楼	快信令开生庚年时,备择期葬伯。	
11 月 24 日	曹品洪	浒关南津桥	告乱后近状,并询乡间情形。	廿七退回,周已关店了。
11 月 27 日	郑梦九	徐州县师	寄发票,并挂号寄代购书。	
12 月 3 日	吴颂皋	本埠中公高大	复告前询函,并致问勖初。	
12 月 3 日	孙道始	本埠东吴法科	告介绍稿件已分别收用及寄还。	
12 月 3 日	张剑秋	淮安县署	复前信。	
12 月 9 日	王翼之	角直公一校	复前两信,并告冬至或可晤见。	
12 月 9 日	郑梦九	徐州铜山县师校	复前信,并算账。	
12 月 9 日	邱晴帆	本埠职校	复谢招看新剧,即托买票。	
12 月 9 日	曹铁笙	本埠多宝斋	告前晚醉吐,并问近状。	
12 月 9 日	孙道始	本埠东吴法科	告《说文目录》已收到,并约在职校晤。	
12 月 13 日	徐绶臣	苏州司部巷27	开年庚去,请择日,俾安窆伯父。	
12 月 15 日	徐绶臣	同上	复询漏列年庚究否冲突。	

续表

日期	人名	地址	事由	备考
12月15日	郑梦九	徐州县师校	复告《东文库》须定阅才得优待。	
12月15日	王翼之	甪直公一校	约二十号赴苏晤谈。	
12月18日	邱晴帆	本埠职校	复准十六元作书架。	
12月18日	吴颂皋	本埠公中高大	复房屋无人要顶。	
12月18日	顾颉刚	北京大石作32	复信到件未到。	
12月23日	王怀之	苏州护龙街	告安抵上海,并寄赏票去。	
12月23日	张吉如	苏州吴一高	告以事即归不及走晤。	
12月23日	郭绍虞	开封中州大学	复谢赠印色。	
12月23日	秦组青	苏州胡家巷	照知我们入城期约会晤。	
12月26日	邱晴帆	本埠职校	嘱所托代办书架俟回沪后送来。	

收支一览表

本年1月收支一览表														
日	收入要目	千	百	十	元	角	分	支出要目	千	百	十	元	角	分
1	上月揭存													

日	收入要目	千	百	十	元	角	分	支出要目	千	百	十	元	角	分
1														
2														
3														
4														
补								另用				3	7	4
补								添菜				1		
7	本月上半薪水			6	0			家用			1	0		
7	圣陶还我				1	7		还款			1	7		
7								代颉刚解会			2	1		
7								本月储款				6		
7								代翼之定书				6		
12	借珏人				1	8		应阮澄友告帮				1		
13								郭黄结婚礼				1		
13								买书及木桌用					8	
17	上海大学薪			3	6			上大朴费				1		
17								家用			2	0		
17								珏人			1	0		
19								蜜桔二十五枚				1		
20								味雅晚餐				2		
21	本月下半薪			6	0			家用			4	0		

续表

日	收入要目	千	百	十	元	角	分	支出要目	千	百	十	元	角	分
22								胡愈之父吊				1		
22								代潘介泉送上礼				1		
22								代吴颂皋送上礼				1		
22	圣陶还				2			送《舆地丛钞》价				1	8	
22	颉刚代垫还			2	1			扣还介泉代经礼				4		
22	颉刚还定书				2	2	4	言茂源酒饭				2		
26	颂皋还代礼				1			戏票					8	
27								章仁兴酒					7	
27								孙道始借				4		
30								章仁兴酒				1	1	
30								代彦龙买物				3	6	
共计			1	8	5	7	4			1	7	8	7	4
揭存					7	0	0							

本年 2 月收支一览表

日	收入要目	千	百	十	元	角	分	支出要目	千	百	十	元	角	分
1	上月揭存				7			家用			4	0		
1	本月上半薪预支			6	0			邮票				1		
2								给陈榕				1		

续表

日	收入要目	千	百	十	元	角	分	支出要目	千	百	十	元	角	分
2								寄徐书邮					7	
2								花雕三瓶				1	0	5
2								书及信封等					6	5
9								储蓄会款				6		
10								贴珏人				5		
10								费用总计				2	6	
10	硕民还我账				1			还硕民代账				7		
10								请翼之餐				1	2	
12								请翼之电影				1	5	
14								送翼之车票				1		
13								请翼之餐				3		
18								请乃乾言茂源				2		
21	本月下半薪			6	0			朴社一月费			1	0		
21	自治学院酬金			4	0			家用			3	0		
21								结请硕彦				3	5	
23								邮费					2	
23								取钱及送信力					4	
23	珏人交托			6	0			存入永安公司		1	0	0		
23								玩具				1		
25								招甥押岁					4	

续表

日	收入要目	千	百	十	元	角	分	支出要目	千	百	十	元	角	分
25								《中国小说史略》					4	
29								《文史地志》、《学衡》					6	
25														
26														
27														
28														
29														
30														
31														
	共计		2	2	8	0	0			2	2	0	2	0
	揭存				7	8	0							

本年3月收支一览表①

日	收入要目	千	百	十	元	角	分	支出要目	千	百	十	元	角	分
1	上月揭存				7	8	0							
6								本月储蓄				6	0	0
2								《国学丛刊》、《史地报》				1	0	0
2								言茂源请邱				1	0	0

---

　　①底本中3月收支统计有误,影响以后各月数据,为保持底本原貌,照录原文。全书皆如此处理。

续表

日	收入要目	千	百	十	元	角	分	支出要目	千	百	十	元	角	分
6								一日至此另化				3	0	0
7	本月上半薪水			6	0	0	0	家用				4	0	0	0
7								文学会聚餐				7	0	0
8								烟嘴					4	0
11								点心					2	0
11								熏鱼					2	0
14								牙刷					7	0
14								熏鱼、陈皮					2	0
14								福民药片					7	5
14	硕代彦还我				3	6	0	连日另用				1	2	5
15								顺源楼餐				1	6	0
15								大世界门票					6	0
16								半淞园聚餐				1	0	0
16								半淞园门票					2	0
16								电车杂费					3	0
18								《申报》一个月					9	0
18								理发					2	0
19								送吴万祖母吊				1	0	0
19								送江红蕉祖母吊				1	0	0
21	下半月薪水			6	0	0	0	家用			3	0	0	0
22	珏人交我			1	0	0	0	存入永安			2	0	0	0

续表

日	收入要目	千	百	十	元	角	分	支出要目	千	百	十	元	角	分
22								《史姓韵编》等				1	5	0
22								买食物奉母				1	0	0
23								西文地理书					8	0
24								茶房化硷费				1	0	0
25								看《大义灭亲》				1	2	0
25								盐饼干一磅					3	5
28								烟、药、另用等			1	1	0	0
	共计			1	4	8	0			1	3	5	7	0
	揭存				5	1	0							

（朴社一月在内）

本年 4 月收支一览表

日	收入要目	千	百	十	元	角	分	支出要目	千	百	十	元	角	分
1	上月揭存				5	1	0	杂用				1	0	5
1	暂存颉刚稿				4	0	0	杂用				1	0	0
6								送乡亲车票等				5	0	0
7	上半薪水			6	0	0	0	邮票				1	0	0
7								北万馨点心					6	0
7								家用			4	0	0	0
7								储蓄会				6	0	0

续表

日	收入要目	千	百	十	元	角	分	支出要目	千	百	十	元	角	分
8								烟及另用					4	5
10								潜儿旅行费					5	0
10								北万馨点心					4	0
10								妇人书简					6	0
11								学苏社捐款				2	0	0
13								买英文地理					4	8	0
13								熏鱼、蛋、油饼					2	5
15	颉代购《清通史》				2	4	0	《申报》(17未上)					9	0
16								圣陶借款				5	0	0
17								北万馨点心					3	0
20								《中国文化史》					8	0
21	下半薪水			6	0	0	0	家用			3	0	0	0
21								买书及烟酒				3	0	0
22	颉代《地理哲学》				1	2	0	珏人			1	0	0	0
24								巧格力糖					4	0
24								托买酱肉					8	0
26								郑心南母吊礼				1	0	0
27								青萍园小吃				1	1	0
29								洋芥末(药用)					5	0

续表

日	收入要目	千	百	十	元	角	分	支出要目	千	百	十	元	角	分
30								谢顾医生				4	0	0
30								点心					2	0
30								添菜					4	0
31														
	共计													
	揭存			1	0	6	5			1	2	2	0	5

本年 5 月收支一览表

日	收入要目	千	百	十	元	角	分	支出要目	千	百	十	元	角	分
1	上月揭存			1	0	6	5	赴吴淞往回车					5	0
2	稿费一部找			5	0	0	0							
3								还来青阁书账			2	0	0	0
3								晚餐及车资				1	3	0
7	本月上半薪水			6	0	0	0	朴社一月费				1	0	0
7								家用				3	0	0
8								存入永安				5	0	0
8								麦乳精大听				2	0	5
10	振铎还款			1	0	0	0	送杜稚存寿赙				2	0	0
10								香烟					5	0
11								戏券、电车等				1	0	0

续表

日	收入要目	千	百	十	元	角	分	支出要目	千	百	十	元	角	分
13								文学会印明片股				4	0	0
15								《国学丛刊》等					3	0
15								电灯泡				1	0	0
15								言茂源吃				1	7	0
16								五福呢鞋				2	2	0
18								半淞园门票					8	0
18								得意楼茶					2	0
18								车资等等					4	0
20								新有天宴客					8	7	0
21	本月下半薪			6	0	0	0	家用			4	0	0	0
21								朱经农礼分				2	0	0
21								朴社月费			1	0	0	0
21								补十七日《申报》					9	0
22								洗夹袍及购衣物				1	0	0
24	本馆红利		2	0	1	6	0	草帽(1.8)、剃刀(1.9)				3	7	0
24								火腿(0.4)、车资(0.3)					7	0
26								火腿(1.0)、酱油(0.3)				1	3	0

续表

日	收入要目	千	百	十	元	角	分	支出要目	千	百	十	元	角	分
26								洗澡(0.7),蚊香(0.5),蛋饼(0.1)				1	3	0
26								存入本馆活期		1	0	0	0	0
26								存入本馆特别			5	7	6	0
26								还十二年度书账			4	2	8	2
27								邮票				1	0	0
28	颉刚定报余款			8	5	0		添菜				1	0	0
31								馆役节资				2	0	0
	共计	4	0	0	7	5					4	1	9	7
	揭存											1	2	2

本年6月收支一览表

日	收入要目	千	百	十	元	角	分	支出要目	千	百	十	元	角	分
1	上月揭欠											1	2	2
1								共舞台看戏				1	5	0
1	向珏人借			3	0	0		杂耗					3	0
6	又借			1	0	0		给陈榕				1	0	0
7	上半月薪水			6	0	0	0	家用			4	0	0	0
7								还珏人				4	0	0
7								储蓄会款				6	0	0

续表

日	收入要目	千	百	十	元	角	分	支出要目	千	百	十	元	角	分
7								章仁兴酒菜				1	4	0
8								冰水等					6	0
13								更新看戏				2	4	0
13								车资					2	0
14								橡皮鞋					6	0
14								北万馨点心、另化				1	4	0
15								《申报》一个月					9	0
15								香烟、车力					6	0
16								借硕民				2	0	0
16								借珏人				1	0	0
19								顺鸿楼吃				1	2	0
19								火腿、鸭肾					5	0
20								饼干、点心、香皂					9	0
21	下半月薪水			6	0	0	0	家用		3	0	0	0
21	硕民还我			2	0	0		修皮鞋				1	0	0
22								车资、月台票等					5	0
23								公宴君畴、颂林				3	0	0
24								代颉还乃乾				1	3	0	0

续表

日	收入要目	千	百	十	元	角	分	支出要目	千	百	十	元	角	分
25								平民教育捐款				2	5	0
25								宴绍虞等费用				5	9	0
27														
28														
29														
30														
31														
	共计		1	2	6	0	0			1	2	3	6	2
	揭存				2	3	8							

本年7月收支一览表

日	收入要目	千	百	十	元	角	分	支出要目	千	百	十	元	角	分
1	上月揭存				2	3	8							
1	永安取款		1	0	0	0	0							
3								搬家费用			1	5	0	0
7	上半月薪			6	0	0	0	新屋房金小租				5	8	0	0
8								搭凉棚				3	0	0
8								果子露				2	0	0
8								窗帘（3）、△水（1）、点心（1）				5	0	0

续表

日	收入要目	千	百	十	元	角	分	支出要目	千	百	十	元	角	分
9								电表押费并接			3	5	0	0
9								家用			3	0	0	0
9	代收颉稿费				6	0	0	毛巾（3）、另用(3)				6	0	0
10								本月储蓄款				6	0	0
11	借珏人				4	0	0	装电灯费				4	0	0
12								朴社聚餐				1	2	0
12								代颉《华国》六期				2	2	5
12								代又邮费					2	0
13								砲台湾汽水				1	0	0
13								闸北慈善捐					5	0
14	永安取款		5	0	0	0		点心					9	0
14								添电料					6	0
14								书夹					3	0
15								顺康里屋电				2	3	7	4
15								家用				2	0	0	0
16								胜鸿楼饮酒				1	4	0
16								开瓶螺旋					3	0
17								补昨日《申报》					9	0
19								言茂源饮酒				3	0	0

续表

日	收入要目	千	百	十	元	角	分	支出要目	千	百	十	元	角	分
20								阿二揩窗					8	0
21	下半月薪			6	0	0	0	还珏人并垫			1	0	0	0
21								夏衫裤、修电杂			1	0	0	0
21								预付下月家用			2	0	0	0
22								请平伯看戏				1	4	0
22								买《方舆纪要》等				7	0	0
25								《小说史》买下					4	0
25								惠通饮冰					8	0
26								西瓜七十五斤				2	1	0
29								香烟、酒					8	0
31								点心					2	0
	共计		2	8	2	3	8			2	7	3	7	9
	揭存				8	5	9							
又								文学会拟费				2	0	0
又								杂用					1	9
	再计				8	5	9					2	1	9
	实存				6	4	0							

续表

日	收入要目	千	百	十	元	角	分	支出要目	千	百	十	元	角	分
					本年8月收支一览表									
1	上月揭存				6	4	0							
2								为瀋儿购书					7	5
3								半淞园茶点					8	0
3								车资					1	5
4								邮票				1	0	0
4								为介泉买书				1	5	0
6								味雅请岷原				1	5	0
6								车资					1	5
7	本月上半薪			6	0	0	0	馆同人照片				2	8	0
8								家用			2	0	0	0
9								大世界游览					6	0
9								双凤园浴费					8	0
9								亨利饮冰					4	0
10								车资及饮冰				2	1	5
8								本月储款				6	0	0
14								《申报》报资					9	0
14								信箱、添菜				2	0	0
14								付至月底租			1	8	6	7
14								香烟、蚊香				1	0	0
16								访乃乾车资					1	5
17								办苏来回票				3	2	0

续表

日	收入要目	千	百	十	元	角	分	支出要目	千	百	十	元	角	分
17								在苏车资、另化				1	4	0
21	本月下半薪		6	0	0	0		潛、清两儿学费			2	1	2	0
22								家用			1	0	0	0
23								振铎借				2	0	0
24								青萍园请子玉				1	6	0
26								母亲寿筵及酒				7	0	0
27								洋弇（2）、修表(1)				3	0	0
30								洋锁二把				2	0	0
30								车力					2	0
31								买袜及送仲弟物				4	0	0
31								点心及车力				1	0	0
	共计		1	2	6	4	0			1	1	7	9	2
	揭存				8	4	8							

本年9月收支一览表

日	收入要目	千	百	十	元	角	分	支出要目	千	百	十	元	角	分
1	上月揭存				8	4	8	送仲弟衣料				1	0	0
1								家用				5	0	0
1								补袜及香烟				1	0	0

续表

日	收入要目	千	百	十	元	角	分	支出要目	千	百	十	元	角	分
2	振铎还我				2	0	0	家用				3	0	0
4								邮票（1）、汽水(3.5)				4	5	0
6	上半月薪水			6	0	0	0	家用			2	0	0	0
6								夜饭及酒					6	0
8								松太地图					3	6
10								酒菜					4	0
10								馆役中秋赏				2	0	0
12								八月房金			2	8	0	0
13	预支《世史》稿费			3	0	0	0							
13	借振铎			1	0	0	0							
14								临时租屋及运			2	3	5	0
14								还讫来青阁				4	6	0
14								墨水					6	0
14								《史地学报》					4	8
15								家用				9	0	0
15								用顾师太师母吊				2	0	0
19								陈榕节赏				1	0	0
20	本月下半薪			6	0	0	0	失去				2	0	0
21								家用			1	3	0	0
21								小热水瓶					7	5

续表

日	收入要目	千	百	十	元	角	分	支出要目	千	百	十	元	角	分
21								华福麦乳精				1	6	5
21								轧见另用				3	6	0
23								还振铎			1	0	0	0
25								晚餐及车钱				2	0	0
26								言茂源夜饮					6	5
27								结束房子(被诈)				5	0	0
27								高上兴酒饭				2	0	0
28								付旅馆租金				5	0	0
29、30								兑碎另化,又				2	4	0
	共计		1	7	0	4	8			1	5	5	0	9
	揭存			1	5	3	9							

本年10月收支一览表

日	收入要目	千	百	十	元	角	分	支出要目	千	百	十	元	角	分
1	上月揭存			1	5	3	9	家用先支				1	3	0	0
1	取还社款			8	1	5	1	轧见杂用				1	5	9
1								夜吃				2	0	0
2								付清旅馆连小				4	0	0
2								家用			3	7	0	0
2								补昨买物				1	0	0
5								寿母另用				2	0	0
5								火腿(1.8)、栗子(0.2)、饼干(0.2)				2	2	0

日	收入要目	千	百	十	元	角	分	支出要目	千	百	十	元	角	分
6								唁怀翼之母丧			1	0	0	0
7	本月上半薪			6	0	0	0	存入永安公司			5	0	0	0
7								本月储金				6	0	0
7								吃食及车力					8	0
8								寄苏汇费					2	0
10								酒菜					4	0
10								同芳茶					1	5
21	本月下半薪			6	0	0	0	代垫梦九书款					4	1	9
21								得和馆夜饭					3	3	0
22								梁溪旅食较小			2	1	2	0
22								预付下月家用			1	0	0	0
22								车力、另用及失(2.5)				6	8	7
25								邮票				1	0	0
25								理发、点心					6	0
26								赴浏河汽车				2	7	0
28								面点、酒食					6	0
30								九月房租			2	8	0	0

续表

日	收入要目	千	百	十	元	角	分	支出要目	千	百	十	元	角	分
30								又预付下月家用				4	0	0
31								补医指				1	0	0
31								印照片					2	0
31								另用总计				2	1	0
	共计		2	1	6	9	0			2	1	6	1	0
	揭存					8	0							

本年11月收支一览表

日	收入要目	千	百	十	元	角	分	支出要目	千	百	十	元	角	分
1	上月揭存					8	0							
3	借珏人			1	0	0		送吴秋白礼				1	0	0
7	上半月薪水			6	0	0	0	还珏人并家用			3	1	0	0
7								另碎化用					8	0
8								本月储蓄				6	0	0
8								慰劳保卫团费				1	0	0
8								衣料			2	0	0	0
10								《申报》					9	0
10								线布二丈				4	8	0
12								捐宝山兵灾会				2	0	0
13	借圣陶				2	5	0	送振铎祖母寿				2	5	0

续表

日	收入要目	千	百	十	元	角	分	支出要目	千	百	十	元	角	分
17	梦九归垫				4	1	9	还圣陶				2	5	0
17								寄黄翼之母				2	1	3
20								言茂源小饮				1	2	0
21	下半月薪			6	0	0	0	付清本月家用				6	0	0
21								香烟				1	0	0
21								结文所著书					5	2
21								轧见另用				2	4	4
22								裁缝添料				5	0	0
23								老源元夜饮				2	4	0
24								买白玫瑰霜					3	0
26	永安取款			3	0	0	0	铁机缎6尺5寸				9	7	8
26								印花洋布1丈6尺				1	6	0
26								花呢袍料				2	6	0
26								鞋面料					3	0
26								十月房租		2	8	0	0	0
26								轧见另用				1	5	0
27								先付下月家用				5	0	0
27								存新银角					4	0
28	文学家信片折价				2	1	1	邮票				1	1	1

续表

日	收入要目	千	百	十	元	角	分	支出要目	千	百	十	元	角	分
30								缝工支去				3	0	0
31								茂源小饮					8	0
	共计		1	6	0	6	0			1	4	7	5	8
	揭存			1	3	0	2							

本年12月收支一览表

日	收入要目	千	百	十	元	角	分	支出要目	千	百	十	元	角	分
1	上月揭存			1	3	0	2	点心、栗子					6	0
2								付家用				5	0	0
3								茂源酒及栗子				1	2	0
3								洋瓷痰盂					5	0
4								白泥火炉				1	0	0
4								又付家用				3	0	0
6	本月上半薪			6	0	0	0	《章氏丛书》				4	0	0
6								言茂源酒					7	0
6								小吃					5	0
6								家用（付讫本月）			3	7	0	0
8								本月储蓄				6	0	0
8								修表及电料					7	0
9								轧见另用				1	1	0
10								重买袍料驼绒				8	8	5

日	收入要目	千	百	十	元	角	分	支出要目	千	百	十	元	角	分
10								暖水瓶、点心					8	5
11								《申报》一月					9	0
14	借珏人				5	0	0	福禄馆中餐				1	6	0
15								公请平伯				1	5	0
15								又代乃乾一份				1	5	0
21	本月下半薪		6	0	0	0		还珏人				5	0	0
21								预付下月家用			1	0	0	0
21								先付坟客				5	0	0
22								赴苏川资				5	0	0
22								另用及馆役赏				3	0	0
24								与晓先吃夜饭				2	0	0
25	《小说月报》稿费			2	8	0	0	又预付下月家用			1	0	0	0
25								送胡老太太吊礼				2	0	0
25								买礼物并添料				2	9	5	2
26	又支《世史》稿费		1	0	0	0	0	定《语丝》				1	0	0
26								尚公茶房告帮					4	0

日	收入要目	千	百	十	元	角	分	支出要目	千	百	十	元	角	分
27								和菜					1	0	0
27								卡尔登看戏					1	0	0
	共计		2	6	6	0	2			1	5	1	4	2
	揭存		1	1	4	6	0							

1925 年（民国十四年）

1 月 1 日(甲子十二月初七日　乙酉)**星期四**

阴晴兼见。四十与五十度间。

晨在怀之所出,特向上海银行苏州分行询购车票,乃因元旦停公,未得如愿。延至饭后,遂挈眷成行,怀之、悦之昆弟送至车站,感极。在站又遇子玉,因大不寂寞。即购票附四班慢车东行,于晚七时抵沪。到站后,先托子玉送眷返寓,而我则守领行李乃归。子玉晚饭后去。我亦以积倦早寝矣。

1 月 2 日(甲子十二月初八日　丙戌)**星期五**

阴晴兼作。上午 40°,下午 44°。

依时入馆工作。知廉逊、既澄已被辞,但廉逊调充芜湖经理。

散馆后晓先来谈,近晚即去。

夜写信五通,分致吉如、怀之、剑秋、建初、彦龙。十一时寝。

自苏归来,积疲甚矣,今日入馆,本觉勉难,而校件山积俱理清,且自校《四库述略》二十页,夜间又多写数函,竟倦莫能名。预拟编著,遂不得不搁。

1 月 3 日(甲子十二月初九日　丁亥)**星期六**

大雪。早 40°,午 42°,晚 43°。

依时入馆工作。

夜理归苏为先伯父营葬账,至十时乃毕,即睡。

明日为文学会聚餐期,已定在晋隆番菜馆举行,饭后并游徐园兼摄影。我拟明日十一时赴会,与圣陶俱。大约明晚起,乃可实行我常课也。

硕民本托我代选《公》、《谷》,备应本馆《学生用国学小丛书》之辑,因于晚间偶为一翻之。

1 月 4 日（甲子十二月初十日　戊子）星期日

阴霾。上午 42°,下午 44°。

晨晓先、芝九来看我,谈至十一时,去。我乃与圣陶同往晋隆,应文学会新年聚餐约。至则人到已多,进食后,由黎锦晖君奏弦乐助兴,颇有味。旋至徐园游息,拍一小影而散。

散出后,与圣陶至大庆里中国书店访乃乾,且晤硕民,盖预约会谈者。看察一过,乃归。抵家时已七时矣。今日终天在外,毫无所得,只饮唉耳。

1 月 5 日（甲子十二月初十一日　己丑）星期一

阴晴兼见。上午 42°,下午 44°。

依时入馆工作。起编《苏联章》,明日便可交出上册全稿矣,思之甚快。但究竟价值如何,则须待社会之评定也。惟先有一设想,虽不正当而言之十中其九者,即一般人之眼光亦未必真正清明耳。

夜编《世界史》,毕《法国革命的屡起》一章。以后拟日毕一章,乃可如期交卷,否则将愆约矣。我想,如无别事牵扯,或不难按日程功。如时局摇摇,复现秋中奔避生活,则难言之矣。

漱儿中夜忽惊醒,眼不能睁,大声哭。我与珏人颇惶急,但一时无策,只听之而已。及平明,乃入睡,而我已欠睡不舒矣。

1 月 6 日 (甲子十二月初十二日　庚寅　小寒) 星期二

阴,午后雪。上午 42°,下午 44°。

依时入馆工作。将《地理》的上册稿写完,即交由经农看过,便着手配图,预备发排。散馆归后,知硕民已返苏,但他并未告我,由圣陶所得此信耳。且知他明年已决定不再来沪就神州教事也。

夜编《世界史·拿破仑第三与克里米战争章》。

1 月 7 日 (甲子十二月初十三日　辛卯) 星期三

阴晴时见,微雪。上午 42°,下午 43°。

依时入馆工作,配插图及接洽制彩色地图事。

散馆后与圣陶到张裕公司购得红玫瑰葡萄酒二瓶,彼即以其一饷我。旋到本馆发行所一行,并至陈嘉庚公司购棉鞋。我以式样不合未买,竟空手而归。

日来以陈乐山在松江溃败,四乡又极骚扰,惨酷之状,殆有甚于秋中。故人心又起恐慌,徙避者日多。我为此惴惴,对于编著必有顿挫也。今晚尚安然执笔,续编《世界史》,毕《美国南北战争章》。

1 月 8 日 (甲子十二月初十四日　壬辰) 星期四

上午阴,下午雪。上午 42°,下午 44°。

依时入馆工作。

看《清华学报》及《国学丛刊》。

写信寄定单与翼之，即复前函。

夜饮于振铎所，盖《文学》独立出版事已有头绪，今夕特开委员会商量进行方法也。我非委员，不过振铎邀我饮啖耳。列席人甚多，殊拥挤，手之伸缩且有待然后行，减兴不浅。九时半归，体已倦，竟废所业。

1月9日 (甲子十二月初十五日　癸巳) 星期五

晴，雪融。上午40°，下午44°。

依时入馆工作，将《世界地理》上册插图配齐，即当发排，以经农不在未得签发。

夜与同人公饯廉逊于新有天，饮甚酣。晓先素戒酒。是夕为之破例，竟引满一杯云。

前托晴帆代定之书架，今午后四时半送来，我适自馆归，乃亲收安置之。该款俟后日面访晴帆时奉还也。惟此架做得走样，而且料薄工粗，颇不惬意，然碍于熟人，只得将就之矣。

1月10日 (甲子十二月十六日　甲午) 星期六

晴。早40°，午47°，晚45°。

依时入馆工作。

圣陶今日赴苏营葬，不识道路有阻否也，甚念之。但愿此去速回，将好消息来耳。时局混乱至此，宜乎小人得志，地痞流氓乘时窃起，我终以为非佳兆也。

夜编《世界史·墨西哥帝国的倏现》一节。

1 月 11 日 (甲子十二月十七日　乙未) **星期日**

晴。上午 42°,下午 45°。

晨阅报,知昨夜一时,吴淞十九师突然开龙华,沪杭间轨又断两处。料沪局将有变化,颇可惧。旋以还款,至南市职校访晴帆,见南市无电车,而兵警夹立,状甚悸。比由职校偕晴帆、为章(适亦往访邱因得同行)出,复至西门,则斥张允明之告示已高揭壁上,而下署江浙联军总司令部第一军长齐爕元、第二军长孙传芳,于是恍然于昨晚之故矣。

南市一带,已大搬家,情形实不减去秋。闸北尚安,不识有无妨碍也?

圣陶阻苏,其家大恐,时会真不巧也。

在佛陀街正兴馆午饭,饭后乃归。

1 月 12 日 (甲子十二月十八日　丙申) **星期日**

晴,下午变阴。上午 42°,下午 45°。

依时入馆工作。

昨日下午八时起,南市即被劫掠,直到今日午后尚未止息。谣言因以大盛,人心因以大慌,我沉浸此中,真是又陷困境了。

散馆后冒险往访乃乾,讵已出门,未得晤,追踪至来青阁,仍未见,因废然独返。

夜一切不顾,又续成《普奥战争》一节。

1 月 13 日 (甲子十二月十九日　丁酉) **星期二**

阴暗,时雨。早 47°,午 50°,晚 52°。

依时入馆工作。看《史地学报》三卷一、二、三期之专著，日来以馆事较冗，搁书不暇阅，今始略得一翻之，甚以为快。

圣陶既阻苏不得归，而致觉亦复如此。特再一访住居西门之钱江春及城内之傅纬平，又两天未到馆，南市之纷乱，于此可想矣。据道路传言，城内只身出入，且索路贿，邮差递书，亦见阻格，则此次动乱之黑暗，真有不堪设想者在，思之不寒而栗。

夜编《普法战争》一节，仍至十一时始寝。

1 月 14 日（甲子十二月二十日　戊戌）星期三

阴雨，湿润。上午 51°，下午 54°。

依时入馆工作。

报载齐、孙军已逼苏，沪上则暂告宁息。但隐患伏莽，处处皆可触发，心焉忧之。我终以为此间不能安枕也。

代圣陶校《人间词话》稿十六页。

夜编《意大利的统一》一节，十一时寝。

1 月 15 日（甲子十二月二十一日　己亥）星期四

阴雨。上午 46°，下午 50°。

依时入馆工作。

今日沪苏间传闻曾通车一次，则明日圣陶当可东归矣。

夜感无聊，因买酒独酌，饮后合家人打牌六圈。原定编史，遂坐废，但存心怠工，不以为惜也。

《新闻报》载苏州通信，阊门乃大遭劫。阅之，五中为燃，切齿腐心，于军阀较之洪、杨实逾百倍也。

1 月 16 日(甲子十二月二十二日　庚子)**星期五**

阴,下午风作,起燥。上午 45°,下午 48°。

依时入馆工作。岫庐来催《世界史》,嘱每日暂停《地理》,且带入馆中赶完之。

夜取酒独酌。

散馆时与晓先至车站一探,因见兵士押运子弹甚多,颇疑之,故往一察也。至则遇良材,云待车竟日,迄未上车,惟见子弹至则即刻开出耳。我因此大慰,盖顷所见者早经开出矣。比自站归,知圣陶已归来,至快,即趋往痛谈。

1 月 17 日(甲子十二月二十三日　辛丑)**星期六**

晴不甚烈。45°。

依时入馆工作。

日夜编史,颇感兴趣,乃因意外事忽来愤恚,竟搁笔,须与仲弟说妥,将此恚根去而后安耳。否则将一事不办,将何所缴卷完此工作耶!

1 月 18 日(甲子十二月二十四日　壬寅)**星期日**

阴霾。上午 44°,下午 48°。

竟日未出,乘休假赶编《世界史》,自晨至晚十一时,得一节有半,凡二千言。意绪甚劣,不耐思索,殊延缓且甚不自惬也。明日已许岫庐先发排若干,将以六十页应此关耳。

傍晚晓先至,谓甫自车站得消息,齐燮元部大不利,有已退常州说。是则沪、苏又将生变,一班想安稳过年者不知如何度此残腊也?

1 月 19 日（甲子十二月二十五日　癸卯）星期一

晴。45°。

依时入馆工作，夜间又继续编史，直至中宵二时才睡，凡得书二节半，计三千言。

今日为沪上各报甲子年最后的一天，消息殊不佳。齐部军队已由镇江直退无锡，沿途纵掠；苏州吃紧。我恐此间不久便遭蹂躏矣，为之黯然。明日既无报，消息末由探知，弄兵者更得巧肆簧鼓以别图捣乱，则这几天真如坐针毡，闷在瓮里作急矣。

晓先知火车不通，拟于明晨乘坐红十字会救济船归苏一视，惟不识能否成行耳。

1 月 20 日（甲子十二月二十六日　甲辰　大寒）星期二

晴。早 43°，午 46°，晚 48°。

依时入馆工作。将《近世期史》七十二页粘图发排。

今日《时事新报》仍出特刊，齐部似已退苏，且将不能成军。他残部在此者恐终不免一掠耳。晓先因以未归，盖虽得到苏，恐难入城省晤家人也。

饭后入馆，闻人言，齐部狂退不止，有谓已退昆山，有谓已抵黄渡，大有山雨欲来风满楼之概也。上海五方杂处，无论何人皆有党羽在此播散谣言，或者乘报纸停刊之机大施活动乎！

夜续作《世界史》，至十二时半才寝。

1 月 21 日（甲子十二月二十七日　乙巳）星期三

晴。上午 44°，下午 45°。

依时入馆工作。

是日国文史地部迁出,重栏窗槅于校对部原址,作为新办公地。四人一组,我乃与雁冰、晓先、圣陶在一起。惟搬动与安顿,均费多时,竟未能写一字,仅校稿二十八页而已。

晓先于午后乘轮返苏。

齐燮元已赴苏。前谣或不可靠,且孙传芳部已开苏、锡抵御矣。总之,局势靡定,此间终非乐土耳。

晚祀先。

知仲弟已另看房屋在跑马厅德顺里三衖西口第三家七十一号,明日即将搬去。老母恋弟,或须同往耳。

1 月 22 日 (甲子十二月二十八日　丙午) 星期四

晴不甚烈。早 45°,午 47°,晚 48°。

依时入馆工作。

报载常、锡间仍无战事,大约今明必有剧斗。惟下午在馆忽传火车站兵变,颇惊讶。嗣经亲往调查,乃知孙军过境,但不悉由杭赴锡,抑由锡退杭耳。当兵车出发时,因路轨被阻,故将此列车退入淞沪线,以待路轨之疏通,遂将宝山路横断,致有此疑。

仲弟于下午三时许搬去,并奉母同往。世乱靡已,能暂避租界以安老人亦大佳也。盖事实如斯,不得不挫志降心,托庇外人宇下耳。思之愤发,弥可叹息。

1 月 23 日 (甲子十二月二十九日　丁未) 星期五

雨。上午 46°,下午 48°。

今日起,馆中休假四天,因中间有星期,因于二十七日补假,须于二十八日照常办事也。竟日未出,赶编《世界史》,仅完一节。
馀下真不能再续矣。盖时乱心慌,实有所不能安措此方寸耳。

报载孙传芳忽撤军(昨日所见殆由锡回杭也),不识何故?
有谓与齐不肯合作者,有谓改攻西路由长兴直夺常州侧面者,有
谓前敌不利先为引退者。我意,总是捣鬼,无干好事,直苦吾
民耳。

夜仲弟来,谓新居甚窄陋,老母颇感不舒。我闻之,殊念,已嘱
他及早送归。

1月24日（乙丑正月初一日　戊申　春节）星期六

晴,午后阴。上午44°,下午46°。

早起阅《时事新报》,知常、锡之间仍不免一战,各地逃来沪上
者络绎不绝。我的真正故乡洛社镇竟沦入炮火中,痛甚!

饭后与圣陶同出,往爱普庐看罗克的《怕难为情》。此片广告
大吹,实际不过尔尔,殊不值张大其词也。傍晚归,知彦龙夫人及
其妹已来此逃难,即下榻我家。

夜为《文学》作文,即修改旧稿三十字以应之。

1月25日（乙丑正月初二日　己酉）星期日

晴。上午43°,下午45°。

是日未出,将《世界史》赶完。虽诸多未惬,而心事已了,
甚快!

阅报知常、锡间军事仍紧急。无锡、横林间奉军胜,江阴、青
旸间齐军胜。闽周荫人已通电任联军第三路总司令,故孙齐通
电,改江浙联军为江浙闽联军矣。但军情变幻,正不审如何了

局也。

1 月 26 日 （乙丑正月初三日　庚戌）星期一

晴,夜雨。上午 42°,下午 45°。

午前振铎、雁冰来,秋白来。饭后我偕圣陶出,访乃乾于中国书店。少谈即归,购得《双梅影盦丛书》及为晴帆代购《书林清话》以回。

彦龙妹等今日移往戈登路,住其夫人之表妹所。

齐部溃兵已有由锡退沪者,情形殊不佳。逃避者蜂起,人心为之大震。

1 月 27 日 （乙丑正月初四日　辛亥）星期二

阴。上午 47°,下午 48°。

晨阅各报,齐军已有千数百人退沪,情况颇恶劣。因即与圣陶往车站一打探,则溃军三五成群,多半无人管束,心乱已极。急返与家人商议徙避,卒以狃于上次的搬之故,不肯更张。

午后写信四通,一致怀之、翼之,一致梦九,一致晴帆,一致钰卿。书毕,亲往车站投递,因未到办公时刻,便挟以往南京路寄之。乘便一探旅馆状况,则家家住满,欲留一榻地亦不得也。

夜命酒独酌,看书至十时,寝。

1 月 28 日 （乙丑正月初五日　壬子）星期三

阴晴兼施。47°。

旧历开岁,今日第一天入馆工作。当将《世界史》全稿发出,如释重负矣。下午以风声严紧,仍用布袋收集稿件,因之人心又大恐。我于饭后及散馆后俱至车站一看,情形殊无变化,且今天车手及路员已全体罢工,司机乏人,退兵竟不易之耳。故所见散兵较昨为少,或已四散投奔乎?

夜仍取酒独酌,看书至十时,寝。

1 月 29 日（乙丑正月初六日　癸丑）星期四

阴雨,且兼雪。上午 44°,下午 46°。

依时入馆工作。

报载奉军已于昨晚到沪,齐燮元已亡走日本,闸北善后由宫邦锋复出安抚。果如是,则沪局已得大定,即张宗昌与孙传芳再有问题,眼前亦不致在北站附近发生乱事矣。乃午前忽又得警,谓车站至义品里一带已遭劫掠,人心又大动,继至奉军至湖州会馆搜索齐军,且勒缴械弹,故起误会,始稍安。午后又谓车站到有大军,大约亦奉军之误耳。

夜仍饮酒看书,至十时左右才归寝。

1 月 30 日（乙丑正月初七日　甲寅）星期五

晴寒。早 41°,午 39°,晚 38°。

依时入馆工作。

朝晨未入馆前,曾与圣陶至车站,观察奉军情形。其人了无异人处,不过装束合参日、俄两国式样,为生眼难看耳。已足令人喟感者,数日前之灰色兵竟尔绝踪不见也。

1 月 31 日（乙丑正月初八日　乙卯）星期六

阴,间飘雪花。早 35°,午 37°,晚 39°。

依时入馆工作。校订《地理》印稿五十八页。

晓先仍未来,颇念他。

接翼之来函,知他的姊丈张少安已于去腊二十七晚死去了。他的姊姊年尚轻,又出了一个难题搁在他们兄弟身上,我悬揣他们必然十分难过呢。

闸北目前尚无问题,惟南市孙军未尽去,南车站、高昌庙一带形势紧张,恐仍不免出于一斗耳。我意,无论如何,孙传芳总不配在苏省驻兵也。

修妹挈澄儿来。仲弟亦来,约明午后往访,同看剧。

2 月 1 日 (乙丑正月初九日　丙辰) 星期日

晴寒。38°。

午前在家复信寄翼之,安慰他姊姊不要过于悲伤。

午后挈濬、清两儿往汕头路看仲弟,因同往亦舞台观剧。剧真无可观,最值注目者,只《平贵别窑》和《王佐断臂》说书耳。六时散出,即在南京路一带购物而归。

夜在家饮酒,颓然而止。

2 月 2 日 (乙丑正月初十日　丁巳) 星期一

晴寒。早 39°,午 41°,晚 43°。

依时入馆工作。校《地理》印稿,而《历史》稿则未见送到也。

接翼之快信,知健君已任苏警厅长,硕民且为秘书长矣。因即快信复之,并快邮与硕民属为怀之及乃翁道地也。惟世态不可知,或等于以水投石耳。但我为朋友计,不得不告诸近在沪地者,因走访子玉并函告钦笙。子玉惟其友萧君之游,乃不值一晤,寄语其家人而还。

夜写信给晓先及颉刚,在酒后行之。

2月3日(乙丑正月十一日　戊午)星期二

晴。四十四度。

依时入馆工作。

散馆后子玉来,因与共饮于高长兴。夜九时归。他明日到苏谒健君,欲图事,不识如何也?

珏人挈诸儿过修妹所饭。夜七时返。

君畴亦有书来,与我及圣陶,托在苏州军警机关活动,圣陶起草答他,痛陈利害,劝阻他不要跟健君他们学样。

2月4日(乙丑正月十二日　己未)星期三

阴,午后雨。上午42°,下午48°。

依时入馆工作,《地理》稿已排完。

今晨五时,西邻香兴里不戒于火,我闻声惊起,见火光已烛天矣。幸救火车已驶来,尚未波及别里。然因此早起,颇感倦也。上海屋窄人稠,火警时起,又值兵荒,人心更易骚动。但愿此后少闻此等事,则真不胜幸运呢。

夜在家独饮。饮后即睡,补早起之缺。但骤雨来袭,又值处春,颇不宁贴,竟转侧深感背痛也。

2月5日(乙丑正月十三日　庚申)星期四

雨。上午46°,下午48°。

依时入馆工作。撰《地理》编辑大意及编上册目录。

晚间未饮酒,早睡。

仲弟于晚间来省母。

2 月 6 日 (乙丑正月十四日　辛酉)星期五

雨。上午 46,下午 44°。

依时入馆工作。

晚仍在家饮酒。饮后随便闲翻《读史方舆纪要》。

2 月 7 日 (乙丑正月十五日　壬戌)星期六

晴。上午 44°,下午 45°。

依时入馆工作。

晓先来,谓甫由轮舟登岸,苏州现象尚佳。

散馆后,往访乃乾,约出饮酒,酒后在来青阁取得石印《太平御览》卅二册回,记账十五元。

2 月 8 日 (乙丑正月十六日　癸亥)星期日

晴。上午 42°,下午 45°。

上午往看子玉,晤之,渠已于昨日乘轮来。据云苏地情形甚可笑,硕民已与健君负气辞职,内部状况殊可发噱,大约亦难于久任也。以此推知苏警厅的腐败。

饭后晓先来,晴帆来。旋晓先去,我与晴帆同出,往访铁笙,不晤。乃饮于王宝和而返。

2 月 9 日 (乙丑正月十七日　甲子　月偏食)星期一

阴晴间作。上午 43°,下午 45°。

依时入馆工作。

仲彝有离此往集美讯，我与振铎、圣陶、雁冰、晓先公饯之于新有天，并请勖成、愈之、东华、调孚作陪。酒后知今天奉军司令部曾因事杀人，悬首在永兴路栅门上，乘酒意往看之，亦不知究何事也。须待明日报上探得之。

允言来访，盖知健君与硕民事，可笑极矣。

2 月 10 日（乙丑正月十八日　乙丑）星期二

晴。上午 42°，下午 44°。

依时入馆工作。

允言本约于今日散馆后来访，迄未至，空守而已。

晓先送其妹愈昭女士来，因居停已徙，今日移寓我家也。

报载昨日所挂之人头实系奉军勒借商人款项而为司令部所法办者。但我以为枭首之刑久废，而今竟复行，已藉口军事便可任意非刑虐人耶，殊不知其命竟所在矣。

2 月 11 日（乙丑正月十九日　丙寅）星期三

晴，夜半后雨。上午 41°，下午 44°。

依时入馆工作。

尚公今日开学，为两儿付学费二十一元二角，真可为前途负担吃惊不浅也。

散馆时君畴、允言来访，因与圣陶同出，四人合饮于王宝和酒楼。饮至九时乃散归，我上唇陡生一泡，其殆天天饮酒所致耳。明日起，当为戒少饮也。

2 月 12 日（乙丑正月二十日　丁卯）**星期四**

阴雨。上午 44°，下午 46°。

依时入馆工作。《世界地理》已出版，《世界史》亦已排校完毕，至适。

夜写信寄怀之、翼之，告暂不能到苏。

2 月 13 日（乙丑正月二十一日　戊辰）**星期五**

晴阴兼施。上午 45°，下午 48°。

依时入馆工作。编《大事年表》竣。

夜留晓先晚饭，谈至九时去。他已看定房屋，在宝光里，明日将偕其妹归，说家人移寓来此也。

2 月 14 日（乙丑正月二十二日　己巳）**星期六**

晴。上午 42°，下午 46°。

依时入馆工作。

夜在振铎所公饯东华赴杭。盖他已改就杭州盐务中学教席矣。我意他离此甚宜，否则上海魔窟，赌机四窥，难免终于樗蒲败节耳。果能换一环境，或者晚盖不难也。

散席归，已九时，即寝。

2 月 15 日（乙丑正月二十三日　庚午）**星期日**

阴雨。上午 44°，下午 46°。

清晨彦龙来，因与同至戈登路访其戚。抵午同到一品香，彼则在卞家贺喜吃饭，我则贺达夫结婚，珏人且先与墨林去彼矣。饭后乃与彦龙同行,陪他买物数事即归。夜买酒共饮,并邀圣陶参加,甚快。是夕,彦龙即下榻此间。

2月16日(乙丑正月二十四日　辛未)星期一

雨。上午44°,下午48°。

依时入馆工作。

彦龙今晨挈其妇若妹返苏。连日春雨,出入颇不便,久思制雨衣一袭,迄未如愿,本月拟勉置之也。

是日晓先本约即晚由苏来,乃迟迟久久,不至,大约又以事搁浅在苏矣。

2月17日(乙丑正月二十五日　壬申)星期二

阴,昼晴,夜雨。上午48°,下午50°。

依时入馆工作。

夜晓先来,知苏地尚安,惟逃难者又纷然杂作矣。

张宗昌与孙传芳间终不免一战,只在时间问题耳。今于第一军司令部之移设常州卜之,益信我说之非诬也。报载宜兴、长兴间已有接触之谣,或不致纯出子虚耳。

晓先是夕下榻我家,谈人当营独立生活,深契我心。我辈终年傭书,寄食于人,实非安定之道,有机会至时,宜有以奋斗出一个自动生活的格局来。

2月18日(乙丑正月二十六日　癸酉)星期三

雨,下午雪盛降。上午47°,下午45°。

依时入馆工作。

看吕编《白话本国史》。

夜独饮,闲翻白眉初《满洲三省志》,此君摘材甚多,断制实鲜,方之现在所谓史家,可比李泰棻,而悠谬过之。我谓彼出自林传甲一流,殆非虚诬也。

2 月 19 日 (乙丑正月二十七日　甲戌　雨水) 星期四

阴,午后略见晴色。四十二度左右。

依时入馆工作。

夜饮,看沈雁冰《中国神话研究》。此文登《小说月报》十六卷第一号,今日始送到,因得翻看之。

子玉来,谓昨与健君同车抵沪,今须携物去。因将去年寄存我处之榻椅几柜诸事唤车输去,盖傍晚即须开车返苏也。

2 月 20 日 (乙丑正月二十八日　乙亥) 星期五

晴不甚朗。上午 40°,下午 42°。

依时入馆工作。

散馆后与振铎同出,先往艺学社刻印《文学》稿纸。继至中国书店访乃乾。谈至七时半,归,夜饭已过,干唉而已。

2 月 21 日 (乙丑正月二十九日　丙子) 星期六

晴,春风多厉。上午 40°,下午 42°。

依时入馆工作。《世界史》已出版。

庄叔迁来合会,我应半会,月出十元,至八月廿一日轮我收。收后月出十元五角,至十一月廿一日清。我本无钱可储,如此逼做,倒是一个绝妙之法。

散馆时,君畴来看我,因邀晓先、君畴同返,作畅谈。圣陶因留我三人往其家夜饮焉。席次纵谈,我乃大放其炮,或者箭在弦上,不得不乘此一发乎。然而终嫌多事也。

2 月 22 日（乙丑正月三十日　丁丑）星期日

晴。上午 40°,下午 45°。

晨十时出,访晴帆及映娄,俱不晤。废然返,则知晴帆亦来看我,相左矣。

饭后出,闲步于邀思威路,迤逦径到南京路。在永安公司取储款一百八十元归,将以存入本馆出纳科。顺道往过乃乾,以事忙未便多留,即辞出,附车返。

2 月 23 日（乙丑二月初一日　戊寅）星期一

晴,下午阴霾。上午 42°,下午 44°。

依时入馆工作。

散馆后到成记理发。旋在豫丰泰饮酒,无意中遇十年未见之旧兵营同事刘锡爵,快极。因约后日仍在此处相见,俾畅谈一切。

归途甚冷。春寒料峭,反较严冬难受也。

2 月 24 日（乙丑二月初二日　己卯）星期二

阴霾,间放晴。上午 42°,下午 44°。

依时入馆工作。

今晚本拟与圣陶往祝京周母夫人六十寿,以天寒恐时晏而止。在家独酌,看《镜花缘》。又为圣陶查日本文政年号当中国何时,知为嘉庆二十三年上文政改元。

2 月 25 日 (乙丑二月初三日　庚辰) 星期三

晴。上午 41°,下午 43°。

依时入馆工作。

散馆后至发行所为梦九、翼之买书。旋到豫丰泰会建白,不觉多饮。归后即睡,至三时许竟吐。盖久饮伤胃,非节戒不可矣。

2 月 26 日 (乙丑二月初四日　辛巳) 星期四

晴。上午 44°,下午 49°。

依时入馆工作。散馆后与圣陶到发行所买物,旋在会文堂及文明书局为颉刚购书。归时已六时矣。

晚饭后,内弟组青由苏来。

写信寄复梦九、翼之。

2 月 27 日 (乙丑二月初五日　壬午) 星期五

晴,夜异润,恐雨。上午 46°,下午 48°。

依时入馆工作。

夜与振铎、雁冰、圣陶、石岑、予同公钱达夫伉俪于振铎所。以达夫将之粤,佐教生物学于广州大学也。席后纵谈良久,此乐久不作,谈来别有兴会,殊快。

2 月 28 日 (乙丑二月初六日　癸未) 星期六

晴,东风。上午 45°,下午 49°。

依时入馆工作。

夜宴内弟于家。

作《文学》稿千五百言,痛斥民国官吏向溥仪称臣。——事见昨日《申报》所载市隐《调查清宫物品近况谭》。

仲弟来,为言近况甚窘。我力劝就事戒嗜好,不识见听否?

3月1日（乙丑二月初七日　甲申）星期日

晴朗。早49°,午54°,晚51°。

晨阅报讫,晓先来,因与他及圣陶偕出散步,由东虬江路转东宝兴路及北四川路、江湾路、宝山路而归,经时两小时,约行十二里。周身汗浃,脚底亦热矣。但气血流畅,颇舒服,此行亦殊不可多得也。

饭后挈清儿过仲弟,顺逛大世界。坐听王殿玉拉戏,至有趣。归途复过仲弟,约后天过我吃面,盖后天值我生日也。

3月2日（乙丑二月初八日　乙酉）星期一

晴。四十八度。

依时入馆工作。

写三信分复彦龙、怀之、翼之。

3月3日（乙丑二月初九日　丙戌）星期二

早晴,午阴,午后雨。四十七度。

依时入馆工作。

今日为我三十六岁初度之辰,夜间满拟仲弟来,乃治酒待之,迄不至,颓然与家人共饮之。因念年光迅流,倏已卅六矣,百无一成,徒多儿累,为之心惕弥永。

酒后偶翻《聊斋志异》,读《霍女》及《吕无病》诸篇,觉此书味亦隽永。后之仿之者不但徒摹形似而鲜有实至,且某生某女已成滥套。使恶之者推乌及屋,致讥于蒲氏,不大冤也耶!

3 月 4 日 (乙丑二月初十日　丁亥　祀孔) 星期三

上午阴雨,下午晴。五十一度。

依时入馆工作。

夜在家独酌。饭后复看《聊斋志异》。日来大概因天气关系,百无聊赖,如欲出游,又不知何适而可,殊没趣。默坐默想,竟不悉何以自处也。

3 月 5 日 (乙丑二月十一日　戊子) 星期四

晴。上午 50°,下午 48°。

依时入馆工作。

夜仍在家独饮,以慰岑寂。

朴社社章已由平伯起草讫,大约须照此矣。今日此间同人曾略计及之,或者为责任专一计,应请取消沪部,专设总部于北京乎?

3 月 6 日 (乙丑二月十二日　己丑　惊蛰) 星期五

晴。上午 48°,下午 52°。

依时入馆工作。

夜忽心泛难过,满拟疾作,而睡后竟无恙。

连日每感无聊,颇觉有出世之想,奇极,或者体有不适,乃来此邪念乎。但我自知,我之性易痴,环境脱不加谅,恐终不免出此耳。

3月7日（乙丑二月十三日　庚寅）星期六

晴。上午50°，下午52°。

依时入馆工作。

散馆后与振铎、圣陶同出，共饮于王宝和。七时半归，家人俱至本馆俱乐部看电影，独坐闲看待之而已。

母大人由组青内弟送至仲弟所散心。

3月8日（乙丑二月十四日　辛卯）星期日

晴。上午50°，下午53°。

是日内弟组青去，径到胡家巷店中。

清晨出，往访晴帆，晤之。旋与之同至霞飞路尚贤坊陆军四校同学会访铁笙谈。坐有魏深之者，旧识也，略询苏事，则健君措施殊乖人意耳。此子不能得志，如得志将尽绝旧交矣。硕民、彦龙其前车也。

十二时，三人同出，饭于正兴馆。饭后闲步，又啜茶于同芳。至四时许乃别铁笙、晴帆归。

仲弟以书至，假三四十金。

3月9日（乙丑二月十五日　壬辰）星期一

晴。上午52°，下午56°。

依时入馆工作。

散馆后为仲弟送二十元去。顺道为梦九在本馆发行所续购《明日之学校》及《新体农业讲义》各十本，仍托章先生代付邮。旋离馆归，抵家已七时矣。

阅报,知昨日东大新校长胡敦复就职,被教育科主任徐则陵、教授陆志韦鼓动学生殴打侮辱。可恨可恨! 东大学风如此,拥郭者纵有百喙,其将何辞自圆!

3 月 10 日(乙丑二月十六日　癸巳)星期二

晴。上午 54°,下午 62°。

依时入馆工作。

夜在家小饮,即晚餐。

丁女士愈昭来取物,知晓先一行已到沪矣,珏人便挈潘儿随女士去,一省其老母并视晓先夫人。我家本望他们来此吃夜饭,乃至近九时始到,询之,谓已过餐矣。

写信分寄颉刚及梦九。

3 月 11 日(乙丑二月十七日　甲午)星期三

晴。早 58°,下午 66°。

依时入馆工作。

晓先家初来,甚忙,我具饭饭之。

夜仲弟来,送母大人归。

3 月 12 日(乙丑二月十八日　乙未)星期四

晴。有风沙。早 57°,午 62°,晚 58°。

依时入馆工作。

饭后与晓先至中央公司订制卧床,因他所制甚满意,可以矫虚享实也。

下午四时,君畴来访,至散馆时去。我则与圣陶同至振铎所集会,商《文学》独立后办法。

3月13日(乙丑二月十九日　丙申)**星期五**

昨夕竟夜大雨,今日雨。上午56°,下午59°。

依时入馆工作。

阅报知昨日上午九时三十分中国国民党总理孙文逝世。革命未竟,导师先陨,时方多难,骤失明星,痛矣！我非国民党员,然我服膺孙先生久矣。茫茫中国,谁复能树人极若先生耶！

夜看《东方》本年第三期。

3月14日(乙丑二月二十日　丁酉)**星期六**

阴雨,晚晴。56°。

依时入馆工作。

仲彝由厦门来,将至日本考察。约明日上午过我及同人一谈。

夜饮于家,日来天气影响,时起无聊之感,每借酒自遣。明知毒等饮鸩,然而会此竟无埋忧之地,则亦不嫌故犯,仗此被愁矣。

3月15日(乙丑二月二十一日　戊戌)**星期日**

晴。55°。

晨仲彝来,赠予茶叶及明片,感甚。旋与偕访圣陶、雁冰、振铎。有顷,乃共饮于新有天。饭后,仲彝、雁冰去,予则与振铎、圣陶访乃乾。谈至傍晚始归。

珏人挈诸儿于饭后过晓先家,比归,为车辆所挤,仆地。漱儿额皮擦伤,珏人则闪腰伤头,仅免而返。抵家则觉金挖耳一事及绒制孩帽一顶俱乘抢扰时失去矣。为之大懊丧。予力劝慰之,亦惟有自叹而已。上海地方真要不得,无论怎样谨慎,总难免不遭挫失于万一也。

3 月 16 日 (乙丑二月二十二日　己亥) 星期一

晴,夜半发风。上午 54°,下午 50°。

依时入馆工作。

前定制之床坯已去看过,嘱即送漆店加髹,俟干送来。大约本星期六便可安妥矣。

有浒关乡人来。知义坤表兄之长婿物化矣。曹氏家门不幸,屡夭要人,其惨怛可知,恨无方以挽之耳。

夜饮于家。

3 月 17 日 (乙丑二月二十三日　庚子) 星期二

阴,午后雨,入夜转甚,风。早 54°,午 53°,晚 52°。

上午入馆,下午未往。连日无聊之兆,今乃应在头部,左偏脑痛,有如爆裂,竟不能坐。因于饭后偃卧以息之,然不已也。薄暮强起,只索披览张岱《陶庵梦忆》遣此念,遂少痊。至夜十时寝,尽毕其八卷书。明代人之写意好弄,殆风气使然欤!

珬人连卧两宵,臂酸头痛更甚,今特用栀子吊其伤痕,不识明日能略见效验否?我近来体气亦大如前,记忆之坏,心绪之散,俱为有生以来所未尝见,且稍一用思,脑痛随之,其殆将烬之机乎!

3 月 18 日 (乙丑二月二十四日　辛丑) 星期三

阴霾,夜雨。上午 49°,下午 50°。

依时入馆工作。

散馆归，见悦之在，因知渠已随师来此打店，将久住上海作小伙计也。具膳留餐，于餐后送之往二马路三泰栈。旋归，已十时，地泞难行，颇沾泥带水也。

寄信至浒关探省一切，不识能达乡间否耳？虽托店家转去，犹恐不肯出力也。素无通信习惯而强之通信，其难我以为比劝人戒烟为尤甚。

3 月 19 日（乙丑二月二十五日　壬寅）星期四

晴。上午 50°，下午 52°。

依时入馆工作。

夜为《文学》撰稿五百言，未毕，馀俟明日续下。又写信复彦龙。彦龙曾有书来，托代印名片，且言下月将奉母来游，因去书欢迎之。

3 月 20 日（乙丑二月二十六日　癸卯）星期五

晴。上午 49°，下午 52°。

依时入馆工作。《文学》稿已撰竟，共三千言，题为《明人浪漫风气的一斑》。

下午六时，与圣陶共应君畴之招，赴都益处宴会。七时开樽，十时始散。在坐者俱同学，有励安、叔亮、渔臣、映娄、慰萱、国任并主人及予两人为九人。其中最久别者为叔亮，盖十年二月赴闽时道此一晤，倏已四足岁矣。因约后日上午十时过其寓一谈。

自都益处散出后，伴慰萱闲步长谈，渠境况殊不佳，此次北上谋事，正不识能否如其志耳。渠本省籍，在外干事亦已有年，徒以好赌故，竟毁其家，真可为之浩叹也。送渠回旅舍后，乃与圣陶同归,比抵家就寝,已十一时许矣。

3 月 21 日(乙丑二月二十七日 甲辰 春分)星期六

平明雨,旋晴,及午又雨。上午 50°,下午 56°。

今日本拟偕文学会同人旅行杭州,以事未果,适雨,乃废幸。依时入馆工作。行期已展缓一星期,二十八日不雨,当可联袂出发,一看西湖月上耳。

3 月 22 日(乙丑二月二十八日 乙巳)星期日

雨。上午 56°,下午 57°。

报载北京转法使馆电云,云南大理大地震,洱海泛溢,点苍山失形。果尔则中国西南地理将大受影响也。

本拟走访叔亮及励安,因天雨泥泞,颇畏长途而罢。即飞函告歉焉。但十二时晋隆同人聚餐则不能不去,终于出门。餐后,偕振铎、圣陶过访乃乾,少谈即出,游新世界。将晚归。

3 月 23 日(乙丑二月二十九日 丙午)星期一

晴阴兼施。上午 64°,下午 56°。

依时入馆工作。

散馆归后,轧账,竟多了一元六角,百思竟不得所白,只得暂存。我近来心绪恍惚,记忆力锐减,殆邻死之兆欤?如此即多活几年,亦复何味,当从容自休,且求医也。

3 月 24 日(乙丑三月初一日 丁未)星期二

阴霾细雨。上午 52°,午 54°,晚 56°。

依时入馆工作。本星期六旅行杭州事已定，只要不下雨，必可成行也。

翼之有书至，谓悦之来沪须照料，否恐随俗浮沉。吾得此托，深用愕惕，盖此间实最易堕落，一不小心，便尔入污，初不待有意不习上耳。然吾终以为此无伤，只求所与较良，或无差池也。

夜在家小饮。

3月25日（乙丑三月初二日　戊申）星期三

晴。上午53°，下午55°。

依时入馆工作。

夜七时与圣陶往雁冰所会晓先、亦湘等人，集议筹备追悼孙中山先生事及进行发起闸北市民协会。谈至九时许，散归。这两事或可有成，晓先实最努力。

母大人老病复发，已缠绵多日，今日午后竟畏寒卧床，我颇为扼腕也。——中医蔡文贤已诊过无效，近方延普益分诊所医生用西药投之，依然不见减退。

3月26日（乙丑三月初三日　己酉）星期四

上午阴，下午雨，旋雪。上午51°，下午49°。

依时入馆工作。午后因欲为颉刚购书，遂未到馆。

乘车到爱多亚路，天雨甚大，只索向前行，径奔城隍庙后翼化堂，为颉刚配购经忏善书十三种，盖渠方研究八仙和土地的故事转变，因来书属办此也。

自翼化堂出，乘车至先施，为母亲及诸女购食物。旋归，已三时三十分矣。即写信备寄复颉刚。

3 月 27 日 (乙丑三月初四日　庚戌) 星期五

阴,午后略晴。48°。

依时入馆工作。

散馆后往访乃乾,遇振铎。因共出饮于老一大,十时才归。

购得云南皮纸印方玉润《诗经原始》八册,暂记乃乾账上。

母亲病况依然,乃令潜儿往寻仲弟。仲弟至,病若失,言笑甚剧不觉倦。但仲弟遭于烟,昼夜不与人同,且不肯留侍,终于一走。走后,则病态如故,且加烈矣。可知母病实为仲弟所致,彼竟一味沉溺不返,真罪通于天耶!

3 月 28 日 (乙丑三月初五日　辛亥) 星期六

阴晴飘忽。上午 48°,下午 52°。

依时入馆工作。

散馆后与圣陶至中华、民智、亚东三书店购书,七时返。

母病略见好,仲弟仍于薄暮时来此一现,即去。

来青阁送来广雅书局刻《汉志人表考》五册,《补各史艺文志》十册,未言价,盖振铎托带,且为我亦留一部也。默计此十册书殆将十元欤?

3 月 29 日 (乙丑三月初六日　壬子) 星期日

晴。56°。

上午十时许,晴帆来访,圣陶亦在我家,因同出饭于佛陀街正兴馆。遇伯英及盛文。饭后往恩派亚看《残花泪》电影。遇仲云。五时散出,即赶归。

道始将于下月十一日结婚,已接渠喜柬矣。

3月30日(乙丑三月初七日　癸丑)星期一

晴。上午52°,下午53°。

依时入馆工作。

阅《东方》廿二卷四号,《史地学报》三卷五期,《科学》地质号,但略事翻检而已。因思我辈买书不读,实在无谓,如果终不卒读,何为置此于架乎!我愿以后当立定主意,凡不欲读者不必买,既买则必以尽读为限也。

仲弟又两日不来,可叹!

3月31日(乙丑三月初八日　甲寅)星期二

阴晴间行。早53°,午56°,晚57°。

依时入馆工作。

散馆后与振铎至乃乾所,请他补《诗经原始》缺页。旋归,理书,又大翻书身矣,但读则未遑也。可见痼疾在躬,非有大创痛不易祛除也。

4月1日(乙丑三月初九日　乙卯)星期三

阴霾,细雨。上午56°,下午58°。

依时入馆工作。

夜看《人表考》,并查各史《补艺文志》有无缺页。竟全弗差。

4月2日(乙丑三月初十日　丙辰)星期四

阴霾,夜雨。上午57°,午59°,晚61°。

依时入馆工作。

夜看《史地学报》三卷五期。于陈训慈之《史学蠡测》已阅竟。梁启超之《中国近三百年学术史》仍未完，只讲至颜、李学派之收场而已。

4 月 3 日（乙丑三月十一日　丁巳）星期五

阴，细雨，入夜转甚。风。上午 57°，下午 54°。

依时入馆工作。

夜写《通鉴》书根六十册，竟至十一时始毕。因见凡事费时，非有工夫加上则一毫亦不得就，初不必论其事之为巨为细也。有人每以徒劳兴嗟，实存至理，但未知天下事固无不劳而获者耳。

4 月 4 日（乙丑三月十二日　戊午）星期六

阴，北风甚壮。午后晴。早 48°，午 50°晚 48°。

依时入馆工作。

写信复硕民，嘱来时带裱件与我。

夜小饮，乃睡至中宵，辄呕而出之。人极难过，竟辗转至不寐也。因思我屡屡戒饮，屡屡破之，非有大决心，恐无迁善之望矣。为之深悲。最后痛自针砭，定自明日起禁绝此物，时窗已大白，即霍然起。

4 月 5 日（乙丑三月十三日　己未　清明）星期日

晴，陡寒。上午 46°，下午 48°。

自今日起，誓即戒绝饮酒。

上午九时出，与圣陶、晓先到尚公，帮同布置追悼孙中山先生会场。近午归饭,知铁笙曾来看我,不值而去,至歉。饭后又往尚公,待至二时半乃开会。邵力子报告孙中山事略,甚深切而感人。演说则有朱经农、何柏丞、曾慕韩、俞秀松四人,主席为李石岑。直至六时才散归,冷极。比抵家,知勖初曾将眷见过,又不晤。今日会友之缘悭甚,殆我一片倾向孙先生之诚有以蔽之乎!

夜读《通鉴》卷七十八至八十。

4月6日(乙丑三月十四日　庚申)星期一

晴。上午47°,下午50°。

佩弦昨日自甬来,住圣陶所,今晨同过我,约共游龙华。十时出,乘电车到徐家汇,然后步以往。龙华徒负虚名,前岁已略言之。今甫遭兵新平,而香汛不减,至奇!旋入镇,饭于东街一小店,竟被敲竹杠,三人食,至索一元三角;茶两盏需小洋四角也。

饭后归,由亚尔培路、西摩路访方曙先(光焘)于上海大学。不晤,去。又乘车至棋盘街略购数事于本馆发行所而返。

4月7日(乙丑三月十五日　辛酉)星期二

晴阴不定。上午49°,下午51°。

依时入馆工作。

夜邀佩弦、予同、圣陶及曙先饮我家。谈笑甚乐,至十时始罢。佩弦以日间多饮,竟吐,即留宿我斋中。

4月8日(乙丑三月十六日　壬戌)星期三

晴。上午51°,下午54°。

晨八时到尚公学校演说,盖昨日百英来邀,今日彼校中将举行纪念仪式也。我为敷陈国会经过的大略情形,意在唤起大家注意国事。九时入馆。

下午未到馆,与圣陶至安乐宫参观李毅士等画品展览会。旋往卡尔登看贾克哥根主演《我王万岁》电影。五时散出,径归。

傍晚,佩弦偕曙先来,谓曙先将同我们往虹口吃日本料理。因即随之往,至有恒路口附近之安田食之。异味初尝,风趣独绝,惜不能日语,只能张目看杓妇而已。十时归。

4 月 9 日(乙丑三月十七日 癸亥)星期四

晴。上午 53°,下午 55°。

依时入馆工作。

午刻佩弦之友任中敏请吃饭,邀我及圣陶同往。因相偕出,乘电车径赴悦宾楼。饭毕,已将二时,便与圣陶驱车入馆。接调父喜柬,知十二日渠将与介泉之女兄家琳女士结婚于远东饭店。届时或与勖初兄弟同往耳。

4 月 10 日(乙丑三月十八日 甲子)星期五

晴,下午阴。上午 52°,下午 54°。

依时入馆工作。虚舟来馆访我。

散馆后偕珏人出,购物于南京路而归。比坐定,圣陶、佩弦、大白、曙先见过,因约共饮于言茂源,直至十时后始返。

席次,大白讲前清书吏舞弊故事甚多,极有趣。吏治之坏,胎于此矣。

4 月 11 日（乙丑三月十九日　乙丑）星期六

晴。上午 53°，下午 59°。

依时入馆工作。

晨偕佩弦、圣陶往访予同。散馆后，予同与其夫人偕来。我则先约晴帆同贺道始结婚，遂俟渠至后同去。六时抵昆山路呈林堂，七时始礼成。我等乃附车往复兴园宴会，晤为章。十时散，复过东方旅社与虚舟谈移时而返。

佩弦于今午后赴甬。

4 月 12 日（乙丑三月二十日　丙申）星期日

晴暖。上午 62°，下午 66°。

晨八时，与圣陶往公共体育场，参加孙公追悼会。人数逾四万，立无隙地。我因十一时将往远东饭店贺调甫续胶，因即挨户出，径赴其地。晤调甫及勖初、致觉、践四、颂皋、次伯、希猛父子，因同席。席散，与勖初、希猛、颂皋闲步谈心，卒在全羽春茶叙而散。时已五时。

夜写信两封，一复靖澜，一致翼之。

4 月 13 日（乙丑三月二十一日　丁卯）星期一

晴。上午 60°，下午 62°。

依时入馆工作。总编译处来催稿，许他们五月底发排。

夜与家人闲话，未作他事。

今日国民党上海党员在九亩地新舞台开追悼总理大会。我本想去看看，因不是党员，未便参加而止。但最近的心实在佩服孙中山先生极矣,只以自知秉性不适宜于社会活动,不欲徒挂党籍,迹近招摇,遂未入党耳。然中心向往,早为三民主义之信徒,真中山之私淑弟子也。

4 月 14 日(乙丑三月二十二日 戊辰)星期二

阴。上午 58°,下午 59°。

依时入馆工作。编竟第四编。

接怀之信,知渠已奉委帮办收发,加津贴六元,于渠不无小补,至堪引慰。特我不便写信与健君耳。

散馆后晓先、圣陶来我家闲谈。晓先于改革教育计画,持之有素,将藉党力为大规模之运动。渠谓欲实现三民主义必由教育入手,改革教育非先打到教阀不可。此言实获我心,深愿及早见之也。

4 月 15 日(乙丑三月二十三日 己巳)星期三

晴。上午 58°,下午 60°。

依时入馆。编《世界地理》第五编起。

散馆后与振铎、调孚同过乃乾,调得《诗经原始》及购得《古书疑义举例》归。夜看《东方》廿二卷六号。其中《新语林》之《穷》一文甚隽,读一过,颇松爽也。

4 月 16 日(乙丑三月二十四日 庚午)星期四

晴。上午 58°,下午 63°。

依时入馆工作。手头之工,计日可毕,甚自慰。

散馆后出,在车站附近理发。坐定,忽警钟大鸣,救火车疾驰而北,至不宁。及事毕赶回,知我里三弄口之烟纸店失慎。已烧着矣,卒以扑救迅速,未兆焚如。否则我家与彼仅距三两家,真有不堪设想者矣。

夜写信复颉刚及平伯。

4 月 17 日（乙丑三月二十五日　辛未）星期五

晴,有风。上午 59°,下午 65°。

上午入馆工作。下午未往,与珏人同出一游。先乘电车至外摆渡桥,改乘公共汽车循外滩、爱多亚路、福煦路、大西路而至静安寺。旋由井泉之旁沿静安寺路步行而东,复由西摩路、亚尔培路至霞飞路,乃登电车东下,径抵西新桥。再走敏体尼荫路、西藏路至南京路。然后购物闲眺,仍在河南路乘公共汽车以归。是行极劳疲,然兴致甚佳,初不觉倦也。

傍晚君畴来,因复与圣陶及他三人同出,在正兴馆晚饭。

4 月 18 日（乙丑三月二十六日　壬申）星期六

晴。上午 61°,下午 65°。

依时入馆工作。

早上伯训传述:今日闸北市选,公司已派人往投票,大家可不必亲往矣。我与圣陶、致觉、振铎、雁冰、经宇联名函斥之。彼自知理屈,书面道歉,并托经宇疏通。我们因事已铸错,只好将就,此函本为预警将来之再敢抹煞同人个人之意志也。呜呼! 商人之行径真不堪设想若是耶!

傍晚仲弟来,备告近况之劣,且告助。但自溺累人,实无从援,即欲援矣,亦爱莫助耳。相对唏嘘久之。

4 月 19 日（乙丑三月二十七日　癸酉）星期六

晴。上午 65°，下午 70°。

晨八时往中华职业学校访晴帆。少坐，即偕至斜桥，转车赴尚贤坊访铁笙及维贤。谈有顷，四人同出，闲步霞飞路。未几，维贤先归，我三人乘车至大自鸣钟，步往佛陀街正兴馆午饭。

饭后小憩于同芳居，四时许乃返。约二十五日晚饭我家，并托铁笙代招维贤同来。

4 月 20 日（乙丑三月二十八日　甲戌　谷雨）星期一

晴热。上午 67°，下午 71°。

依时入馆工作。

散馆后晓先、圣陶来我斋大谈。至七时许始去。于当代贤豪多所评骘，颇推重吴稚晖、汪精卫诸人。于省教育会系黄任之、沈信卿辈，则痛斥之。

4 月 21 日（乙丑三月二十九日　乙亥）星期二

晴，上午阴霾。早至午后 66°，晚 64°。

依时入馆工作。散馆后在振铎所集议《文学》独立出版事。

晚七时至尚公学校，预备受课，盖我与圣陶、予同、晓先、调孚及朱公垂、黄孝先、陈趾青、沈重威、娄立斋、孙君立、缪巨卿等十二人同约学日文，延六逸来课此也。但六逸适病喉，今夕请假，我等乃集晤一次而散。今后议定每星期二、四、六三晚七时一刻至九时上课，用葛祖兰《日语汉译读本》卷一。

4 月 22 日（乙丑三月三十日　丙子）星期三

阴雨，上午晴。上午 62°，下午 61°。

依时入馆工作。

散馆后与圣陶、颂皋同至民厚里颂皋家晚饭。在坐有振铎、为章、王世颖兄弟及朱光潜等，九时许才散。抵家已十时半矣。由静安寺乘电车东行，殊有异样之感，此境不可多得也。

4 月 23 日（乙丑四月初一日　丁丑）星期四

阴晴靡定。早 62°，晚 62°。

依时入馆工作。书已编完，而较上册似少些，拟再加入《地球的两极》一编，作为附录。但尚未思得适当的材料也。

晚七时十五分到尚公上日文课，六逸很热心，连教两小时未停。至九时散出，乃各归。今日起，又添入张梓生、沈志坚、□□□三人，共治日文的同学，都凡十五人矣。归后自修，至十时半乃寝。

4 月 24 日（乙丑四月初二日　戊寅）星期五

晴。早 60°，午 64°，晚 66°。

依时入馆工作。

是夕本约晴帆、铁笙、维贤、圣陶小饮我家，乃维贤因事不来，圣陶又以看影戏迟到，致席间初感岑寂。但三爵之后，铁笙以健谈故，此岑寂之空气即破。继圣陶至，又添电影故实来偿久待，卒以大快。

散席后，复茗谈，至十时许始辞去。

4 月 25 日（乙丑四月初三日　己卯）星期六

阴，下午雨。上午 64°，下午 66°。

依时入馆工作。

子玉来，盖昨自苏来沪，今晨特见过一谈也。询悉健君、浩如等近况，闻之殊多不快。傍晚我答访他，托他将所购怀之、翼之衣料各一端带苏。

晚饭后读日文，九时一刻乃归。六逸热心甚，我殊愧不能副望耳。归后又读数遍，强记而后已。

4 月 26 日（乙丑四月初四日　庚辰）星期日

晴朗。上午 63°，下午 66°。

晨过子玉谈，因与俱出，进点于北万馨。旋因彼将往晤健君，我即与之别行，至泰东书局购书数事而归。

下午未出，偃卧将息，但生无逸骨，终不能成寝也。三时起，闲翻旧籍而已。

淞沪特别市之《市公约》已由特别市议会议决，今天在《申报》上见到，想各报亦必俱载之耳。惟此市议会何来，权限何属，界域何境，均有问题，不识此少数人之"包办公约"究生若何效力也？

4 月 27 日（乙丑四月初五日　辛巳）星期一

阴霾。上午 64°，下午 65°。

依时入馆工作。

仲弟以书来，欲借八十元，试问我何以应，乃留条拒之而已，乃远出闲步，因饮于言茂源楼下。八时归，询悉仲弟未来，始怨此行之多事,枉费一元也。

仲弟遭遇烟赌,又溺妇人,屡致挫跌,迄不一悟。今乃每下愈况,友朋之路俱绝,实逼处此,宜其来家纠缠矣。然我非不知之,特力不从心,爱莫能助,虽欲效从井援人之愚,亦觉无井可跳耳。竟迫我忍于手足之谊,故作参商之谋,此情亦大可哀已。呜呼!

4 月 28 日(乙丑四月初六日　壬午)星期二

晴。上午 63°,下午 64°。

依时入馆工作。《地理》全部已毕,订改则尚须时日也。

夜出读日文,而仲弟乃来,以不晤故,亦留条而去。及我归,见此条,其困厄之情跃然矣。我心恻徘徊,无所措手足,和衣上床,辗转竟不伸一策以解其厄,遂耿耿不寐。

4 月 29 日(乙丑四月初七日　癸未)星期三

晴。上午 62°,下午 64°。

依时入馆工作。

散馆后,与圣陶、晓先到车站,看欢迎班禅。人山人海,煞是可笑,瞻仰活佛者如是多耶,抑亦同于看杀人之类之挤热闹耳。傍晚归,无聊甚,即沽酒独饮以排之。然心事重叠,竟无法弭之也。

4 月 30 日(乙丑四月初八日　甲申)星期四

晴。上午 62°,下午 68°。

依时入馆工作。

散馆后,往访仲弟,相对黯然。我悯其遭而痛其堕落,一口允于半月内筹廿金济之。薄暮才别,即过乃乾一谈,渠新从杭州买来竹简斋六开连史《廿四史》一部,需价五十四金。我欲买而无力,只索望之然而去之。

赶至泰东取记事册,仍推宕,商人之不顾信用有如是者,国其不殆已乎? 继过五洲药房,为母亲购得自来血一小瓶归。时已七时许,进餐后又为石岑圈定书目,至十一时始寝。

5 月 1 日 (乙丑四月初九日　乙酉)星期五

阴雨。上午 62°,下午 66°。

依时入馆工作。已将《地理》修竣。

散馆后,振铎约往新有天吃饭,盖请仲彝也。仲彝已游日归,明日即须赴厦门,特小留一叙耳。席间渠出去日所购画片示我们,颇悦目赏心。八时散归。

尚公今夕开恳亲会,珏人挈诸儿往。九时半才归。甫就睡,大雨旋来,亦云幸矣。

5 月 2 日 (乙丑四月初十日　丙戌)星期六

阴雨,夜雨达旦。早 67°,午 71°,晚 72°。

依时入馆工作。

夜到尚公受日文课。已讲到动词的变化,甚难记。但摸索中颇得一二理解,至慰。无论如何,我将全力以赴之,俾底于成也。好在此次同志甚多,不难相砺以进耳。

5 月 3 日 (乙丑四月十一日　丁亥)星期日

阴雨,近午止,仍阴。68°。

晨九时许,晴帆过我,因偕出,为送书至其校。少坐便同往正兴馆午饭,藉候道始、君毅兄弟及道始新夫人。十二时许,他们乃来。饭后偕往江苏旅馆,盖即道始所居也。既而别诸友径到中国书店访乃乾,适值外出,未晤。略坐即行,归家已四时矣。

晚悦之来,告明日将归苏,因具食食之。

5月4日(乙丑四月十二日　戊子)星期一

晴,不甚朗。早晚64°,午65°。

依时入馆工作。

夜整理《文学周报》定户名簿,以图精核计,转录于楷片上。但甚费事,六时半写至十时,仅乃毕之。倦矣。又拟兜揽代销启及催阅者续定启各一通。

文学周报社推我为发行干事,从此将牵著冗碎,不能摆脱矣。我性畏琐屑,偏有此麻烦来相纠缠,深以为苦。然为友所迫,竟不得不勉强将顺也。

5月5日(乙丑四月十三日　己丑)星期二

阴霾。上午62°,下午65°。

依时入馆工作。

散馆后为颉刚出买书,奔城隍庙翼化堂并棋盘街中华图书馆及麦家圈新华书局。又为文学周报社定刊橡皮印于大新街周泉记。归饭已六时半,匆匆食毕,即赴尚公受日文课。

5月6日(乙丑四月十四日　庚寅　立夏)星期三

晴,暖甚,有夏意矣。早68°,午71°,晚72°。

依时入馆工作。

散馆后至中国书店访乃乾,适以赴扬不晤,怅然而返。因取酒自斟,藉排不舒。

5 月 7 日 (乙丑四月十五日　辛卯) 星期四

阴,入夜大雨。上午、下午都为 70°。

依时入馆工作。

散馆后在振铎家发《文学周报》,至六时许才赶回晚餐。匆匆食已,即至尚公受日文课。及散归,适大雨,淋漓尽致矣。日来天时不正,易感疾病,澹儿乃于今晨旅行杭州,至不能释怀也。

5 月 8 日 (乙丑四月十六日　壬辰) 星期五

晴,早阴。早 66°,午 67°,晚 65°。

依时入馆工作。

散馆后,往访仲弟,送廿金。旋至乃乾所,同饮于老一大,藉便接洽一切。竹简斋本《廿四史》已买定,连石印《渊鉴类函》共五十五元,暂挂账。罢饮归,已十一时矣。

5 月 9 日 (乙丑四月十七日　癸巳) 星期六

阴,细雨。早 63°,午 65°,晚 63°。

晨九时许,过石岑,同至乃乾所谈。介绍他们熟识往还。十一时许顺道取文学周报社橡皮印而归。饭后偕圣陶挈清儿赴爱普庐看电影。五时归。六时半又出,到尚公受日文课。以穿衣单薄故,颇感凉。及课毕,亟奔返增衣,然已饱受寒意矣。

午后,乃乾派人将《廿四史》等书送来,至快!忽又坐拥大堆书, 切俱觉甜适矣。乘夜为之整理上架,"摩挲剧于十五女",真有此境也。

5 月 10 日（乙丑四月十八日　甲午）星期日

晴朗。早 64°，午 69°，晚 66°。

上午未出，为文学周报社写邮封。下午晴帆来，还《吴骚合编》。略坐，去。我乃与圣陶同往振铎所集会，同人到者甚寥落。七时许始合餐，在坐者只十二人。幸振铎、圣陶俱制有诗迷数条，因得尽欢，否则太索然矣。

十时散归，又为《文学》理邮封及积账，直至十二时始寝。

5 月 11 日（乙丑四月十九日　乙未）星期一

晴阴兼施。上午 67°，下午 65°。

依时入馆工作。审查《中国民族史》稿及《民国史要》稿。

夜八时潘儿旅杭归。

《文学》定户日至，虽为此大忙，然颇乐观也。

5 月 12 日（乙丑四月二十日　丙申）星期二

阴湿。大雨以风。上午 65°，下午 63°。

依时入馆工作。

颉刚寄书来，并附朴社选举票六权，因即举之为本社总干事。又写信寄乃乾，将选票三权转去，并为晴帆购寄一部《读书杂志》。

夜冒雨赴尚公受日文课，雨中往返，衣履尽湿，且功课预备工夫为文学周报社事务所牵，竟不能成诵，殊憾。

南风大作，雨打窗棂，室内乃大受水。自晨至午夜，用帚吸拭挤去者盈十桶，然尚满室若潮。如此，其殆不可以久居矣。我与珏人为此所役,两掌尽生茧,劳倦非所计已。生平吃苦,此为仅有耳。

5 月 13 日（乙丑四月二十一日　丁酉）星期三

阴晴乍忽。夜雨。上午 68°,下午 76°。

依时入馆工作。

为报社服务约二小时。今日本当发第一七三期报,因士根无暇来取,只索待明日矣。我以为《文学》果需独立经营,则会所与雇役实不可少,私人虽可通融,究属借光社外,颇感不便也。但草创伊始,财力甚窘,此计又何能为役乎!

夜写信寄颉刚,附代付《文学》股款收据去。

又写信寄彦龙,问何日来此。

5 月 14 日（乙丑四月二十二日　戊戌）星期四

晴。上午 73°,下午 72°。

依时入馆工作。

散馆后,到振铎所发《文学》一七三期讫,乃归家晚饭。饭后赴尚公受日文课,课毕在振铎家复留坐许时,遂归。甫坐定,邻家呼救声甚急,我急出视,知缝工李某因奸被殴耳。上海地面真黑暗,不相干事偏会闹大,警察非惟不加禁阻,乃竟熟视若无睹,非彻底整顿不可也!

5 月 15 日（乙丑四月二十三日　己亥）星期五

晴。上午 70°,下午 71°。

依时入馆工作。

颉刚寄我《京报副刊》三册并《平中半月刊》二十册。

散馆后过访乃乾,未晤,怅然而返。沽酒独饮,聊自排遣。在外购得刘子庚先生《中国文学史》及孙中山先生手书《国民政府建国大纲》,酒后乃细细读之。

5月16日（乙丑四月二十四日　庚子）星期六

晴,但时间以阴雨。上午 67°,下午 68°。

依时入馆工作。

今日六逸以目疾假,遂未入尚公上课。因此,在家为《文学》书封套,粘邮花,直至十一时,竟毕之。为之大快!明日拟分函各代售处取复,查询究竟能销多少也。

晚饭后,仲弟来,旋去。

5月17日（乙丑四月二十五日　辛丑）星期日

晴。上午 66°,下午 70°。

晨往职校看晴帆,因晤伯樵,盖渠由京来此交代,将于今晚北返也。旋与晴帆同过尚贤坊访铁笙,仍同出,在胜鸿泰酒楼午饮。至一时许毕,我乃辞归。独坐觉无聊,走天通庵路底寻恒业路新屋,竟未遇。彼处为新辟地,大登广告,租值至廉,因往一探,讵徒虚此行也。

仲弟来,即去。

5月18日（乙丑四月二十六日　壬寅）星期一

晴。上午 67°,下午 74°。

依时入馆工作。

连日为《文学周报》发行事十分努力,致渐见乏力了。如果这样下去,真是不了呵!不过藉此练习练习烦琐的事情的处理法,却是很好的机会,应当更加努力。

夜写信复颉刚,告所寄来函件俱已收到矣。

5 月 19 日 (乙丑四月二十七日　癸卯) 星期二

晴,不甚爽。夜有风。上午 71°,下午 78°,夜 75°。

依时入馆工作。

晚赴尚公受日文课,九时散归。

编辑《文学》事,振铎稍持己见,颇与同人相为异同。或者将来以此微故而弄不好呢。我以为此无伤,只要大家相见以诚,什么都可谅解的,况彼此无一定不变之成见乎!

5 月 20 日 (乙丑四月二十八日　甲辰) 星期三

晴。上午 72°,下午 76°。

依时入馆工作。

散馆后为报社作事一小时,然后与圣陶同出,由民智等书局历一周而归。归后沽酒独饮,自斟自酌,不免岑寂,闷闷过去而已。

夜饭后颇想看点书,乃连日积倦,竟不敌睡魔矣,即寝。

5 月 21 日 (乙丑四月二十九日　乙巳　小满) 星期四

晴。上午 69°,下午 75°。

依时入馆工作。

晚饭后赴尚公受日文课。六逸选福田正夫的散文诗《月の出》教我们作为补充的阅读材料。文法不难而趣味很好,颇能领略其味也。不禁为之大快。

我尝托晓先之友姚君(兆鸿)代询保火险事,乃前日来复,谓先施以香山路地窄水竭不肯保,别为我在茂生皇后公司报保一千五百两,出保单交我。我甚感其热心而微叹该公司未知底蕴,不识靠得住否耳。今日已将保费付出,交晓先转递矣。

母亲赴仲弟所小住。

5 月 22 日 (乙丑闰四月初一日　丙午) **星期五**

晴。上午 70°,下午 78°。

依时入馆工作。

散馆后与晓先闲步北四川路,寻访新亚公司预备采买孙中山先生石膏像。乃广告欺人,只有粉石之方圆板若干,上粘中山照相而已。叹息而去,即觅路归。

5 月 23 日 (乙丑闰四月初二日　丁未) **星期六**

晴。上午 77°,下午 79°。

依时入馆工作。

晚饭后赴尚公受日文课。

是日下午浒关舅父偕表侄女来。

5 月 24 日 (乙丑闰四月初三日　戊申) **星期日**

晴。上午 73°,下午 75°。

竟日未出,在家为《文学》作事。至午夜,将一七五期出报的手续都赶办妥当了。我为此事所牵,一切都为牺牲了,但现尚高兴,不识能否永久不衰也?

夜与舅父饮,谈乡间兵事甚悉。渠家虽未遭难,然犹谈虎色变也。

5 月 25 日（乙丑闰四月初四日　己酉）星期一

晴热,夜半雨。上午 76°,下午 79°。

依时入馆工作。

夜母亲归,仲弟送来。

为《文学》作琐事。

5 月 26 日（乙丑闰四月初五日　庚戌）星期二

阴,雨。上午 73°,下午 76°。

依时入馆工作。

晚饭后赴尚公受日文课。

悦之来,取代购之料以去。

为《文学》作琐事。

5 月 27 日（乙丑闰四月初六日　辛亥）星期三

早晴,午雨,下午又晴。74°。

上午入馆工作。兼为《文学》尽力。下午未往,即挈清儿出游,先往黄埔滩看大汽船,继乃入城,逛城隍庙。但渠体弱甚,已不能再游别所,便携之归。

夜读《晋书·葛洪传》及《东方》所登洪深之剧本《第二梦》。

5 月 28 日（乙丑闰四月初七日　壬子）星期四

晴朗。上午 72°,下午 79°。

依时入馆工作。

　　为《文学》理琐事。今日《文学》定户特盛,竟来十二户。如照此不衰,不三日而基础固矣。我以为经理方面努力固然要紧,而编辑方面实操全局之良窳,机括悉在此也。果能持之不懈,别择较精,行见不胫而走遍国中耳。

　　晚饭后在尚公受日文课。

5 月 29 日（乙丑闰四月初八日　癸丑）星期五

　　晴闷,下午阵雨未果。上午 77°,下午 82°。

　　上午入馆工作。下午以项强未去,睡息而已。

　　颈项不强,乃至周身酸楚,甚奇,亦甚难受也。无已,只得睡以宁之,然无效。夜乃转侧需人矣。我项强带酸全身,其事恒有,最厉害时在甪直曾发之。不知今能即愈否?

　　夜仲弟来凑母趣,旋去。

5 月 30 日（乙丑闰四月初九日　甲寅）星期六

　　晴,下午阴,夜雨。上午 76°,下午 82°。

　　依时入馆工作。看滕砥平所译《人文地理学》稿。

　　散馆归家。适仲弟来,谓过大马路,人挤断行程,印捕竟在闹市开放排枪,射杀游行演讲"日人虐杀同胞顾正红"之学生队,当场死十九人,其馀死伤不可悉计云云。我闻之,愤不能遏,痛心于外来帝国主义之暴横,亦惟有努力铲除之而已。

　　晚饭后赴尚公受日文课,然无心听讲,默念痛愤而已。

5 月 31 日（乙丑闰四月初十日　乙卯）星期日

　　阴雨。上午 74°,下午 71°。

早与圣陶出,至大马路看昨日动静。孰知上海商民,半已洋化,竟依然如故。甚且有怪学生多事者,唉,可恫矣!旋走乃乾所,还所欠书账,因略坐。渠亦不与学生表同情,颇致诮让而别。

下午庶母及其义妹邀我打牌,因与珏人同应之,勉毕六圈而罢。

夜饭时,圣陶来,为言学生会今日尝诣总商会求罢市,立三小时始见允,而我同事赵虎廷竟愤死于当地。如此壮烈,我想,总不致即此缩脚让步吧!

6 月 1 日(乙丑闰四月十一日　丙辰)星期一

阴雨。上午 70°,下午 71°。

依时入馆工作。

虎廷未死,今日已入馆,盖当时晕绝后到同济打一针即清醒也。我们为之大慰。

今日公共租界全体罢市,但大马路又起惨杀案。外人之肉真不足食,或将引起极重大之风波耳。我意,他们既不配做人,我们直不妨奋起扑杀之。什么拳匪不拳匪,不过没有彻底的干罢了。我愿有知识的人,应当大家起来,做有意识的拳匪。

散馆后为《文学》作琐事。

6 月 2 日(乙丑闰四月十二日　丁巳)星期二

晴,似有阵雨,未果。上午 70°,下午 78°。

依时入馆工作。下午再往,因中华工人正在运动本馆同人罢工,大门紧闭,遂不能入,因往振铎家帮圣陶办《公理日报》发稿事。五时许,至尚公辇两儿及至善回。

夜未上课,帮做《公理》事。至十二时始归寝,圣陶、振铎则犹未行也。大约今晚必至平明才罢乎!

据本社派出代表调查之报告,小沙渡、大马路、东新桥、虹口等处又被英捕开枪打死十馀人,而西藏路竟开机关枪,被杀者据云有百馀人,惟大家不能前往视察(因英捕、印捕、万国商团阻止交通故),确数未详。英人如此无理,简直非人类矣,奈何犹听其横行,不加惩创乎!然而反观本国政府,今日尚未有表示也,痛哉!

6月3日(乙丑闰四月十三日　戊午)星期三

晴,傍晚阴雨。上午74°,午80°,晚78°。

今日下午馆中出通告停止办公,明日并继续休业,以志哀悼。五日仍照常工作。

晨与圣陶到车站看情势,并购报而归。旋至振铎所,经商务门口见有保卫团马步队荷械围守,并及馆之四围。愤极,这必是商务当局邀之来驱散中华工人者。到馆后,即由圣陶起草质问总务处书,将速署多人发出,而振铎谓已散去,馆中谍为不知。此信遂未发。未几,同人在花园中开会,推代表请总务处负责人员莅场说明。他们派梦旦、百俞二人来,力赖无此事,乃要求三条件而散。继又讨论捐款援助罢工工人事,定各部推代表于下午二时解决之。我被推为史地部代表,届时出席,至四时半才散。定抽取公积十分之一及按日捐薪百分之五至百分之五十赈急需。

夜帮办《公理》十一时始归。

6月4日(乙丑闰四月十四日　己未)星期四

晴。上午78°,午后82°。

上午方拟外出,晓先家因勃谿事来,我们力劝之。饭后,在振铎家打听消息,旋归剪发、沐浴。匆匆毕事后仍到铎所帮办《公理》及在致觉家开同人代表会,商议组织财政委员会,以支配此次捐款用途。及散归,已十二时半矣。

公共租界华捕今晚十一时有全体罢工之信。

6 月 5 日 (乙丑闰四月十五日　庚申)**星期五**

晴。上午 78°,下午 77°。

依时入馆工作。

为《公理》作谈话一则。

夜在振铎所发《文学》一七六期,至十时即归。

6 月 6 日 (乙丑闰四月十六日　辛酉　芒种)**星期六**

阴雨。上午 74°,下午 73°。

依时入馆工作。

编译所中同人之可怜可笑,正不乏人,直至今日,犹未爽快捐钱。从前已经议决之案,亦抵赖不从。散馆后又开代表会,依然冥顽,致主席唐擘黄因而拂袖,我退出后,只觉知识界之可叹可哭而已。

晚饭后在振铎所办《公理》,十一时归。

6 月 7 日 (乙丑闰四月十七日　壬戌)**星期日**

上午雨,即止,下午晴。上午 72°,下午 76°。

上午勘初来,晴帆来。旋与晴帆出,往霞飞路访铁笙。未晤,晤维贤,谈至近午,辞出。道遇铁笙,乃在东新桥附近之饭店聚成午饭。饭后,各归。

夜仍往振铎所办《公理》。见投函中有痛诋学生多事者，为之浩叹。盖时至今日，习于洋奴者已深蔽己见矣，藉令改观，亦非一朝一夕之故所能回也。

6月8日（乙丑闰四月十八日　癸亥）星期一

上午晴，下午阴，微雨。上午71°，下午72°。

依时入馆工作。出席本部同人代表会议。

未往振铎所，晚间在家为《文学》开信封。十时寝。甫安枕入寐，警笛之声大噪，跃起出视，北面火光大炽。升露台一望，则火焰熊熊，似在圣陶之家屋顶上。急驰前往，始知火场在香兴里，距此尚有五六家。幸其时救火车已陆续来，未肇大祸，烧去楼面四间，楼下一间而已。然我与圣陶，两家俱饱受此惊矣。

6月9日（乙丑闰四月十九日　甲子）星期二

晴。上午70°，下午73°。

依时入馆工作。

夜往振铎所办《公理》，十时归。

连日积倦，形寒殊甚，如长此不息，必致病，况刺激益深乎！英人之野蛮，竟致移尸灭迹而优为，彼固无道，我何为犹以文明民族视之乎？

6月10日（乙丑闰四月二十日　乙丑）星期三

晴。上午72°，下午75°。

依时入馆工作。

散馆后在家为《文学》办发报手续，预备发行一七七期。晚饭后仍偕圣陶到振铎所办《公理》,十时许乃归。

今日总商会始为"五卅"案开临时大会,态度之软媚,令人闻之冒火。本来此案之远因,原为国人接近洋人者无骨气,积累以至今日,外人殆藐视达于极点,直可以任意欺凌矣。推原祸始,这班洋奴之罪,其可恕乎!

6 月 11 日 (乙丑闰四月二十一日　丙寅　入霉) 星期四

晴。上午 74°,下午 80°。

依时入馆工作。下午三时,出席同人代表会议。五时四十五分始散归。是夜未出,为《文学》整理账略。

6 月 12 日 (乙丑闰四月二十二日　丁卯　霉中) 星期五

晴。早 76°,午 82°,晚 79°。

依时入馆工作。

夜仍与圣陶同至振铎所办《公理》,十一时半归。

调甫来馆访我,略谈即别。约到塘沽后再通信。

6 月 13 日 (乙丑闰四月二十三日　戊辰　霉中) 星期六

晴,下午阴。上午 75°,下午 77°。

依时入馆工作。

散馆后在振铎所发一七七期《文学周报》。

晚饭后仍与圣陶出,襄办《公理》。

6 月 14 日 (乙丑闰四月二十四日　己巳　霉中) 星期日

晴阴不定。间微雨。上午 76°,下午 71°。

晨九时许晴帆来,待铁笙至十一时不来,乃偕出,赴中国书店访乃乾。晴帆购书十馀元,我则闲谈,辨此次罢业问题耳。旋出,共饭于法大马路之聚成。

饭后即赴职校少憩,二时许复出,共游城隍庙,茶于得意楼。至五时乃归。为《文学》应付定户迄于晚饭之后,遂未出。所有投邮之件,须俟之明晨矣。

6月15日（乙丑闰四月二十五日　庚午　霉中）**星期一**

晴。上午68°,下午73°。

依时入馆工作。下午三时,出席同人代表会议。五时半散归。晚饭后到振铎所办《公理》,为之写信数通,分投各日报。十时半归,即寝。

6月16日（乙丑闰四月二十六日　辛未　霉中）**星期二**

晴。上午74°,下午79°。

依时入馆工作。

钱江春约我于廿二下午七时半到职业学校,廿三下午四时到神州女学讲演。两处讲题同,由我择定《失败的外交》。

晚饭后赴尚公受课,圣陶托我将学费携交六逸。但上课时很没心绪,一小时后即出,过振铎所办《公理》。十一时归寝。

6月17日（乙丑闰四月二十七日　壬申　霉中）**星期三**

晴。上午74°,下午81°。

依时入馆工作。

散馆后在家为《文学》一七八期筹备发报事宜。直至夜十时,仅及其半,但倦不能再书矣。

6 月 18 日 (乙丑闰四月二十八日　癸酉　霉中) 星期四

阴雨。闷湿燠苦。78°。

依时入馆工作。

夜未赴尚公上课,腾时为《文学》办发报手续,并预备演讲稿,以应职业、神州两校之请,须于下星期一二分赴该校演讲也。十时许乃寝。

6 月 19 日 (乙丑闰四月二十九日　甲戌　霉中) 星期五

晴。较昨大爽。早 74°,午 78°,晚 76°。

依时入馆工作。

沪案交涉决裂,六国委员已于昨夜北去。今日总商会四十九公团开秘密会议,有明日无条件开市说。呜呼! 总商会一方擅改条件,只顾自己利益;一方又专谋自己损失之减少,不顾国家体面和团体人格。其肉不足食,我人遂听之横行乎!

夜在振铎所谈《公理》,我主开市即停,别谋对付,否则涎着脸说话而人家佯佯不睬,其可久乎!

6 月 20 日 (乙丑闰四月三十日　乙亥　霉中) 星期六

晴。上午 78°,下午 84°。

依时入馆工作。

晚饭后赴尚公上课。调孚告我馆当局挑剔章雪村《妇女杂志》,章、周已辞办事,深用扼腕。馆当局之以耳代目,至堪鄙怜,而一般办杂志者亦将有动于中否?

悦之来,知翼之已缔姻无锡某氏,日内将送盘矣。

6 月 21 日（乙丑五月初一日　丙子　霉中）星期日

晴暖。上午 80°,下午 84°。

晨九时,铁笙来。十时许,晴帆来。畅谈之馀,因同出,饭于聚成。晴帆取我之横行《廿四史》去,遂先行置之,然后期会于彼所。饭后三人游大世界,在大鼓场中听许久,至五时,乃归。铁、晴二人固仍留其中也。

夜为《文学》略作事,浴身即寝。

6 月 22 日（乙丑五月初二日　丁丑　夏至　霉中）星期一

晴亢。早 78°,午 86°,下午 88°。

依时入馆工作。

晚饭后到职业学校讲演。先有沈联璧先生在,俟先讲乃赓之。共历二小时有半,至十一时才返。过公共租界,见戒严如故,惟天后宫桥之乞儿则不之见,盖恐外兵之巡弋耳。

6 月 23 日（乙丑五月初三日　戊寅　霉中）星期二

晴,暴热。上午 83°,午 92°,午后 96°。

依时入馆工作。

下午四时到神州女学讲演,历一小时有半。归来汗浃肌髓矣。晚饭后复到尚公学校受课,颇倦,上一时,即退休。

初热殊感难受,夜间竟难安睡。积日疲废,迄无小苏,不识事稍定后,得不病倒否也?

《公理》经济人力都已不继,因公议明日出版后即停。

6 月 24 日(乙丑五月初四日　己卯　霉中)**星期三**

晴。上午 87°,下午 90°。

上午入馆工作。

下午与晓先赴浦东中学讲演,傍晚乃归。

日来陡热,晚不得寐,殊苦。

6 月 25 日(乙丑五月初五日　庚辰　夏节　霉中)**星期四**

晴,傍晚雷阵,未雨。上午 88°,下午 92°。

是日为全国罢业总示威之期,馆中工作,当然暂停。

上午,晓先、圣陶、振铎、愈之来,谈《公理》有复活之机。因约下午五时在铎所集议。至时,往,仍无大结果,惟参加雁冰在内,略提组织而已。

夜仲弟来。

6 月 26 日(乙丑五月初六日　辛巳　霉中)**星期五**

晴。早 87°,午 92°,下午 93°。

依时入馆工作。

夜冒暑为《文学》书封皮二百另二个,倦热交攻,不能再写,因暂搁。

6 月 27 日(乙丑五月初七日　壬午　霉中)**星期六**

晴旸燥烈。上午 88°,下午 93°。

依时入馆工作。

清晨与饭后,全为《文学》事筹备发报手续。散馆后在振铎所将一七九期报分别发付讫,乃归家小休。因不胜烦热,夜间日文课未去听受。

今岁入霉不雨,已属灾象,而夏至甫过,陡如三伏,变化急遽,亦未之前闻。意或大兵之后,继之凶岁,不仅无米可炊,抑且札亡相枕耳。

6 月 28 日 (乙丑五月初八日　癸未　霉中) 星期日

晴,热闷甚。早88°,午92°,午后96°。

畏热不出,但苦闷甚矣。傍晚思饮,乃冒暑出门,坐车赴高长兴沽饮。一人无俚,又缘焦热,则亦怅然而已。草草饮已,仍驱车归,背人独坐,以冀涤烦,乃无一是处,卒不可得也。

默念广州事件——沙面洋人,又施惨杀,粤政府有已向英宣战说——何以这无电来证明,岂一转英人之手,便尔扣发耶。平日交通机关不知振兴,一朝仍欲假手于人,如何不大受打击乎! 思至此,痛绝矣。

6 月 29 日 (乙丑五月初九日　甲申　霉中) 星期一

阴霾,傍晚略雨。早90°,午87°,晚82°。

依时入馆工作。今日代表会议决定七月份捐款拟向大会提出照原办法折半缴款案,盖明日须开同人全体大会也。察多数同人之意,似不愿再出多金矣。但此事甚关重要,设不能援助罢工而纷纷上工,则全盘输却,今后无论如何将谈不到国民运动矣。

夜得雨,陡凉,甚以为快。

6 月 30 日 (乙丑五月初十日　乙酉　霉中) 星期二

晴,傍晚阵雨。早84°,午88°,晚82°。

依时入馆工作。下午开全体大会,通过昨日代表会所提依照原捐折半办法案。但多数同人总在观望,良心之驱使,竟不敌其盖藏之私欲也。故此次决案,恐仍无完全一致履行之望也。

夜赴尚公受课,乘凉归来,颇爽。十日以来,此夕始得安枕。

7 月 1 日 (乙丑五月十一日　丙戌　霉中) 星期三

晴不甚烈,晚凉雨。上午 78°,下午 79°。

依时入馆工作。散馆后在家为《文学》书封套,至晚乃取酒自酌。日来陡得凉快,反较未热前倍觉有味,因把酒赏之。但《文学》封套只写小半,馀下须俟明日为之矣。

写信四封,分复道始、颉刚、剑秋、虚舟,并特致一书于梦九,寄代购书去。

7 月 2 日 (乙丑五月十二日　丁亥　霉中) 星期四

晴,下午阴雨,夜半大雨。早 78°,午 80°,晚 76°。

依时入馆工作。预备选录《五代史》加以标点注释,作《学生用国学小丛书》之一。今日已开出借书条,着手看取矣。

晚饭后到尚公受课。九时归。

7 月 3 日 (乙丑五月十三日　戊子　霉中) 星期五

阴雨。早 75°,午 77°,午后 75°。

依时入馆工作。

《文学》发报手续已赶忙备妥,乃今日饬役往启知取报,竟以尚未付印对,甚愤。权不我操之害竟如是耶!我想,如此下去,终非久计,宜自图善计,及早谋之也。夜在家小饮。

7月4日（乙丑五月十四日　己丑　霉中）星期三

阴,闷热。早 76°,午 79°,午后 82°。

依时入馆工作。

散馆后到振铎所发寄《文学》一八〇期。

晚饭后到尚公受课。濬、清两儿亦以校中开凉风娱乐会同往参加。九时许,同归。

今日与晓先、圣陶偶谈在苏州开初中事,大家都有热烈的勇气。因邀集致觉、颂皋参加,决先由我们五人请客,预拟约勚初、君畴、为章、怀皋、海澄、颉刚、介泉、缉熙、希猛、维贤、芝九、樾甫、勚成等作基本发起人,已定十二日在太平洋菜社宴请苏、沪之被拟者,请柬随发矣。此事若成,于一般因省校缓招新生而折入教会学校者必有所挽救也。

7月5日（乙丑五月十五日　庚寅　霉中）星期日

晴明。早 80°,午 85°,午后 82°。

上午未出,在家为《文学》办发报预备事宜。近午,悦之来,因具酒食食之。饭毕,铁笙至,言晴帆将于二时左右来,可共待焉。未几,悦之辞去,晴帆即至,便以《集成曲谱》玉、振二集交之。

三时许,三人同出,到民智买《现代评论》,旋往惠通饮冰。稍憩之后,乃过乃乾。晴帆略购数书,予则与乃乾闲话而已。四时半,又往聚成小饮,直至七时,始散,各归。

7月6日（乙丑五月十六日　辛卯　霉中）星期一

晴,傍晚起阵,夜雨。早 78°,午 87°,午后 88°。

依时入馆工作。是日正午十二时,工部局停止供给本厂电力,遂致部分停工。英人之不肯悔祸,弥进弥悍,而我国之军阀、官僚乃竟推波助澜,一味防止爱国运动之扩大,是诚何心耶!

夜畏热,坐露台上纳凉,儿辈随坐在侧,指讲电光墨云之为物,至趣。在此尘嚣中,此境正不易得也。

接颉刚寄来朴社印件,知颉刚以一百权当选为总干事。次多数为平伯,得廿三权。通告上说明六月廿六日开票,廿八日印发。共收得一百廿三权,尚差廿九权未到,因历时已久,且所差不过百分之十九,故即发表。

7 月 7 日 (乙丑五月十七日　壬辰　霉中) 星期二

阴,未致雨。早 83°,午 81°,晚 78°。

依时入馆。看《五代史》,尽《家人传》。我意,须统看一过,然后选录也。如能好好地整理一下,必较陈陈相因之教科书为有意义,只恐时日太促,未克满志耳。

夜在尚公受六逸课日文,读《青鸠与山男篇》,颇饶趣味。若果易读,我辈之日文欲或可于短时间内得偿也。因忆从前读英文,教者不肯尽心,且亦不得其法,徒用浅近物语奉为神秘之饭诀,宜乎我之鄙视而不得寸进矣。及今思之,犹有馀痛。何当时教学方法之劣之一至于此耶!

7 月 8 日 (乙丑五月十八日　癸巳　小暑　霉中) 星期三

晴,傍晚雨。上午 78°,下午 80°。

依时入馆工作。看《五代史·梁臣传》及《唐臣传》。

办《文学》一八一期发报手续毕。

今日上海各界妇女联合会假座新舞台演剧助罢工工人，珏人与漱儿往观之。午后一时往，五时许乃归。据云剧犹未毕也，以时晏恐雨急返，否则大可一畅游观之兴也。

7月9日（乙丑五月十九日　甲午　霉中）星期四

晴，夜半有风。上午80°，下午84°。

依时入馆工作。看《五代史·晋臣》、《汉臣》、《周臣传》。散馆后建初见过，乃为之辍学陪游，同饮于言茂源。谈至十时，乃各归。彼明日傍晚即须返苏也。

铁笙尝过我，适与建初出，未之晤。

7月10日（乙丑五月二十日　乙未　出霉）星期五

阴霾，时或降雨。大风。上午80°，下午84°。

依时入馆工作。看《五代史·死节》、《死事》、《一行》、《唐六臣》、《义儿》、《伶官》、《宦者传》。并写信复铁笙、梦九。

散馆后，往过乃乾，出颉刚书属即算交代。因同饮于会宾楼，九时散归。彼云，存书当径寄颉刚，账目须俟月底乃得清算也。明日，当即据复颉刚也。

7月11日（乙丑五月二十一日　丙申）星期五

阴雨。上午80°，下午78°。

依时入馆工作。看《五代史·杂传》。

夜赴尚公受课。为六儿汉华报名入幼稚园。

写信复颉刚，以与乃乾、雁冰接洽详情见告。

7 月 12 日（乙丑五月二十二日　丁酉）星期日

晴。上午 80°，下午 82°。

早十时，晓先、芝九来，因看圣陶，共谈。至十一时，驱车往太平洋社，尚无一人到。稍憩，颂皋、致觉、维贤、为章、勖初、海澄陆续到，惟君畴未至，怀皋则以书言病亦未到。维贤以叔亮介入社，众欢迎，乃书柬专差往邀之，并催君畴。但人回，云均未见，盖君畴在苏未来，叔亮则以事他往也。

谈商结果，推我与晓先回苏，先进行校舍事，以羊王庙县商校将停办，颇可向教育局磋议拨借也。馀事须待校舍解决乃可进行，因此无大结果，四时，各散。

7 月 13 日（乙丑五月二十三日　戊戌）星期一

阴霾，不雨。上午 80°，下午 84°。

早六时五十分到车站，与晓先同车赴苏。九时许抵站，径访君畴，晤之。告以故，渠欣然，乃同往二高看容川，因即留饭。饭后，三人同发，赴教育局，访振霄。振霄未到，因辗转至其家，仍未晤，盖渠以私事就商于费家也。我即引去，访硕民、建初俱不值，乃到翼之家。翼之已归而出，亦未见。五时，到吴苑，则硕民、靖澜、彦龙、翼之以及草桥同学俱得见矣，快甚。但校事仍无下落，颇不放心，幸君畴一肩任之，似可有成，只得明日听信矣。七时出城赴站，八时半特快车返沪。

7 月 14 日（乙丑五月二十四日　己亥）星期二

晴。上午 80°，下午 84°。

依时入馆工作。经农、岫庐约我谈,将赶编初中史地参考书。下午代表临时紧急会议,我亦出席,五时归。

晚饭后,与圣陶至致觉所,将报告赴苏情形。至则晓先已在而前天预约到场之各人则未至。坐待良久,只维贤与颂皋来,遂将经过情形告之。九时半各归。

7月15日（乙丑五月二十五日　庚子　初伏起）星期三

晴,傍晚阴,即晴。上午82°,下午85°。

依时入馆工作。

为章来,将昨事报告之。

君畴昨晚来一快信,言已见潘,惟彭敏伯亦指借此。今日又来一快信,谓彭已放手,只须我们去公函向教育局正式借拨耳。为之大喜,因拟明日快信寄出。

母亲又突然发热,至急! 不识如何而后可也? 因召仲弟来伴宿。幸入晚渐退热,平明已凉,为之一慰。

7月16日（乙丑五月二十六日　辛丑　初伏中）星期四

阴雨,傍晚起大风。上午82°,下午80°。

依时入馆工作。为清嘉中学事,已将快函复君畴,用发起同志二十人列名。即请渠特此与教育局办交涉。

晚赴尚公受日文课。八时半即归。

7月17日（乙丑五月二十七日　壬寅　初伏中）星期五

阴雨。上午80°,下午82°。

依时入馆工作。

散馆后,仲弟夫妇归省母。晚饭后去。

君畴快信至,谓校舍事有租借条件,期限亦只一年,察度形势,振霄决非赞助我们成功者。明日当集此间同志一商进止也。

7 月 18 日 (乙丑五月二十八日　癸卯　初伏中) 星期六

晴。上午 78°,下午 81°。

依时入馆工作。

饭后在致觉家集晓先、圣陶、颂皋、致觉议对付苏州教育局潘起鹏事。决先快函复君畴,托口头先提希望条件四则,以试探潘某是否有诚意。如果不纳,即认为有意妒拒,另图别策。

散馆后在振铎家发《文学》一八二期讫。

7 月 19 日 (乙丑五月二十九日　甲辰　初伏中) 星期日

晴,晚雷雨,即止。上午 81°,下午 84°。

晨铁笙来,谈至十时许,去。

饭后与圣陶出,购书物数事归。接君畴快函,于潘之乏诚益征实,彼狡可诛,得当终须去之然后把持之局可已也。明日当示之同人取决之。

看蒋瑞藻所辑李爱伯《越缦堂日记》中论诗之语为《诗话》者若干则。此老自负甚至,夙所深悉,今阅此,益知传者之非诬也。

7 月 20 日 (乙丑五月三十日　乙巳　初伏中) 星期一

晴,夜雨。上午 82°,下午 84°,午后 86°。

依时入馆工作。

写信寄建初。夜半,得晓先由苏寄来快信,知办学事颇有人抢干,乐益之张某,亦思一干,但如我们办,他可垫借款项也。

7月21日(乙丑六月初一日 丙午 初伏中)星期二

晨现晴,后即雷雨。早86°,午85°,晚81°。

依时入馆工作。

晚饭后赴尚公受日文课。八时许归,又见三十许兵在复兴园大嚼,仍捉三公共汽车停门口伺候之。首次见此情形,初不之异,如此屡屡发见,军纪之谓云!奉军骄气充盈,未战先靡,我敢必之矣。

7月22日(乙丑六月初二日 丁未 初伏中)星期三

晴,近午雨。上午80°,下午85°。

依时入馆工作。

夜为《文学》备发报手续,至十时,才书信封三分之二耳。以倦乏,即停。

母亲小便不爽,衰象更甚,延蔡文贤来诊。谓宜治以渗化,拟方令投两剂。

7月23日(乙丑六月初三日 戊申 大暑 初伏中)星期四

晴。上午80°,下午88°。

依时入馆工作。

翼之自苏来,饭后即偕其友顾伯寅出。

晚饭后,赴尚公受日文课。归后与翼之痛谈。

母亲服药后小便较畅,但仍刺痛。

7 月 24 日 (乙丑六月初四日　己酉　初伏止) 星期五

阴,午雨,晚晴。上午 80°,下午 86°。

上午入馆工作。下午未往,与翼之、伯寅同出。先赴新华银行访维贤,次至大东路访为章,俱略告清嘉事。约于后日午前十时在致觉所集商一切。

五时许,又往过悦之。因同在言茂源晚酌。晚饭后游大世界,至十一时乃返。

今日又延蔡文贤诊母病,谓高年不宜有此,始拟方培阴平肝以投之。如少瘥,可连服一剂。

7 月 25 日 (乙丑六月初五日　庚戌　中伏起) 星期六

晴。上午 80°,下午 84°。

依时入馆工作。

散馆后在振铎所发《文学》一八三期。君畴寻至,乃共返。清嘉事渠已不甚愿再进,颇有欲罢之意矣。谈至七时三十分去,我们遂未入尚公受日文课。

母亲病势依然,连服一剂。明日当续问蔡医一过也。

7 月 26 日 (乙丑六月初六日　辛亥　中伏中) 星期日

晴。上午 85°,下午 88°。

上午十时,为章来,因与同往致觉所集议清嘉事。到者有致觉、勘初、颂皋、维贤、圣陶、为章、晓先及我八人。议决积极进行情愿就教育局之条件而借租羊王庙。先组筹备委员会,当即报票选定委员尤怀皋、吴致觉、丁晓先、练为章、章君畴、尹介眉、吴维贤、叶圣陶及我九人，分派职务，怀皋、致觉为总务，君畴、介眉为驻苏全权代表，馀为文书、庶务等等。

下午四时半往车站晤君畴，未值，大约已于正午归苏。怅怅归家，为《文学》书信封。

母亲病状如故，请蔡医后仍就原法加减耳。

7月27日（乙丑六月初七日　壬子　中伏中）星期一

晴。上午83°，下午85°。

依时入馆工作。

为清嘉事，作公函两通与吴县教育局，附君畴书中寄去。

夜为《文学》书信封，毕二百通。

7月28日（乙丑六月初八日　癸丑　中伏中）星期二

晴。上午82°，下午86°。

依时入馆工作。

散馆后为章来，出预算相商，清嘉前途，实利赖之。但有一事颇堪虑，则省校已有招生之信，新开校终难敌官立学校之声势耳。

晚赴尚公受日文课。

7月29日（乙丑六月初九日　甲寅　中伏中）星期三

晴，有南风。午86°，早晚82°。

依时入馆工作。将临时担任国耻教材十篇编完。明后日或可从事于历史参考书矣。

清嘉事似已冷，而颂皋颇扇之，有再苏之望也。但大家不肯尽力，独责二三人为之，恐劳而无功，亦非所以对同人耳。所以我极劝颂皋加入奋斗,勿徒从后督人焉。

7 月 30 日(乙丑六月初十日　乙卯　中伏中)星期四

晴。上午 82°,下午 86°。

依时入馆工作。

晚在新有天扰振铎宴,盖敬隐渔将赴法,彼特请而饯之也。我与圣陶、愈之、仲云、调孚陪席而已。

7 月 31 日(乙丑六月十一日　丙辰　中伏中)星期五

晴。上午 84°,下午 88°。

依时入馆工作,将临时编集之国耻教材交岫庐。

清嘉事得圣陶、颂皋之鼓励,将不顾君畴报告之危状而进行。今晚在颂皋所集议,预备租屋招生。乃磋商至四小时之久,而卒以经费难筹,只得改在此间举办,教员薪便可省出。一俟办有端倪,再开回。因决由致觉在附近觅屋进行,约后天在维贤所会商解决。各散归,已十一时矣。

8 月 1 日(乙丑六月十二日　丁巳　中伏中)星期六

晴。上午 84°,下午 88°。

依时入馆工作。散馆后在振铎所发《文学》一八四期,五时三刻而毕。晚饭后赴尚公受日文课。

清嘉事,为此间租屋不成,将暂搁。我以为前途既多纠纷,不如遂已之为愈,因商致觉、圣陶、晓先,俱表同意。乃分函维贤、为章,罢明日之会,即行结束。一面且由圣陶函知君畴,在苏释手。

8月2日(乙丑六月十三日　戊午　中伏中)星期日

晴旸。上午82°,下午86°。

上午在家为铁笙看渠所评《茶花女遗事》。下午与圣陶出,购书及为颉刚取书。顺道过乃乾,欲一谈接收朴社事而渠方高卧,未之晤,怅然而返。

母病依然而大便小便已不自禁,形削神衰,殆不堪悬揣已。为之奈何!

8月3日(乙丑六月十四日　己未　中伏止)星期一

晴旸。但午前后阴。上午83°,下午86°。

依时入馆工作。看柳诒徵《中国文化史》,备编《本国史参考书》。

作书复颉刚,告以清嘉流产事,并嘱转告介泉、缉熙、万里。代取之《戏考》等,亦于今日挂号邮去。归家后又作书分致钰卿、翼之、硕民。于硕民书中,详论健君之取败甚悉,自谓近作书翰中此其翘出者矣。

8月4日(乙丑六月十五日　庚申　月偏食　末伏起)星期二

晴,午前后阴。早84°,午后86°。

依时入馆工作。

清晨铁笙来。谈至九时乃去。

散馆后赴尚公受日文课。以月食故,附近居户鸣金放爆竹者弥耳不散,只得中辍。呜呼! 民智犹如此其低,奈何不来桀者之欺而招外国之侮乎!

母亲病象如故,委失满床,不复自制,见之惨裂。

8 月 5 日 (乙丑六月十六日　辛酉　末伏中) 星期三

晴,午后阴,入晚微雨。上午 82°,下午 88°。

依时入馆工作。

散馆时君畴来,出教育局不肯借校舍之公函示我们。我们早料此,只索置之。俟有机时再声讨之。

晚饭后为《文学》书信封。

8 月 6 日 (乙丑六月十七日　壬戌　末伏中) 星期四

阴翳,但未雨。上午 84°,下午 86°。

依时入馆工作。

珏人今晨归苏,为母亲购置寿衣。下午七时返。据云苏地昨日大雨,即今日回沪出城时亦遭雨也。寿衣及被褥衾枕等俱妥办矣,此心稍安。

晚赴尚公上课,而六逸未来,即返。为《文学》续书信封。

8 月 7 日 (乙丑六月十八日　癸亥　末伏中) 星期五

午前晴,午后雷雨。上午 83°,下午 80°。

依时入馆工作。

夜结算前月用账,大亏。近来用费浩穰,又兼"五卅"特捐,几不能支,惧极。若果长此不变,入不敷出,必至自毙,安得不以此悴然乎!

8 月 8 日 (乙丑六月十九日　甲子　立秋　末伏中) 星期六

阴晴兼施。上午 80°,下午 84°。

依时入馆工作。

散馆后在振铎所发寄《文学》一八五期。晚饭后本当读日文，以六逸请假而止。

仲弟连四日不一归视，其忍心多类是。但偶一省问，则又备极诳骗，务使老人心志摇荡，必欲从之俱去而后已。病状如何，不顾也，心神宁否，不顾也。而察其意，一若除此刹那慰安外，他人举不知惜，母病日沉，别人应当负不可思议之责者。可恶之处，本已擢发难数，而母之即于不起，胥为渠累耳。其心实早可诛矣。

8月9日(乙丑六月二十日　乙丑　末伏中)星期日

晴。上午82°，下午85°。

晨九时许，晴帆来，乃共出过乃乾。乃乾账仍未结，不知何日始能促成交割也。心实不宁，而同饭于会宾楼，支吾应付而已。坐有尹硕公炎武者，小政客而供奉方奔走者也，为乃乾之友，言论多鄙，而气象绝傲，于其周旋拱揖之中度，愈见谄虐并工之色相，殊不适也。勉强终席。

饭后与晴帆饮冰于易安，以热故，且将以所购果物献母也，即驱车归。迄于深夜，而仲弟仍不一至，呜呼！是诚何心哉！

8月10日(乙丑六月二十一日　丙寅　末伏中)星期一

晴闷。早83°，午88°，午后90°。

依时入馆工作。

母病日沉，恐将不起，因饬潛儿往请仲弟，俾来一视。而渠仍迟迟其行，至夜二时许乃来。我久待甚倦，两颊升火，竟不得寐。杂念丛兴，悲惧偕作，辗转已至昧爽，早又跃然起矣。

8 月 11 日（乙丑六月二十二日　丁卯　末伏中）**星期二**

晴,午后阵雨,即止。上午 87°,下午 86°。

母亲于今日下午一时疾终沪寓。

上午入馆工作。归饭时,母亲突变,叫之已不能应,急召仲弟来床前,而气息更微。延至下午一时,遂弃世。时众犹未饭也。母病缠绵,我以为临终必有痰,孰知竟无半点痰声出喉间,因属家人时时候状,仍入馆。不意直至垂没,竟不见痰,遂疏忽到馆。幸时近饭,得送终。否则终天之恨何从弥之耶!

饭后与仲弟出,访其友顾觉因,同至平江公所看材。公所甚宏,成材以百数,俱宿制漆干,若寿具。且绝不如商店,每材标揭等别价格,任人择取。我与仲弟看定一具华字号建木材,嘱明晨送来。并托公所船送至苏,寄阊门外永善堂。明日殓后,殡送老垃圾桥舟次可矣。夜延僧做乐念功德,徇俗也。通宵未睡。

8 月 12 日（乙丑六月二十三日　戊辰　末伏中）**星期三**

上午晴,下午阵雨。上午 87°,下午 86°。

上午十时,殓母亲。殓毕,即移殡。由香山路、鸿兴路、宝山路、界路、北山西路、海宁路、七浦路、北浙江路而达老垃圾桥苏州路舟次。奉枢登舟讫,即奉神主乘神车归,安设几筵。

午后,稼轩、重威来。致觉来。晓先、圣陶来。俱致唁。夜八时睡,甚倦矣,就床即寐。

8 月 13 日（乙丑六月二十四日　己巳　末伏中）**星期四**

晴。上午 82°,下午 85°。

在家写信遍告较稔之友以母丧。

下午勖初来。谈至傍晚始去。

仲弟归，谓已至船上望过母枢矣。明日即须开船，计月内即可安抵苏垣。我拟安厝后归苏一视，择日设奠，入冬即移枢安葬先茔也。

8 月 14 日（乙丑六月二十五日　庚午　末伏止）星期五

晴。上午 82°，下午 85°。

上午悦之来唁。下午宾若夫人来吊。

为《文学》书封皮，穷竟日之力而后毕。

五时许，圣陶、晓先来，我托买《甲寅》周刊第四期。当夜便得阅览。章士钊自道功绩，竭力吹张，于其措置各事无不隐恶扬善，而于他人之动作则讥弹甚至，策士之口真可畏哉！

8 月 15 日（乙丑六月二十六日　辛未）星期六

晴。上午 80°，下午 86°。

写信外，预翻同学录及各处共事之职员录，俾定发讣与否，及印讣闻多寡。

夜筹划在苏开吊及安葬事，拟五七前一日借宝积寺设奠，翌日扶枢赴九曲港先茔安窆。但仲弟尚未知晓，俟明日渠来时再商。

8 月 16 日（乙丑六月二十七日　壬申）星期日

晴，有风，夜半雨。午 84°，早晚 82°。

上午晴帆、铁笙来唁。

下午拟讣闻谢帖格式。仲弟不至，一切仍搁置。我思过明日首七后即赴苏视枢，顺便接洽开吊及安葬事。

8 月 17 日 (乙丑六月二十八日   癸酉) 星期一

阴雨,有风。上午 80°,下午 79°。

今日为先妣止后首七,治馔上供,不作佛事。

仲弟仍未来,预计各事依然不决,焦灼甚。吸鸦片之害事如此,真堪痛恨也。

预录应发讣告各人姓名,俟讣闻印就后,即可调查地址分别填寄矣。

8 月 18 日 (乙丑六月二十九日   甲戌) 星期二

晴。上午 78°,下午 80°。

本拟今日到苏接洽一切,乃因仲弟不至,无从解决。盖不得同意,似嫌太专己见也。爰令濬儿往招之,始于午后四时来。当以我意大略告之,彼无异词,遂定进行方针矣。

为《文学》一八七期筹备发报手续。

8 月 19 日 (乙丑七月初一日   乙亥) 星期三

阴晴兼至,午前后雨。上午 80°,下午 82°。

早七时,乘快车赴苏,径到护龙街王宅。晤仁斋、翼之乔梓,即偕翼之出,配目镜。未几,归饭于王宅。饭后再出,访徐绶臣,告以卜葬意。彼坚持白露后不能启土,须在白露前,即改定九月五日(七月十八日)辰时开穴,巳午时任择登位云。我颔之出,走商于硕民,遂决依之,于翌日在承天寺开吊。当将讣闻谢帖托渠赶印寄来。

五时许。到胥苑,晤靖澜、彦龙等,又往访子玉、浩如。因在大雅园晚餐。子玉留苏帮健君办交代,大约十日后始得归也。

8 月 20 日(乙丑七月初二日　丙子)**星期四**

晴阴不定,午阵雨。上午82°,下午85°。

七时雇舟下乡,与仁斋、翼之俱。十一时许抵墓所,即唤坟客,告以五日安葬先妣,属先事预备,四日上午来城接柩。一时回棹,至三时,抵阊门。乃登岸先往,驱车往车站。车方过,即留待下一次车。立月台一小时,始得附沪常客车以东归。七时抵站,即径归。劳疲已甚,饭后稍坐即睡。

知为章曾来看我。

8 月 21 日(乙丑七月初三日　丁丑)**星期五**

晴,下半夜雨。上午82°,下午85°。

写信分致仁斋、硕民、铁笙、吉如。并为《文学》发报事办毕封皮封套等。

仲弟来,谓柩船已开出,大约日内即可到堂加漆矣。

8 月 22 日(乙丑七月初四日　戊寅)**星期六**

早大雨,午前后晴。上午80°,下午83°。

今日母亲卒后十二日,俗例为回煞,因设祭。

安甫、修妹先来,仲弟后至。夜间吃凤皇酒,只有仲弟之友张少英及圣陶夫人、悦之六弟耳。

方光焘、朱佩弦来约餐于美丽川菜馆,我以不能出门,特嘱圣陶往谢之。以其赴宴之便也。

写信寄浒关曹氏表兄,告先母葬期及开吊期,不再去讣矣。

8 月 23 日（乙丑七月初五日　己卯）星期日

晴。上午 80°，下午 85°。

昨日本馆发行所同人为要求公司改善待遇起见，宣告同盟罢工。一面提出复工条件，要公司中认可。印刷所及总务处应之，下午编译所同人亦被阻不得入矣。凡此，俱闻之圣陶。且谓编译所同人将有集会表示援助也。

午后，走访为章，唁其父丧。谈至四时半，辞归。渠已择定廿一日（即九月八日）在西门关帝庙为其父开吊。

8 月 24 日（乙丑七月初六日　庚辰　处暑）星期一

晴。上午 80°，下午 84°。

上午佩弦来，知渠将于今晚动身北上，就清华聘。

圣陶来言，今日编译所同人亦宣言加入罢工，补正要求条件。执行委员已举出十一人，晓先、雁冰、致觉、振铎、予同等俱入选，圣陶则为候补第一人。公司当局未必肯承此，大约风潮不能即解也。

夜七时，往访佩弦于振华旅馆，与圣陶俱。晤大白、子恺、光焘等。谈至十时，同送佩弦到车站。十一时许归。

8 月 25 日（乙丑七月初七日　辛巳）星期二

晴。上午 84°，下午 86°。

饭前铁笙来。适硕民将我所托印之讣闻谢帖寄来，因将维贤、遹骏及其自己应得之份带去。午后，即按址分写，迄于夜午而毕。明日将以之付邮也。

商务同人罢工，已由印刷所工会、发行所职工会、编译所同人会及总务处职工会联合一致共组中央执行委员会,发布宣言,为对外最高机关。编译所所派选之执行委员为沈雁冰、丁晓先、郑振铎三人。风潮大约尚有几时,眼前未必即能安然复工也。

8 月 26 日（乙丑七月初八日　壬午）星期三

晴。上午 82°,下午 85°。

晨出发讣于车站邮局。归来阅报,且与圣陶语,知本馆之风潮尚未有已也。公司当局之欠诚意,同人方面之受操纵与夫中和分子之游移委蛇,皆是以致破裂,空言弥缝,万难合拢也。

午后为《文学》一八八期写书套,至日暮,仅及其半,盖二百馀封矣。明日续为之,穷一日之力或可毕之耳。

圣陶带来景贤女中聘函,属担任高中近世史及文化史,每周三时,九月二日上课。此事早经承诺,惟现值母丧,且将回里治葬,奈何不误人之事乎？颇思觅一替人,不识尤樾甫肯承此乏否？

8 月 27 日（乙丑七月初九日　癸未）星期四

晴,午后昙,夜雨。上午 82°,下午 85°

圣陶来言,本馆罢工职工将屈伏,以馆中当局有挨过秋销只索延搁之宣言也。大约今日签字于复工条件后,明日即须照常上工也。

竟日为《文学》筹备发一八八事宜,抵暮乃毕。

8 月 28 日（乙丑七月初十日　甲申）星期五

晴雨兼行,闷热甚。上午 83°,下午 85°。

接颉刚书,当即复出。

下午仲弟来,以空白讣闻二百份交之。

圣陶言,编译所同人会正式成立,将推定起草委员从事组织。明后日或将有下文揭晓也。

8 月 29 日(乙丑七月十一日　乙酉)星期六

晴,闷热殊甚。早晚 83°,午 86°,午后 88°。

连日秋热,颇不能任,清、汉、漱三儿俱有小恙,而我亦感冒矣。庶母、珏人亦复不适,殊无聊也。今日已将馆中同人应发之讣闻托由圣陶带去,转饬茶房代分致,以故送礼者络绎,不能走开也。

下午秀夫来吊,谈移时,去。于健君之去位,深致慨惜。

"编译所同人会"已正式成立,举定吴致觉、沈雁冰、丁晓先、郑振铎、陶希圣、何公敢、林植夫为起草委员,余祥森、李伯嘉、郑贞文为候补委员。

早八时。乃乾来。谓送客车站,特来过谈也。

8 月 30 日(乙丑七月十二日　丙戌)星期日

阴,较昨大凉。早 78°,午 81°,晚 80°。

八时即出,缓步达霞飞路尚贤坊访维贤及铁笙。谈至十时许,晴帆乃来。又有顷,我与晴帆辞走,购物于马敦和等处,乃午饭于老正兴馆。饭后略步南京路而归。

傍晚,晓先来谈。

诸儿疾未已,颇忧之。漱儿尤壮热,竟夕不退。清儿、汉儿俱偃蹇不舒,以是时闻啼声。

8 月 31 日(乙丑七月十三日　丁亥)**星期一**

雨。上午 78°,下午 77°。

家居写信看书,有人来送礼则书谢帖与之,居然亦尽一日也。傍晚圣陶转来颉刚书,谓乃乾已将朴社清帐开去,惟中有无未能尽合处望就近查明云。我得此,至诧。乃乾为人,我所深信,独于此事则不能无疑。我数曰奉候询问,迄不得一当,乃径寄京中,前日晤面时亦不之提,其为故弄狡狯,存心行蔑可知。此而可堪,容忍亦太难矣。因即移书让之,以原函附去。

9 月 1 日(乙丑七月十四日　戊子)**星期二**

晴。早晚 75°,午前后 80°。

寄出乃乾信后,至傍晚,复书至,谢失照且声言无他。我将为二次中述以明之。

沪上吊礼,已收到卅多号,但我后天即须到苏,如有礼送来却无人应付开销也。故拟令濬儿留家,俾任此役,第苏州方面亦须去,是以颇费踌躇耳。

9 月 2 日(乙丑七月十五日　己丑)**星期三**

晴。上午 77°,下午 78°。

在家预备明日入苏办葬吊各事。午后,致觉、晓先、圣陶俱来。

9 月 3 日(乙丑七月十六日　庚寅)**星期四**

阴,下午大雨。失记。

清晨出,附快车到苏。十时许到翼之家。旋取书往访硕民,未晤。即返午饭。饭后再往，即晤之，乃同茶于胥苑。彦龙、浩如俱得见，吉如亦握谈。

傍晚归翼之所，与其翁饮。并托办丧吊一切事。

9 月 4 日（乙丑七月十七日　辛卯）星期五

晴，早间雨。失记。

清晨，坟丁来，乃与怀之俱出，遂赴永善堂领柩。柩票未到而托靖澜之翁铁如先生保之，乃安送登舟。视解维去后始入城。

饭时，翼之自乡返，因同出，晤彦龙、硕民、浩如等于胥苑。晚归，珏人亦至。询悉途中平安，为之一慰。

9 月 5 日（乙丑七月十八日　壬辰）星期六

近午雨，即过。失记。

早间仲弟来，乃急速登舟，直指横塘，十时抵镇，购石灰俱载以行，十一时诣茔所，坟丁已诸事齐备矣。方视穴督工间，天忽云涌，若将雨临，大恐，乃风为之助，竟吹过，隔陇犹见大雨也，默庆者再三。十二时，奉柩登穴。二时，圆墩工毕。返棹入城，天犹未黑也。

义坤、保和两表兄及童氏甥婿由浒关乡来，即宿翼之所。明日在寺开吊，诸亲乃毕集矣。所惜舅父姨母俱以老病不至，则不能不视为缺典耳。

9 月 6 日（乙丑七月十九日　癸巳）星期日

阴，下午雨，即止。失记。

清晨入承天寺布置。未几，即有客来。同学大半至。饭时坐客尚满。下午四时掩灵后，与硕民、彦龙、子玉、允言等大叙。

夜延寺僧就灵前作破血湖法事，从遗命也。至十时而毕，因留至友晚膳。归寝时已大倦，但升火提神，反睡不着矣。

9月7日(乙丑七月二十日 甲午)星期一

晴。失记。

是日，珏人先归，以午后三时行。我则访友了他事，晤子玉、允言、浩如、硕民、彦龙等。

夜仍在翼之所与其翁饮。

翼之今午行，我送之登舟。

9月8日(乙丑七月二十一日 乙未 白露)星期二

晴。失记。

早出，饭于硕民、靖澜家。饭后即归翼之所，携行囊行。三时抵车站，待一时许，乃乘快车返沪。六时五十分到北站，七时已安坐家中矣。

硕民、靖澜亦于今日行，但须晚车。我本拟送之成行，乃乘东来晚车归，以衣单不任早凉，故先行。

9月9日(乙丑七月二十二日 丙申)星期三

晴。早78°，午80°，晚75°。

终日在家理积日所搁函件并在苏所用账略。

仲弟前日已归，临行，特嘱回家一省。乃迟至今日，我返已久而迄不见来，至可诧异。渠岂叔宝复生乎，否则何忍也！

圣陶告我，史地部长已易竺可桢，今明日即须移室办事。故明日我即拟入馆，藉有准备。据云，晓先亦已拨入史地部矣。

9 月 10 日（乙丑七月二十三日　丁酉）星期四

晴。早 77°,午 82°,晚 78°。

今日第一天重复入馆,距母丧之初已二十九日有半矣。

竺可桢已来,惟未坐定,大约尚未接洽就绪也。

我席已移动,与晓先对坐,而与稼轩毗邻,初搬一切不定,终日坐看何炳松编译之《近世欧洲史》而已。

夜赴尚公受日文课,圣陶以足疾未往。

9 月 11 日（乙丑七月二十四日　戊戌）星期五

晴。早 79°,午 82°,晚 80°。

依时入馆,惟心不定,不能照常工作耳。

赶为《文学》一九○期办发报手续,圣陶分去一半,直至中晚尚未毕事。馀下的只能待明晨矣。

晓先母病甚,今日饭后及散馆后俱偕之访京周。谈次,颇现危状,不图彼母健者亦竟罹斯厄也!

9 月 12 日（乙丑七月二十五日　己亥）星期六

雨。早 75°,午 77°,晚 76°。

依时入馆工作。未入馆前,为《文学》办讫发报各事。

散馆后在家理发,剃须,盖自初丧至是已逾一月馀矣。夜理行箧,预备明日到苏料楚丧用。日来报纸喧腾,战云又复弥漫,今母丧各事俱毕,不必多所虑念,至谢先母冥中默佑也。明日之行,可谓母丧一切善后之结束矣。

9 月 13 日 (乙丑七月二十六日　庚子) 星期日

阴雨。早75°,下午72°。

清晨赴车站,附西上快车行。八时五十分即抵苏州。乘车入城,径往翼之所。饭毕,已二时许,不能出访人,即以致送徐绥臣之酬金托怀之转送,而以上星期在承天寺所用之筵资五十七元付诚丈;己即乘车出城,赶四时半快车东归。

此次往回,车中都不甚挤,到上海亦只六时五十分。惟冒雨仆仆,不免累坠耳。

9 月 14 日 (乙丑七月二十七日　辛丑) 星期一

阴雨。七十一度。

今日为先母五七之期,修妹来设祭。我因未入馆,在家照料。饭后,出访乃乾。拟与之算朴社账。乃未之晤,即行。过仲弟询其近状,知在苏跌后无恙,而侄女涵华亦已痊,至慰。傍晚出,在五马路购书物以归。

夜看《甲寅》七、八期,见其与适之对辩状,颇征行严见解之劣。文言白话之争,早已不成问题,何必时至今日,再斤斤以复古为倡耶!

9 月 15 日 (乙丑七月二十八日　壬寅) 星期二

阴雨。七十度。

依时入馆工作。

写信寄乃乾,催结朴社账。

接铁笙书,知方撄疾,甚为扼腕,以五十之年,飘零至是,其境亦至堪怜矣。"安得广厦千万间"之叹,宜乎古人先我有此殊感也。

9 月 16 日（乙丑七月二十九日　癸卯）星期三

阴雨。上午 70°,下午 72°。

依时入馆工作。

夜为《文学》一九一期书封壳,至十时,只及其半。此事实无聊,摆脱无由,为之多累,至寡兴。下届大会时,我必提出辞职矣。

9 月 17 日（乙丑七月三十日　甲辰）星期四

晴。上午 73°,下午 75°。

依时入馆工作。夜为《文学》续办发报事,竟废读日文。

友人杜翼南稿,馆中仍无回音,今日又来催问。我询诸林家深,谓凌文之所阅,不识已否评论也。

夜续写《文学》封套时,突想起未了各事甚多,抽三日暇专为之,犹虞弗给,至灼。世网日深,宁清何俟。非至撒手长暝,恐终无无事之日矣。

9 月 18 日（乙丑八月初一日　乙巳）星期五

晴。上午 70°,下午 74°。

依时入馆工作。有文治大学俞景贤者,屡以书来吹求《本国史》,经驳复之,今又来,乃痛论之以关其口。

晚出访乃乾。大庆里铁门已闭,遂去。至亚东购书数事,即在止兴馆独饭。饭后归,以待车久。竟至九时矣。

9 月 19 日（乙丑八月初二日　丙午）星期六

晴。早 72°，午 75°，晚 73°。

依时入馆工作。始着手编《本国史参考书》。

夜赴尚公受日文课。振铎来谈。

乃乾书来，将钞京副账寄我，谓明日当晤决一切。然则明日必需再往一洽矣。此事我实麻烦够了，如再不得解答，亦无可如何，只有推出京部接管之。

9 月 20 日（乙丑八月初三日　丁未）星期日

晴。七十四度。

晨九时出，往访晴帆于中华职业学校，适值他出，未晤。怅然而去，乃趋乃乾所。据云彼所短账，已划抵颉刚欠账，一切无庸致诘矣。所有铜牌、纸板及各杂件，悉令装箱寄京，俾完手续。

十二时，与乃乾到同芳，邀其友沈伯经、凌桂青二人偕饮于言茂源。谈说狂饮，直至晚七时始罢。竟始终未进粒食。比归，已觉大醉矣，乃睡至中宵，酒大涌，吐呕达旦不能休，惫甚。至是，始悔豪兴伴酒，致此软病之非，殆无及已耳。

9 月 21 日（乙丑八月初四日　戊申）星期一

晴。上午 78°，下午 79°。

晨八时半，始强起，疲乃不能言，入馆后竟头眩难坐，硬撑而已。

报载杨宇霆已到宁，江浙战谣，一时又盛。车站来客之拥挤，不减去年，令人思之心悸也。但我此次抱定不搬主意，决不轻举，致受无谓之损失,抑亦无可损失焉。

9 月 22 日(乙丑八月初五日　己酉)**星期二**

阴霾,时见濛雨。七十六度。

依时入馆工作。

夜赴尚公受日文课。归后,预备景贤女子高中近世史教课。

战谣更亟,但无具体事实证明。

9 月 23 日(乙丑八月初六日　庚戌　秋分)**星期三**

阴霾,傍晚微雨。上午 74°,下午 77°。

依时入馆工作。晓先来。十一时赴景贤授课。

散馆后即为《文学》一九二期写封套,直至十一时半始睡,仅毕三分之二。甚矣,此事之麻烦而浪费时间矣。

9 月 24 日(乙丑八月初七日　辛亥)**星期四**

阴,傍晚晴。上午 75°,下午 76°。

依时入馆工作。

清早及散馆后俱为《文学》事化去。至无憀。

夜写信给颉刚,预备将雁冰交我之款悉数汇给他,盖永安之存款今日已抽空前往取出也。

9 月 25 日(乙丑八月初八日　壬子)**星期五**

晴。上午 75°,下午 77°。

依时入馆工作。十一时至二时在景贤授课,即在校中午饭。

散馆后与雁冰、晓先、圣陶到四川路 30 六号大洲公司三楼展览孙中山陵墓图案模型及设象图。即归,已黑矣。足证近来日光之短。

今日《文学》发报,我以赴景贤故,未加入。

9月26日(乙丑八月初九日 癸丑)星期六

晴。七十五度。

上午入馆工作。颉刚之戚朱正淑女士来访,盖彼已先就本埠隆德小学事,特来谢绝景贤女中之聘也。

下午与圣陶同往中央大戏院看洪深导演之《冯大少爷》电影,五时半始毕。赶归晚餐后仍赴尚公受日文课。课毕归来,见珏人已有分娩之兆,因集家人坐守之。至翌日上午三时廿五分,又举一女。即赶写三信,分告仁丈、翼之及义坤表兄。

9月27日(乙丑八月初十日 甲寅)星期日

晴,早上颇有欲雨势。上午75°,下午78°。

昨宵未睡,枯坐则神倦,就床则不寐,遂毅然出门,赓访晴帆于南市陆家浜。至则晤之,因共出散步,午饭于正兴馆。饭后尚未及十二时,因又涉览所谓提倡国货之上海商场。二时,别晴帆先归,珏人则平安无恙,我心大慰。

9月28日(乙丑八月十一日 乙卯)星期一

晴。七十七度。

依时入馆工作。

颉刚书来,于朴社事多所告,当夜即复告一切。

《文学》发报手续太繁,今已分成五组,拟分属五人写,我则专管新收各户及总包封与外国定户也。但不识能否明日即有人领受耳。我自己应作之事则今夕已赶毕之矣。

母亲今日终七,盖见背已四十九天矣。而仲弟自苏归后迄未一至,诚不知其何所事也? 因作书询之。

9 月 29 日(乙丑八月十二日　丙辰)星期二

晴。上午 76°,下午 78°。

依时入馆工作。将《文学》封壳实行分组派与振铎、圣陶、予同、仲云、均正担任书写。此后或将稍轻一部责任也。散馆后到冠生园购月饼,归已入暮,遂未往尚公受日文课。

晓先来,知其母少痊。但据云忽肿忽消,忽喜忽怒,则病状殊未可乐观也。彼今年亦不顺利,遭此至窘,我实不胜其同情焉。

夜寻思许振铎即作之《中国文学史与中国地理篇》之结构,已略有端绪,拟着手翻书,赶草之。

9 月 30 日(乙丑八月十三日　丁巳)星期三

晴。上午 76°,下午 79°。

依时入馆工作。十一时至十二时则在景贤授近世史。

散馆后与晓先偕归,谈至六时许,晓先去。

夜看《文学》最近三期,并写梦九信。

本馆近出顾实所著《中国文字学》,今日购读之。其中颇有可采撷处,而按诸其自序所夸陈者则弥远。此君好名而实有未至,愧本名矣。

10 月 1 日(乙丑八月十四日　戊午)星期四

晴,傍晚微雨,即止。上午 76°,下午 78°。

依时入馆工作。晚至尚公受日文课。送十元往来青阁还书账之一部分。

近来精神很坏,而里中喧杂更甚,往往失寐,至不适也。

10 月 2 日 (乙丑八月十五日　己未) 星期五

晴。早起阴翳。上午 72°,下午 76°。

上午入馆工作。下午放假,盖罢工以后要求所得之新例也。

归饭时,悦之及其女兄来,饭罢即去。

饭后,晴帆来,圣陶来,乃同往振铎所,预备发报。至则知报尚未印好,只得明日再说矣,略坐,各归。旋又偕圣陶闲步西北一带荒郊,冀有所得被摄为景片之材料。讵意散漫冗杂,棺枢纵横,迄无当意者,便舍之归。

五时,晓先来,遂同出,饭于正兴馆。甫坐定而晴帆至。饭毕,沿滩步月,由爱多亚路以达大世界。九时许,乃返。晓先则别赴良材约,今夕不归矣。

10 月 3 日 (乙丑八月十六日　庚申) 星期六

晴。上午 70°,下午 74°。

依时入馆工作。散馆后往亚东购买《甲寅》等。是夕六逸请假,遂未上课。

潘儿忽患兴核在右腿与腹间,因既往普益分诊所诊视。据云甚险,如不散去,或将成肚痈也。我为之大闷损,何不顺利事之纷至沓来耶!

10 月 4 日 (乙丑八月十七日　辛酉) 星期日

阴,下午雨。上午 70°,下午 75°。

在家随意闲翻,忽已午饭。饭后与圣陶至上海大戏院观电影《香闺秘密日记》,尚满意。五时散归,内弟组青已来自苏乡胡家巷,盖渠节后离店,拟来此别谋生理也。

10 月 5 日(乙丑八月十八日 壬戌)星期一

阴,下午略晴。夜雨。上午 72°,下午 74°。

今日为先君六十冥诞,未入馆。修妹及安甫均来饭。

下午,晓先来。仲弟亦来。

濬儿硬块依然,今晨我特往老北门兴圣街口雷允上药铺购六神丸。午后仍往普益分诊所求治,据云只需寒热不作,自无大碍也。

10 月 6 日(乙丑八月十九日 癸亥)星期二

晴。上午 72°,下午 75°。

依时入馆工作。

夜,内弟富保由苏来望其兄组青。因陪同吃夜饭,遂废日文课。

中夜一时许,里中忽鼎沸,谓有火。因急起视,知在二弄裁缝店楼上。幸即扑灭,未兆焚如。然经此劳扰,下半夜竟无法成寐矣。深恨沪上生活之不定。而无法解脱地去,至恚。

濬儿已稍痊。

10 月 7 日(乙丑八月二十日 甲子)星期三

晴。上午 72°,下午 74°。

依时入馆工作。十一时到景贤授课。

夜为《文学》一九四办发报手续。

10 月 8 日 (乙丑八月二十一日　乙丑) **星期四**

晴。上午 72°,下午 75°。

依时入馆工作。夜为预备教课,未读日文。

翼之及梦九俱无回信,甚奇。一则托觅女佣,一则询制徽章多少,时日不能再延而二人皆迟迟不复,岂信已遗失耶? 因即作书催之,俾明晨递出。

10 月 9 日 (乙丑八月二十二日　丙寅　寒露) **星期五**

晴。上午 68°,下午 73°。

依时入馆工作。十一时到景贤授课,下午学生即赴松江,饭后之课便放去,因归饭。饭后发《文学》,我未往,即到馆。散馆后至亚东、泰东购书,即返。有谭正璧者编《中国文学史大纲》,托泰东代售,特购阅之,大失望。盖较之刘贞晦和胡寄尘所作犹差千里也。现在少年作家(?)①之胆真可蒙天,宜乎激成反动,使一切有价值之作品亦随之而同类共贬矣。可叹孰甚!

夜阅《甲寅》、《现代评论》及程浩编《节制生育问题》。

10 月 10 日 (乙丑八月二十三日　丁卯) **星期六**

晴。上午 64°,下午 69°。

晴帆以事不能与我同往无锡,而饭后乃来看我,因与同出。初拟至奥迪安看电影,至则坐满不得入。遂去而闲行,竟至法界之东

①原文如此。

新桥。再折至大世界,晴帆入浴温尔,我乃归,仍由北四川路走还。

夜在家小酌,不久即卧。

10 月 11 日 (乙丑八月二十四日　戊辰)星期日

晴。上午 63°,下午 71°。

下午樾甫来,借 *The Outline of the World Today* 十册去。旋挈漱儿游大世界,三时许乃归。傍晚,仲弟来,略谈即行。

夜为《文学》一九五期办发报预定手续。

10 月 12 日 (乙丑八月二十五日　乙巳)星期一

晴。上午 68°,下午 74°。

依时入馆工作。

夜读予同《经今古文之论争及其异同》(载《民铎》六卷二号、三号),甚佩精核。予同不常为文,偶得此,颇珍。又读《莽原》周刊,见豫材(鲁迅)所作短文,极讽谏之能事,但微嫌过刻,宜乎树怨之多也。

10 月 13 日 (乙丑八月二十六日　庚午)星期二

晴。上午 68°,下午 71°。

依时入馆工作。夜未到尚公受日文课。

圣陶已来。散馆后与谈甚久。今日报载浙江孙传芳借秋操为由,纷调军队出长兴,将与江苏杨宇霆作战,风声大紧。以问圣陶在苏及今日沿途所见则云甚谧。究不识此次战事能否幸免也?据我所见,战终不免,特迟早问题耳。

10 月 14 日（乙丑八月二十七日　辛未）星期三

晴。上午 68°，下午 72°。

依时入馆工作。散馆后与圣陶赴上海大戏院看电影。此剧本名 *The Last Man on Earth*，颇极讥讽诙谐之至。七时三刻散出，同饭于味雅。九时乃归。

战谣益盛，沪杭路倍挤，虽杨宇霆毫无反应的表示，我终恐不能易与如是也。万一交锋，去秋之祸将转甚矣。奈何！

10 月 15 日（乙丑八月二十八日　壬申）星期四

晴。上午 68°，下午 73°。

依时入馆工作。

散馆后到乃乾所谈。遇振铎，因同往老源源饮。九时始归。谈江浙最近战谣已证实，邢士廉之撤退，今明或可尽退。但孙传芳未必由松来沪，盖浙方用兵自以西路直捣江宁为利也。据我所测，则邢退未必真肯让人，或者杨宇霆之策略，一方使破坏之责卸人，一方缩短阵线较易措置耳。未知究竟若何，且俟事实之进展矣。

10 月 16 日（乙丑八月二十九日　癸酉）星期五

晴。上午 65°，下午 70°。

依时入馆工作。十一时至二时在景贤女高中上课。

散馆出，得孙军已占南车站信，并有今晚夺领北车站说。我甚讶两军进退之速，颇不信，且亦恐万一真确，必将抗拒爆发也，乃偕晓先、圣陶往车站觇之。至则满站浙军，询悉且有数批向西开出矣。于是恍然于今日火车不通之故，及传闻之确，至此，乃不得不佩孙军之进速而笑奉方之虚有其表焉。(在站见被缴械之奉方宪兵数十人,为浙军所监视。)

夜在圣陶家饮酒。子玉来看我,乃急归,与共晚餐,谈至十时,始去。

10 月 17 日(乙丑八月三十日　甲戌)星期六

晴。上午 68°,下午 72°。

依时入馆工作。写信寄颉刚,询景山书社谁为经理。

今日浙军已抵苏,沪杭车仍开,沪宁则仍断绝。兵车之多,终日夜不息。午刻起,此间又大拉夫,客秋景象,突然复现,心焉恨之。不审以保护人民为责之警察何以行同娼妓之事嫖客,朝三暮四,唯客之意是徇也?

饭后发《文学》一九五期。

散馆后与晓先至车站观察形势,为状一如昨日,惟所见之兵为续到之浙军耳。旋去,至亚东图书馆购《甲寅》等而返。

10 月 18 日(乙丑九月初一日　乙亥)星期日

晴,午后昙。上午 70°,下午 76°。

清晨,即有警士闯入里中拉夫。复因事出门,又在宝山路见被拉之夫四五批,由警押解北站矣。如此用兵,犹腼颜以除暴安良为揭橥,诚不知其是何用心已。

报载奉军已退镇江,浙军已由吴江、宜兴、苏州三路进占常州矣。若然,则此间当受军事影响甚少,而拉夫犹盛,殊不可解。

十时许,晓先、铁笙、晴帆来,乃同出饭于正兴馆。午后在又日新洗澡。五时许抵雅叙园,盖今晚我与振铎、乃乾合宴适之、朴安、孟劬、石岑、予同也。本约柏丞、君武、君勤、圣陶与俱，皆未至。晚九时归。

10 月 19 日（乙丑九月初二日　丙子）星期一

晴，午后昙。上午 70°，下午 69°。

依时入馆工作。夜看《续金瓶梅》。此书借自振铎，彼出重价购来，而自我看之，殊不值一顾。迂腐俗陋，远不能与原书一较也。惟以搜辑家之目光对之，固亦不失为一稀见之本耳。

报载浙军前锋已抵常州，邢部已撤过镇江，则即有战事亦不当牵及此间矣。乃拉夫依然，坐使未罹锋镝之民转酷流亡之痛，不识军事当局之布告通电究否自其口中出也！

10 月 20 日（乙丑九月初三日　丁丑）星期二

晴。早 62°，午 67°。

依时入馆工作。

夜为《文学》办事，未赴尚公上课。

报载杨宇霆、郑谦俱退出南京，东北陆军第八师长丁春喜被陈调元扣住，有一部缴去军械。邢部之未及退过江北者亦被缴械。据此，则江南战事当可免矣。但岳维峻已由河南东下，萧耀南亦在湖北通电响应，吴佩孚且有由岳到汉说，全局混战，殆不可已耶！

10 月 21 日（乙丑九月初四日　戊寅）星期三

晴。早 62°，午 67°。

依时入馆工作。

夜与晓先在圣陶家饮酒兼晚膳。谈国民党事甚悉。我深服三民主义而颇反对共产党之阴谋,晓先却力持之。不识彼党人何以必假托国民党以活动也?

10 月 22 日(乙丑九月初五日　己卯)星期四

晴。早 65°,午 69°。

依时入馆工作。

夜为《文学》办发报手续。仍废日文课。

杨、郑俱走,孙传芳已入宁。陈调元、白宝山俱到,联军前锋已到滁州。张八岭一带恐有战事,不识蚌埠究否守得住也。但宁垣防务,苏浙军间似不能免主客之形耳。

吴佩孚确到汉,明日当有通电可见。将来局面,不知伊于胡底也?我闻人言,国民军决不参加,俟两败俱伤时彼坐收渔人之利,然则冯之传统政策果染诸岳维峻,此次徐州之战,必无豫军与之焉。

10 月 23 日(乙丑九月初六日　庚辰)星期五

晴。早 65,午 72°。

上午入馆工作。下午未往,独出闲行。《甲寅》及《现代评论》俱未到,盖津浦已遮断矣。夜在家独酌,初尝把蟹之乐。吉如与翼南忽至自苏,为稿件问题须得解决也。与之谈良久,乃辞去,下宿于江苏旅社。

午十一时至二时在景贤授课。

10 月 24 日(乙丑九月初七日　辛巳　霜降)星期六

晴。上午 68°,下午 70°。

依时入馆工作。饭后在振铎所发付《文学》一九六期。

翼南、吉如皆来馆看我，惟未得与凌文之晤，免难圆场。大约须俟彼等回苏后再写信来交涉矣。不审进行究否顺利也？

散馆后，与圣陶同往江苏旅社访吉如及翼南，二中旧同学姚荫梧亦在。旋偕饮于豫丰泰，九时乃散。复游天韵楼，至十时许始别吉如与圣陶归。

10 月 25 日（乙丑九月初八日　壬午）星期日

晴。上午66°，下午72°。

上午在家看报。下午独出闲行，寄信于大马路邮局。四时返，知为章曾来看我，已不及晤之矣，至憾。夜在家吃蟹，饮酒。如是一日已过矣。

战事已形停顿，联军与奉军在徐州、宿州间之夹沟相持，大约尚未正式开火也。彼地或将为去年之黄渡、浏河耶？蚌埠则获免矣。

10 月 26 日（乙丑九月初九日　癸未）星期一

晴。上午66°，下午73°。

依时入馆工作。

代梦九定制之徽章已取到，苦于不能寄出，只得暂存我处。散馆时，为章来看我，谓已至景贤上课矣。同归之后，子玉亦来，乃偕出，三人同饮于振华旅馆对门之老正和馆。馆为湖州式，菜肴极可口，得此，于正兴馆外又添一好去处矣。

八时许归，接晓先书，知其母病危，已垂绝矣。甚为之抱忧也。

10 月 27 日（乙丑九月初十日　甲申）星期二

晴。上午 66°, 下午 73°。

依时入馆工作。夜为《文学》一九七期书封皮, 未到尚公受日文课。又写信数封, 一一将应酬答者俱应付讫, 殊松适也。

齐燮元回国大活动, 我实认其无耻。且为江苏将来之隐忧。又闻何丰林赴奉献地图, 拟由海道来袭淞沪, 更觉丑劣矣。何军人落魄之不顾大局如是乎!

10 月 28 日（乙丑九月十一日　乙酉）星期三

晴。上午 70°, 下午 75°。

依时入馆工作。十一时至十二时在景贤授课。

翼南稿已脱售, 价一百五十元, 业将购稿契约写信寄彼, 不识彼无异议否?

铁笙、翼之俱有书至, 一一复之矣。

战事大沉寂, 或者吴佩孚太空, 孙传芳太乖, 已得江南, 不肯出死力以争徐州耳。不然, 乘奉方援军未集, 自不难一鼓下之, 何反迟迟我行若此乎?

夜看《甲寅》十四期。

10 月 29 日（乙丑九月十二日　丙戌）星期四

晴, 晨阴, 略有风。上午 70°, 下午 71°。

依时入馆工作。晚间以倦故, 又未往读日文。

淮上战局颇停顿, 且有毕庶澄率海军由青岛渡海州捣联军右侧说。夹沟方面亦由奉军取攻势。据此, 则反奉形势大坏, 孙传芳或将退保江南乎！吴佩孚纯采虚声，已等强弩之末，此次再起，不能在豫、鄂用武而反有来宁之谣，可见萧耀南之敷衍与岳维峻之兔脱矣。

10月30日（乙丑九月十三日　丁亥）**星期五**

晴。上午63°，下午68°。

十一时至午后二时在景贤授课。未入馆。理发。

三时许出，至南京路一带购物而归。夜饮于家。

报载奉军已占领海州，白宝山退大伊山。正面联军又不得志于夹沟，陇海西侧若不有新开展，则徐州其终为奉军囊中物耳。前途至可虑也。

10月31日（乙丑九月十四日　戊子）**星期六**

晴。上午66，下午69°。

依时入馆工作。批陆光宇所编《中国近世史》有五不可。此君袭王桐龄之绪馀，时以临时杂凑而成之讲稿来求售。前买《新撰本国史》，实为一时权宜，今彼乃续之来，揆之良知，实不敢再说此编之好也。

散馆后与圣陶出，浴于又日新。晚饮于言茂源，八时许乃返。

11月1日（乙丑九月十五日　己丑）**星期日**

晴。上午65°，下午66°。

晨八时许，铁笙来看我，乃以其手批小说稿还之。旋访子玉，同出乘电车达西门。三人又联唤人力车赴职校访晴帆。行不数武，子玉车倾，伤两掌甚重。易车始达，而晴帆已出，愤火不免炎上矣。十一时许，三人折至广西路老正和馆午饭。饭后，登先施乐园,淹滞至六时许始各归。

晚饭后,子玉复过我,谈至十时去。

11 月 2 日(乙丑九月十六日　庚寅)星期一

晴。上午 64°,下午 67°。

依时入馆工作。散馆后为家人讲故事,因即晚饮。

晚饭后看《白虎通》及《汲冢周书》。

11 月 3 日(乙丑九月十七日　辛卯)星期二

上午昙,下午阴,夜细雨。上午 65°,下午 70°,晚 64°。

上午入馆工作。下午未入馆,奉庶母偕珏人、漱儿游新世界,藉便一觇秋赛之盛。我来上海已久,从未一看跑马,今乃睹之,殊不足观,所以耸动一时者,大家有孤注之幸获心耳。未堕此窟者从旁闲看之,更有何味!

晚六时,由新世界出,饭于老正和馆,适雨。饭后雨止,乃乘车归。虽不甚乞力,而倦意盎然矣。

11 月 4 日(乙丑九月十八日　壬辰)星期三

晴,晨有雾。上午 62°,下午 64°。

依时入馆工作。

看《现代评论》四五、四六期,《东方》二二卷一八号。

夜为《文学》一九八期书封套。

11 月 5 日(乙丑九月十九日　癸巳)星期四

晴。上午 58°,下午 62°。

依时入馆工作。

晚七时至景贤，出席于教职员谈话会。虹江路西首适大火，光焰烛天，生平所未睹，至恐。因思闸北水电之坏，实对不起当地住民，屡次大火，戏视人命，若辈把持者能弗稍动于中乎！受此良心责备而竟弗之动，可见其非人矣。

11 月 6 日（乙丑九月二十日　甲午）**星期五**

晴。上午 60°，下午 62°。

上午在家为《文学》一九八期办一切发付手续，未入馆。十一时到景贤授课。饭后又授一课，至二时入馆，照常工作。

夜饮于家，为家人陈讲故事。

11 月 7 日（乙丑九月二十一日　乙未）**星期六**

晴。上午 61°，下午 66°。

依时入馆工作。

散馆后过访子玉，知手创及目疾俱愈矣。因与同出，至五马路买书。旋往言茂源楼下饮酒。各饮斤许，陶然各归。饮次，谈笑至洽。

11 月 8 日（乙丑九月二十二日　丙申　立冬）**星期日**

阴，午前后细雨。上午 64°，下午 66°。

晨起写信寄翼之，并看报，十时许，晴帆偕道始来。子玉亦来。乃同出访铁笙于善庆里，晤之。谈至十二时许，与晴帆、子玉、道始同饭于正和馆。饭后，道始返校，我三人即赴大世界一游。傍晚归。

道始赠我所编《不平等条约讨论大纲》，夜翻读之，颇佩精勤也。

11 月 9 日（乙丑九月二十三日　丁酉）星期一

晴，夜半雨，闷热。上午 65°，下午 73°。

上午入馆工作。下午未往，与圣陶至卡尔登看电影《你往何处去》。晚六时许始归。是片非美国制，较合理，较美，于尼禄残虐处描刻甚至也。及出，偶一合目，即可见当日罗马"讻的生活"之残景矣。

日来燥甚，喉症已风行，颇可虑。设再不雨，疫之继兵必矣。我亦感喉燥微痛，亟屏酒，不敢取享也。

11 月 10 日（乙丑九月二十四日　戊午）星期二

阴雨，晚晴。上午 70°，下午 67°。

依时入馆工作。

夜在家与珏人等雀戏，未到尚公受日文课。

各报俱载奉军已退出徐州、海州，则江苏军事似可告一段落矣。顾征调如故，筹括款项如故，上海且加紧戒严，是诚不知其所以然矣。

上午樾甫来馆，告松江、景贤与之不协事，叨絮至饭时始去，然未获要领也。临行，谓尚须再访江春、晓先一谈，似索了断者。

11 月 11 日（乙丑九月二十五日　己亥）星期三

晴阴兼至，夜雨。上下午均 65°。

依时入馆工作。夜为《文学》一九九期写封套，至十时已。外埠整包之封皮则未之及也。日来气候失调,易倦,颇不耐久坐专注一事,故未及毕事耳。

十一时至景贤授课。

下午樾甫来馆,又长谈以去。惟晓先与江春俱不在馆,则复此之来恐不即已也。此君之"不漂亮"真是纯乎其纯。将来易一生处,亦未必能安坐耳。

11 月 12 日 (乙丑九月二十六日　庚子) 星期四

雨。夜大风。上午 63°,下午 62°。

依时入馆工作。夜与愈昭谈。

写信与颉刚,问前此所询各条之解答,并为晴帆代定《国学门周刊》及《孟姜女歌谣集》等。但京津邮递攸阻,不识能否如期达到耳。

11 月 13 日 (乙丑九月二十七日　辛丑) 星期五

晴,陡寒。上午 54°,下午 55°。

依时入馆工作。下午一时在景贤授课。

铭堂夫人偕其少女来,馆于余家。

11 月 14 日 (乙丑九月二十八日　壬寅) 星期六

晴。上午 55°,下午 60°。

依时入馆工作。下午一时在景贤授课。

晚间尚公开游艺会,珏人及诸儿与铭堂夫人等俱往观。我在家守户,与庶母谈家常。十一时,珏人等始归。漱儿最稚,乃亦不倦,至奇。

11 月 15 日（乙丑九月二十九日　癸卯）星期日

晴，夜半风发，且雨。上午 58°，下午 62°。

晨起看报讫，至子玉所与谈。因即同出，赴同芳约。十时许往，十一时后晴帆乃来，道始兄弟则十二时犹未至也。余等度彼必不来，偕离同芳，觅饮于天主堂街之绍酒店。三时许始罢。四时左右，晴帆先辞去。余与子玉复饮于章豫泰。七时归饭，珏人等尚未返，盖伴铭堂夫人出游新世界，且请夜饭耳。

夜半醒，颇思呕，盖多饮矣。余于酒，屡困屡戒，乃屡饮屡困复如故，亦太无恒心以持之也。即此小节尚不能保，遑论他哉！思之可怕，不识究否能痛改之。

今日下午三时许，上海戒严司令严春阳在北站西场斩人。春间奉军活剧又现，正不料今日究何日耳。

11 月 16 日（乙丑十月初一日　甲辰）星期一

上午雨，下午晴。上午 63°，下午 65°，。

上午入馆工作。下午访子玉，复出闲行。步行至两小时，始息足于四马路之新宝和。对饮至六时许，往大新街食羊肉粥。七时归。知铭堂夫人已挈女去矣。

今日午刻祀先，兼为先母作百日祭。

将梦九托制之徽章，封固寄出。

11 月 17 日（乙丑十月初二日　乙巳）星期二

晴。上午 61°，午后未变。

依时入馆工作。散馆后在家处理《文学》事宜。晚饭后赴尚公受日文课，久不往听，生疏甚矣。我亦太不长进，何每事皆无所卒就耶！

寄徐之徽章，竟纳税一元一角，我总觉苛授臻于极点矣。目下各事俱晦，故不能独责此税，但关吏太不谙情，区区三百枚纸铁片，又安能抽若许之重税乎！且此物虽非直接教育用品，究系学生佩用之件，似亦不能勒收至此，然而向谁说乎？所谓无告，今日其应此语矣。

11 月 18 日（乙丑十月初十三日　丙午）星期三

晴，午后阴，傍晚雨。上午 59°，下午 61°。

上午入馆工作。下午与圣陶至新舞台看《新西游记》，因未入馆。看毕出场，已五时许，适雨，冒雨归，近六时。全剧无甚精义，但极松趣。往闻晓先绳彼之美，今乃乘演日戏时一往观之也。上海生活的黑幕，于此颇能层层剥见，则社会之假面具将坐是不存，亦唤醒民众之福音耳。

十一时至十二时在景贤授课。夜为《文学》处理各事。

11 月 19 日（乙丑十月初四日　丁未）星期四

阴雨。六十度。

依时入馆工作。

夜晓先自苏来，晚饭后去。我则为《文学》办事。

接仲弟信，知又困求助，奈力不从心，痛愤曷已！

11 月 20 日（乙丑十月初五日　戊申）星期五

晴。上午 57°，下午 59°。

依时入馆工作。十一时至十二时在景贤授课。

夜在家写《文学》信套及批发各件封皮。每周每日,几乎必有若干时为《文学》作事,殊苦。颇思摆脱之而无由,其何以处之乎?

11 月 21 日 (乙丑十月初六日　己酉) 星期六

晴。上午 56°,下午 60°。

依时入馆工作。饭后因发报非帮忙不可,遂向景贤请假。乃报未印好,白守若干时而罢。散馆后又往振铎所待发,孰料天黑始送来,只得留待明日矣。

归后即出,拟赴亚东买书,途遇仲弟,因约之在家等候,匆匆往返。仲弟谓暂不需助,可释念。我略慰,然为其前途着想,终觉刺促不宁耳。晚饭后,仲弟去。约明日挈莲侄女来吃晚饭。

11 月 22 日 (乙丑十月初七日　庚戌) 星期日

晴。上午 58°,下午 61°。

晨出与圣陶到振铎所发报,以本期增刊至十二面,较平时突多三倍,遂不易竣事。十二时,才及其半。以其时适有聚餐——文学会同人,在广西路消闲别墅——不得不暂停工作,联袂赴食所。至则众已毕集,我等到,即开宴。一时许即了,散去者甚多。馀众十三人乃赴宝记共摄一影而散。我与圣陶又至先施乐园一游,匆匆便出。比归,正四时也。时仲弟果挈莲侄女在家相候,因谈近况。晚饭后,稍坐即去。

郭梦良病伤寒,今日死于宝隆医院。我在振铎所得弥留报,至讶。不图彼竟与六幾同去也。

11 月 23 日（乙丑十月初八日　辛亥　小雪）星期一

阴,午微雨,旋晴。上午 59°,下午 62°。

未入馆,在家看《五代史》,备选录加标点。

午后出购物,即归。托圣陶书幛光,以明日须寄送梦九之父吊礼也。

11 月 24 日（乙丑十月初九日　壬子）星期二

晴,傍晚细雨。上午 64°,下午 65°。

上午到馆,寄梦九信。归饭时硕民在,盖适从苏州来此也。午后因未入馆,与之同访子玉,出外游行。傍晚在新宝和饮酒,雨过乃归。

硕民来沪,剑秋乃不至,奇极。及询硕民,始知彼方赴镇江接眷,是以不果来耳。

11 月 25 日（乙丑十月初十日　癸丑）星期三

晴。晚起风,陡冷。上午 63°,下午 62°。

上午入馆。下午与硕民、圣陶游大世界,未到馆。因待子玉不至即返。夜在圣陶所饮。饮罢归,子玉来,具道所以相失之故。谈久乃去。

本埠已宣告解严,战事之范围已不在苏、皖之境矣。为眼前纾死计,颇堪自慰耳。他不及料事至赜,难可与并提而论列矣。

午十一时赴景贤授课。

11 月 26 日（乙丑十月十一日　甲寅）星期四

晴。上午 57°,下午 59°。

依时入馆工作。晚间在家宴硕民,请子玉、圣陶作陪。

报载奉将韩麟春反抗首领张作霖,已率兵出关,讨张、杨。直督李景林亦有附和说。果尔,则奉系军阀其必改组矣。至云推倒,则离题尚远也。但吴佩孚亦未必即起,以其已失锐锋,铅刀难任一割耳。今后局势,北冯玉祥,中孙传芳,南则蒋中正,形成鼎足之象以暂时苟安,或不致失猜也(上载韩麟春实系郭松龄之误)。

11 月 27 日(乙丑十月十二日　乙卯)星期五

晴。上午 57°,下午 58°。

上午直为《文学》二〇一期办发报手续,竟未入馆。午后一时至二时赴景贤授课,课毕即归,亦未入馆。

硕民已于今晨七时返苏,未及晤。

11 月 28 日(乙丑十月十三日　丙辰)星期六

晴寒。上午 55°,下午 52°。

依时入馆工作。师范课程纲要今送到,即以一部转赠颉刚。介泉今寄《故宫摄影集》与我,因于颉刚书中复谢之。

下午一时至二时在景贤授课。

夜在家小饮。商定下星期二珏人返苏将寄存怀之家各件悉数取来,由轮船水手包运。盖此事已托晓先洽妥也。如此,则苏地毫无牵缠,亦一快事耳。

11 月 29 日(乙丑十月十四日　丁巳)星期日

晴。上午 49°,下午 53°。

上午未出,在家闲翻而已。下午挈潓儿与圣陶父子同往奥迪安看电影《十八年后》。傍晚归,与珏人商往苏搬物大略手续。

我家馀物,今尚寄存怀之家,所谓两头三计,殊不经济也。故毅然为销租房屋,并存一处之计。此番手续理清,心头或较宁贴耳。但我对于上海住居,恶感至深,迫于傭书就食故,只得出此,终不愿其长此寄顿也。

11 月 30 日（乙丑十月十五日　戊午）星期一

晴。上午 52°,下午 56°。

依时入馆工作。夜看《甲寅》十九,《现代评论》五十及《民铎》六,四。

12 月 1 日（乙丑十月十六日　己未）星期二

晴寒。上午 51°,下午 52°。

今日珏人奉庶母赴苏,我因未入馆,在家守护。

下午看严译《社会通诠》。

12 月 2 日（乙丑十月十七日　庚申）星期三

晴寒。北风甚烈。上午 43°,下午 45°。

仍未入馆,在家监护诸雏。两日来父代母职,已不能堪,可见为母之不易且辛苦矣。因设想无母之儿,竟为之大不怡,不免惊心也。

下午,冒风出,为诸儿购饵。晚沽酒拥炉,备浅酌。适乃乾见过,因与共饮焉。食后辞去,我遂携儿卧。

12 月 3 日（乙丑十月十八日　辛酉）星期四

晴寒。上午 38°,下午 44°。

未入馆,在家闲翻及监护诸儿而已。

夜五时半,庶母及珏人由苏归,幸未失时,至欣。

12 月 4 日 (乙丑十月十九日 壬戌) 星期五

晴寒。上午、下午俱 46°。

上午未入馆,在家为《文学》二○二期筹发报手续。下午入馆工作。

作书报仁斋丈及晓先、铭堂,盖珏人自苏扰之归,自应函告途中平安也。

12 月 5 日 (乙丑十月二十日 癸亥) 星期六

晴寒。上午 41°,下午 45°。

依时入馆工作。饭后在振铎所发报,二时馀始到馆。

夜读方东树《书林扬觯》。

12 月 6 日 (乙丑十月二十一日 甲子) 星期日

晴寒。上午 44°,下午 48°。

晨间出访子玉,以先出未晤,废然返。适舟子将物至,乃佐家人整理拂拭之,日暮始已。圣陶来,谓今日市民大会,保卫团竟开枪杀人,言之甚愤,据云,被杀者去渠身仅丈许也。呜呼!王彬彦之诮其足食乎!吾人日日纳保卫捐,乃资之以自贼,毋乃太不智矣乎!吾谓对王彬彦当以京人对朱深之送出之也。

夜子玉来,同出饮于会审公廨对户之同宝泰,九时许归。

12 月 7 日 (乙丑十月二十二日 乙丑 大雪) 星期一

晴,较昨稍暖。上午 48°,下午 52°。

依时入馆工作。知昨日未死人，仅伤一工友则甚重云。

写信告怀之，昨日收到各物俱无损，惟碎三盘一碗耳。

散馆归，未出，在家小饮。

12月8日（乙丑十月二十三日　丙寅）星期二

晴。上午47°，下午49°。

依时入馆工作。

夜为景贤预备功课，草《家族主的推衍》章。至中夜十二时，仅成一节有半，只得俟之明日矣。

江春约我下星期一到景贤讲《中国与国际》，已允之，又须抽时预备一切也。日来事加忙而日加短，真所谓日不暇给耳。

12月9日（乙丑十月二十四日　丁卯）星期三

晴。上午56°，下午58°。

今日未入馆，十一时赴景贤授课。

编讲义竟日，夜又为《文学》二〇三期书封套及包皮二百馀，又至十一时始卧。

12月10日（乙丑十月二十五日　戊辰）星期四

晴，下午有风。早54°，午55°，晚52°。

依时入馆工作。看《东方》廿二卷廿一号。

写信给梦九、晓先，一询所寄物到否，一则告十三日将不能亲往吊祭也。

夜饭时，仲弟归，且食且谈。知渠近在大东旅社任招待兼望请，但不能惯，或即辞去耳。我劝渠暂寄，俟机再行，不识见听否也？若长此无事，更何能了耶！

12 月 11 日（乙丑十月二十六日　己巳）星期五

晴。上午 49°，下午 52°。

依时入馆工作。下午一时在景贤授课。

夜感无憀，独出觅饮于言茂源楼下，八时许归，即就寝。我每过数日，必有同于今日之感者斗起于中，莫可自遏。是真不治之症，不但学业无成即坐此故，虽耗财无储亦由此矣。可胜叹哉！

12 月 12 日（乙丑十月二十七日　庚午）星期六

晴。上午 50°，下午 53°。

上午入馆工作。下午一时赴景贤授课，课毕便归，遂未入馆。三时，偕珏人出，闲步爱多亚路与棋盘、望平二街，进点于北万馨。然后徜徉至浙江路，乘电车以归。

抵家后接乃乾送来《盛明杂剧》十部，托带分派，并约明日十一时在同芳茶叙。

12 月 13 日（乙丑十月二十八日　辛未）星期日

晴。上午 51°，下午 56°。

晨起阅报讫，即出访晴帆，拟顺道将《文学周报》合订本十册携交小北门上海书店。乃甫至车站而晴帆来，竟拉之返。交书于上海书店，乃遄往五芳斋进早点。点毕，即共往同芳茶，候乃乾。久之，乃乾至，沈伯经与王建民亦在，因同饭于同兴楼。饭后至中国书店小憩，三时许乃归。

夜在家小饮,子玉过我,乃共酌焉。饮毕,复谈至十时,去。

12 月 14 日（乙丑十月二十九日　壬申）星期一

晴,薄暮细雨。上午 55°,下午 56°。

依时入馆工作。下午四时至景贤讲演,冒风雨行,已觉不舒。比归,身热如炙。引被高卧,竟不寐,周身酸楚,胸闷腹胀,为之呻吟终宵。疑是冬温,明日当延医诊治之。

12 月 15 日（乙丑十月三十日　癸酉）星期二

晴。上午 60°,下午 58°。

卧床不起,眼倦不能睁。饭后延赵医生来视,谓受凉所致,服阿司匹灵即可汗出松爽也。是夜遂退热,十时即安眠至三时始睡回。五时后入眠,直至翌晨七时乃醒。

12 月 16 日（乙丑十一月初一日　甲戌）星期三

晴。53°。

晨八时,强起,记前昨两日事。看报尚觉眼胀,及坐日黄中少久,竟霍然矣。惟饮食甚不思油,或腹中尚无全清也。

饭后无聊,为《文学》二〇四写信封。

夜子玉来,托写信,我以今夕头痛,许明日为之。因闲谈及十时许乃去。

12 月 17 日（乙丑十一月初二日　乙亥）星期四

晴,有风。上午 49°,下午 47°。

今日仍未到馆,上午为子玉写信,并写讫《文学》二〇四所用信封,午刻子玉来取去,约午后赴其家。下午二时如约往,因与共出。闲步至先施门首,遇仲弟。旋与子玉过饮于河南路中之德恒信。七时乃归。

12 月 18 日 (乙丑十一月初三日 丙子) 星期五

阴,寒。上午 43°,下午 48°。

依时入馆工作。

江春约我于廿五日赴松江演讲,题为《云南起义的经过与意义》。我本不甚愿而无以却,只得允之矣。

昨日尚觉眼额酸胀,今则大好,惟不耐久视耳。区区小极,在医家视之,曾不一措意念者,我乃受累如此,病欲如何可生耶!

12 月 19 日 (乙丑十一月初四日 丁丑) 星期日

阴雨。上午下午俱 45°。

上午入馆工作。饭后与圣陶等往振铎所发报,至二时二十分始毕。遂未入馆,偕圣陶往上海大戏院观电影《诗人游地狱》。五时许散出,同到庆馀堂购药丸。六时许乃返。

12 月 20 日 (乙丑十一月初五日 戊寅) 星期日

早雪积寸,下午阴。上午 44°,下午 49°

晨九时出进早点。十时与振铎、圣陶闲步天通庵车站,顺道过蜀商公所及六三园。十一时归,少憩,即偕赴会宾楼叔迁宴。二时许毕,我乃与圣陶浴于又日新,四时许遂归。

夜写信分致梦九及晓先,一算账,一托算账也。

12 月 21 日（乙丑十一月初六日　己卯）星期一

晴。上午 46°，下午 48°。

依时入馆工作。

夜治馔享先母之灵，盖所谓冬至夜，一年又告一度矣。享毕，合家小饮，拥炉取暖，亦颇自得也。惟不免多饮，食后不无腻口耳。

12 月 22 日（乙丑十一月初七日　庚辰　冬至　冬节）星期二

晴。上午 42°，下午 43°。

今日晨起，振铎便来，谓馆中印刷工人又告罢工，且阻编译所同人入内矣。此事昨已有传闻，谓反对王显华及乱裁人。今正式条件尚未提出，不识究作如何了结也？

九时许，集振铎家。有愈之、仲云、均正、调孚、圣陶、雁冰及吴文祺等，盖俱见阻折至者。因临时动议钱雪村，即往邀予同、建人及雪村至。至十一时半，乃同往美丽川菜馆午餐。三时许始散出，各归。

雪村勤于事而见裁，当局者亦太瞆之矣。

12 月 23 日（乙丑十一月初八日　辛巳）星期三

晴。上午 40°，下午 46°。

今日继续罢工，门不得入。我等本未去，在家看报，知公司当局之态度甚强硬，大约要弄成僵局矣。

饭前赴景贤授课。饭后乃与圣陶同往笑舞台看昆剧传习所子弟演剧。遇慰元，因合坐焉。顾传玠之《白罗衫》最佳，朱传茗之《说亲》、《回话》次之。余则稚龄有此，已弥足珍贵矣。五时许散出，六时归。

12 月 24 日（乙丑十一月初九日 壬午）**星期四**

晴。上午 45°，下午 54°。

今日仍罢工，编译所诸人俱不得入。我在家为《文学》二〇五写封套并核算各处代售账。但未及完，已中夜矣，只得俟之明日也。

明日早当赴松江演讲，则《文学》发报诸事又只有延下去矣。

12 月 25 日（十一月初十日 癸未）**星期五**

晴，湿。上午 52°，下午 70°。

清晨起，颈项又剧痛矣，木强不能俯仰，至苦。七时许与圣陶同到北车站，俟江春至，乃乘车赴松。是日游人倍多，车中几无立足地，我颈乃益痛矣。

九时许抵松江。径赴里桥松江初中演讲，因即饭焉。江春特煮鲈鱼飨我等，其味至清美也。饭后参观三中、景贤、县立图书博物馆、公共体育场、教育局等。终乃游岳庙，憩于醉白池。五时许到站，江春送我等上车乃别。

七时许归，项痛乃不胜其楚矣。又知今日馆中罢工事闹成大乱子，至惠。

12 月 26 日（乙丑十一月十一日 甲申）**星期六**

晴，傍晚雨。上午下午俱 64°。

早来颈痛依然。上午仍入馆，盖工潮已解决矣。昨日虽有冲突，幸未肇巨祸，至可欣慰也。下午颈痛加甚，遂未入馆，负痛将《文学》发报事办竣。傍晚看于玉，同出觅饮丁高长兴。饮后又逛大世界，十时乃归。

12 月 27 日（乙丑十一月十二日　乙酉）星期日

晴。下午阴，有雪意。上午 61°，下午 62°。

项强依然，乏趣之甚。午前未出，午后往看子玉，回绝不能同游之故。途遇勔初，乃大劝我避风不出为是。我大噱之，因即返。夜寝仍觉痛，颇自忧成废疾矣。

12 月 28 日（乙丑十一月十三日　丙戌）星期一

上午阴，午雨，傍晚雪。上午 55°，下午 52°。

上午依时入馆工作。下午实以项痛肩酸难忍，未入馆。四时半到振铎所发报，六时许乃归。

夜看《甲寅》廿三及《现代评论》五十四。

12 月 29 日（乙丑十一月十四日　丁亥）星期二

晴。上午 38°，下午 40°。

依时入馆工作。颈痛依然，强坐执笔为之耳。

夜饭后，肩酸甚，不耐伏案。乃以牙牌打五关，颈仍酸楚也。不久即舍去，径寝。

12 月 30 日（乙丑十一月十五日　戊子）星期三

晴，大寒。上午 33°，下午 38°。

依时入馆工作。十一时赴景贤授课。

散馆后在振铎所集谈，到圣陶、调孚、仲云、雁冰、愈之、讱生等。颇拟由文学会募资创办一图书馆。直谈至晚饭后九时始各归。

12 月 31 日 (乙丑十一月十六日　己丑) 星期四

晴。上午 34°,下午 40°。

依时入馆工作。

散馆后往本馆发行所购《清华学报》,并在大东书局购《典故日历》。旋即归,晚餐。餐后看梁任公《中国奴隶制度》,盖载在《清华学报》第二卷第二期者也。

光阴荏苒,又是一年,自问实不胜其惭怍。德业不进如故,生计支绌如故,举凡一切人生进路所应具之条件胥无异于去年,而先母则丧失于今年。不惟可惭,抑且滋痛矣!

收信表

日期	人名	地址	事由	备考
1 月 2 日	张建初	苏州司前街 34	询万象春不晤故。	
1 月 6 日	王怀之	苏州护龙街 537	复前函却谢。	
1 月 7 日	王翼之	甪直公一校	托代定《儿童世界》及《少年》。	
1 月 14 日	陈乃乾	本埠中国书店	复告前信已到,可暂移社牌。	
1 月 26 日	邱晴帆	南京安将军巷	告宁状尚谧。	
1 月 28 日	顾颉刚	北京大石作 32	寄《省区志》等,并托转乃乾诸信。	
1 月 28 日	陈乃乾	本埠中国书店	告系寄《大风》等与他。	
1 月 31 日	王翼之	苏州护龙街 537	告知其姊丈张力安死。	

续表

日期	人名	地址	事由	备考
2月2日	王翼之	同上	快函告健君为警厅长,托道地。	
2月2日	丁晓先	苏州乌鹊桥	告苏地平安。	
2月3日	章君畴	苏州蒋侯庙29	快函告健君任事,并托活动。	
2月4日	吕钰卿	杭州商品陈列馆	复前函。	
2月6日	张吉如	苏州一高	托在警厅设法兼职。	
2月7日	王翼之	苏州护龙街	复前函已到,当偕怀之进行。	
2月7日	丁晓先	苏州乌鹊桥	复阻路不能以时到馆。	
2月7日	计硕民	苏州卫前街	复已为怀之道地矣。	
2月9日	章君畴	本埠省教育会	快函约以后日来谈。	
2月11日	张吉如	苏州一高	复谢指点。	
2月11日	王翼之	苏州护龙街	复托买《文学》。	
2月14日	张剑秋	淮安县署	告知事已调省,将交卸回苏。	
2月17日	周允言	苏州泗井巷	索稿纸。	
2月18日	郑梦九	徐州县师	告开学,并兵占校舍。	
2月19日	邱晴帆	本埠职校	约星期往晤。	

日　期	人名	地　址	事　由	备考
2 月 21 日	李映娄	本埠电话局	托在苏警厅谋。	明日亲往面复难行。
2 月 23 日	周允言	苏州泗井巷 18	告注《经》近状。	
2 月 23 日	顾颉刚	北京大石作 32	托买《清史》及《戏曲大观》，并催乃乾估封泥印价。	
2 月 24 日	邱晴帆	本埠职校	约再定期谋醉。	
2 月 24 日	郑梦九	徐州县师	汇百元托购书。	
2 月 24 日	王翼之	甪直五高	托重定《儿童世界》。	
2 月 26 日	邱晴帆	本埠职校	约下星期共饮小东门酒家。	
2 月 27 日	王怀之	苏州护龙街	告近状，并言咳嗽甚剧。	
2 月 27 日	王翼之	甪直五高	托再定杂志一批。	
2 月 26 日	李映娄	本埠电话局	复前函。	
2 月 28 日	王彦龙	苏州铁瓶巷 41	告已辞警厅事。	
3 月 2 日	王翼之	甪直五高	告定单已到，并告甪校近况。	
3 月 2 日	吴秋白	本埠新关	告已接眷住民厚里八三〇号。	
3 月 5 日	曹铁笙	本埠陆四同会	告暂就那边事。	
3 月 5 日	郑梦九	徐州县师	告定单已接，再买十部。	
3 月 6 日	王翼之	甪直五高	汇款八元还我。	

续表

日期	人名	地址	事由	备考
3月11日	周允言	苏州泗井巷	告《道德经》未注毕。	
3月12日	顾颉刚	北京大石作	复告书已到,并询沪状。	
3月13日	郑梦九	徐州县师	复寄发票已到,并论近事。	
3月13日	王翼之	甪直公一校	告甪校死气沉沉。	
3月13日	朱菱阳	甪直灰堆弄	求荐事。	
3月16日	张剑秋	淮安县署	告蝉联,并托买《章氏丛书》。	
3月17日	秦组青	苏州胡家巷镇	告回乡后近状。	
3月19日	王彦龙	苏州铁瓶巷	托代印名片。	
3月20日	郑梦九	徐州县师	汇十元托代买书。	
3月21日	顾颉刚	北京北大研究院	复告前书到,并托买一批书。	
3月21日	吕钰卿	杭州商陈馆	寄相片来。	
3月24日	王翼之	甪直公一校	告曾因病入城,且托照料悦之。	
3月25日	曹义坤	浒关镇〔乡〕	复前信已到,并告平安状。	
3月27日	张剑秋	淮安县署	托购寄连史《章氏丛书》。	
3月28日	练为章	本埠大吉路	告已组立达中学。	
4月1日	王翼之	甪直公一校	告将返苏,约往一叙。	

续表

日期	人名	地址	事由	备考
4 月 3 日	计硕民	苏州街前街	复托代送道始礼。	
4 月 4 日	曹铁笙	本埠四校同学会	约星期来看我。	晴帆转来。
4 月 4 日	郑梦九	徐州县师	寄回信件，并托续订《东方》。	
4 月 7 日	曹铁笙	本埠四校同学会	言过访不晤，并告将返锡。	
4 月 7 日	俞平伯	北京老君堂	复允一月一寄稿。	
4 月 9 日	王翼之	甪直公一校	复前信，仍托代买衣料。	
4 月 9 日	仲靖澜	徐州十中	寄稿托代投。	
4 月 14 日	王怀之	十中护龙街	告奉委帮办收发。	
4 月 15 日	王彦龙	苏州铁瓶巷 41	片告印片已收到。	
4 月 15 日	顾颉刚	北京大石作 32	告陈讲义价格，并托转信甚多。	
4 月 17 日	王翼之	甪直公一校	嘱购十元左右之衣料。	
4 月 23 日	又	又	嘱再购哔叽一丈二尺寄苏。	
4 月 24 日	顾颉刚	北京大石作	告近状，并托转催□□。	
4 月 24 日	吕钰卿	杭州商品馆	候近状。	
4 月 28 日	曹铁笙	本埠四校同学会	谢宴，并寄诗同赏。	

日期	人名	地址	事由	备考
4 月 29 日	王翼之	甪直公一校	告款已托人带来，并言甜萝卜未上市。	
4 月 29 日	邱晴帆	本埠职校	约下星期日或来看我。	
4 月 29 日	顾颉刚	北京大石作	托代买《戏考》等。	
4 月 30 日	陈乃乾	本埠中国书店	告甫自杭回，有《廿四史》可卖。	
5 月 8 日	陈乃乾	同上	告自苏归，可往谈。	
5 月 9 日	濬儿	杭州湖山旅社	告平安抵杭。	
5 月 11 日	张剑秋	淮安县公署	告《章氏书》早到。	
5 月 12 日	顾颉刚	北京大石作	复我前信，并寄选票来。	
5 月 15 日	又	又	寄《京报副刊》来。	
5 月 18 日	又	又	寄《现代评论》十五期来。	
5 月 27 日	又	又	询寄书到否。	
5 月 27 日	彭树邦	江西吉安	误以我为其友而致问。	
6 月 1 日	刘虚舟	南京	托吹嘘道始。	
6 月 5 日	顾颉刚	北京大石作	寄诸函托转。	
6 月 9 日	王翼之	甪直五高	托代定《文学》。	
6 月 13 日	张剑秋	淮安县署	托为建初在京谋事。	

日期	人名	地址	事由	备考
6 月 19 日	邱晴帆	本埠职校	告将于廿一日来取《廿四史》。	
6 月 20 日	王翼之	甪直五高	代递先谱勋定《文学》。	
6 月 21 日	顾颉刚	北京大石作	寄《京副》来。	
6 月 26 日	吕钰卿	杭州商品馆	贺节。	
7 月 1 日	孙道始	无锡吉祥桥	邀赴锡演讲。	
7 月 1 日	顾颉刚	北京大石作	催问《戏考》出否。	
7 月 2 日	邱晴帆	本埠职校	代道始邀讲,并约星期往晤。	
7 月 6 日	孙道始	无锡吉祥桥	复允罢讲。	
7 月 7 日	曹铁笙	本埠尚贤坊	寄稿来。	
7 月 8 日	陈乃乾	本埠中国书店	询袁同礼何人。	
7 月 10 日	郑梦九	徐州县师	告寄书已到,并再托购书且结账。	
7 月 14 日	章君畴	苏州砂皮巷	告校舍另有彭敏伯涉足。	快。
7 月 15 日	又	又	告彭已放手,可进行。	快。
7 月 14 日	顾颉刚	北京大石作	片复赞成办中学。	
7 月 14 日	王翼之	甪直一校	告已入城。	
7 月 17 日	章君畴	苏州砂皮巷	快函告校舍情形有条件。	
7 月 19 日	又	又	又　告恐将无成。	

日　期	人名	地　址	事　由	备考
7月20日	丁晓先	又　带成桥	快函告办学有人肯垫款。	
7月25日	邱晴帆	南京红庙十号	告寄铁稿来。	
7月25日	张建初	南京一女附小	告在宁近状。	
7月25日	刘虚舟	又　无量巷	告常住宁。	
7月27日	张建初	又　一女师附小	寄《文化史》来。	
7月28日	陈乃乾	本埠中国书店	寄临时书目,并告朴社账将结束。	
7月29日	邱晴帆	南京红庙十号	告下半年职务变动事。	
7月29日	顾颉刚	北京大石作	询接收朴社事。	
7月29日	张建初	南京一女师附小	复前函。	
7月30日	王翼之	苏州护龙街	告已归苏。	
7月30日	计硕民	又　卫前街	复前函。	
8月3日	王翼之	又　护龙街	告苏地近况。	
8月5日	陈乃乾	本埠中国书店	复下星期可否接晤。	
8月6日	王翼之	苏州护龙街	告健君去职事,并指助我们办寿衣。	
8月7日	吕钰卿	杭州商品陈列馆	告教英文甚忙,并其弟亦杭就事。	
8月7日	顾颉刚	北京大石作	催询社事及其他。	
8月7日	章君畴	本埠省教育会	托介绍一梦游书籍。	

日期	人名	地址	事由	备考
8 月 7 日	邱晴帆	南京红庙	告八日来沪。	
8 月 8 日	练为章	本埠大吉路	告父丧。	
8 月 12 日	曹铁笙	又　尚贤坊	约与铭九晤期。	
8 月 12 日	王翼之	苏州护龙街	询我母疾。	
8 月 12 日	张剑秋	淮安县署	告仍蝉联。	
8 月 12 日	秦组青	苏州胡家巷	告将辞店。	
8 月 13 日	张建初	又　司前街	托取北大史学系章程。	
8 月 14 日	王仁斋	又　护龙街	唁我母丧，并致代箔二元。	
8 月 14 日	曹义坤	浒关乡	唁我母丧，并告舅父、姨母俱病。	
8 月 15 日	邱晴帆	本埠职校	唁我母丧。	
8 月 16 日	计硕民	苏州卫前街	唁我母丧。	
8 月 20 日	王翼之	又　护龙街	复前信。	
8 月 20 日	计硕民	又　卫前街	托购书。	
8 月 20 日	张建初	又　司前街	唁我母丧。	
8 月 20 日	张吉如	又　平林中学	又	
8 月 20 日	吕钰卿	杭州商品馆	唁我母丧。	
8 月 20 日	陈乃乾	本埠中国书店	又	
8 月 20 日	曹铁笙	又　尚贤坊	讽我在沪开吊。	
8 月 22 日	张剑秋	淮安县公署	唁我母丧。	

续表

日期	人名	地址	事由	备考
8月24日	王翼之	苏州护龙街	告我母灵枢已到苏进堂矣。	
8月27日	尤橄甫	又　袅绣坊	唁丧并托事。	
8月28日	秦佐青	又　胡家巷	告会清即到申。	
8月28日	顾颉刚	北京大石作	与介泉、平伯、缉熙合寄廿元来赙。	
8月31日	吕铭堂	安徽荻港厘局	唁丧并致赙两金。	
8月31日	王翼之	甪直五高校	询讣已收到否。	
8月31日	郑梦九	徐州县师校	唁丧。	
8月31日	邱晴帆	本埠职业校	送吊礼,并为东屏代送。	
8月31日	顾颉刚	北京大石作	告乃乾清账已到京,并催结束。	
9月1日	萧公黎	甪直南街	唁丧并致赙。	
9月1日	孙道始	无锡吉祥桥	唁丧,并言寄幛联。	
9月1日	吕钰卿	杭州商品馆	致赙四元。	
9月1日	陈乃乾	本埠中国书店	谢失照,并致赙。	
9月11日	顾颉刚	北京大石作	催股款,并促解款。	
9月11日	王翼之	甪直五高	告良才婚期(双十节)。	
9月15日	曹铁笙	本埠尚贤坊	告小恙颇苦。	
9月17日	王翼之	甪直五高	复良才礼当代送。	
9月17日	杜翼南	苏州西美巷	托询稿件。	

续表

日期	人名	地址	事由	备考
9 月 19 日	陈乃乾	本埠中国书店	寄社账,并约明日一谈。	
9 月 21 日	吕钰卿	杭州商品馆	托荐排字人。	
9 月 21 日	练为章	本埠大吉路	复景贤事可否由樾甫暂代。	
9 月 24 日	又	又	复允双十后自兼景贤课。	
9 月 27 日	陈乃乾	又　中国书店	告饮后沈亦病,凌且遗失廿元。	
9 月 27 日	计硕民	徐州第十中学	托问俞凤宾住所。	
9 月 28 日	顾颉刚	北京大石作	告社事进行状。	
9 月 30 日	郑梦九	徐州县师校	托制徽章。	
10 月 1 日	王翼之	甪直公一校	复慰我生女。	
10 月 1 日	顾颉刚	北京大石作	告款已寄到。	
10 月 9 日	郑梦九	徐州县师校	复制徽章三百枚。	
10 月 9 日	王翼之	甪直公一校	复杨家娘患疟不能即来。	
10 月 9 日	邱晴帆	本埠中职校	复不能奉陪赴锡。	
10 月 9 日	杜翼南	苏州西美巷	催询所作稿。	
10 月 13 日	王翼之	甪直公一校	告杨家娘一月内不能来。	
10 月 15 日	顾颉刚	北京大石作	汇《文学》报款来。	
10 月 16 日	曹铁笙	本埠尚贤坊	告赁屋善广里。	
10 月 19 日	王翼之	甪直公一校	托询家具时价。	

日期	人名	地址	事由	备考
10月24日	丁晓先	苏州带成桥	告母病笃。	
10月26日	又	又	续告母危,并托荐冯达夫。	
10月27日	邱晴帆	本埠职校	问曹稿寄道始否。	
10月26日	杜翼南	苏州西美巷	快信驳凌文之。	
10月28日	曹铁笙	本埠善庆里	催询稿件。	
10月28日	王翼之	甪直公一校	问前信到未。	
10月28日	仲弟	本埠汕头路	告将入京一行。	
10月30日	丁晓先	苏州带成桥	快函告母丧。	
10月30日	张剑秋	又　司前街	告已引避别谋。	
10月31日	计硕民	又　卫前街	告已间关遄返。	
10月31日	杜翼南	又　西美巷	快函寄还版权让与证。	
11月7日	邱晴帆	本埠职校	约明日过访我。	
11月11日	王翼之	甪直公一校	复告家具再说罢。	
11月12日	郑梦九	徐州县师校	复告信已接徽章可缓寄。	
11月15日	又	又	告路邮已通请速寄徽章。	
11月17日	顾伯英	苏州铁瓶巷	请代询所著稿要否。	
11月24日	邱晴帆	本埠职校	托附送梦九礼分。	
11月24日	尤樾甫	苏州衮绣坊	托转告晓先以辞松事。	

续表

日期	人名	地址	事由	备考
11 月 27 日	王受百	苏州金狮河沿	托为绳武谋艺徒事。	
12 月 4 日	邱晴帆	本埠职校	询《国学周刊》误寄事。	
12 月 9 日	仲弟	本埠汕头路	告明后日归晤。	
12 月 10 日	丁晓先	苏州带成桥	复目疾已稍瘳。	
12 月 11 日	王翼之	角直公一校	告曾回苏，与珏人相左。	
12 月 12 日	陈乃乾	本埠中国书店	送《盛明杂剧》来，并约明日同芳茶叙。	
12 月 13 日	王翼之	角直公一校	问上海印价。	
12 月 15 日	王怀之	苏州护龙街	复允代完坟粮。	
12 月 17 日	郑梦九	徐州县师校	汇款廿五元来。	
12 月 19 日	王翼之	角直公一校	催问印价。	
12 月 23 日	丁晓先	苏州带成桥	快信询被辞否。	
12 月 29 日	王翼之	角直公一校	托另设法，以县教育费将无着也。	
12 月 30 日	郑梦九	徐州县师校	复以馀款购《教育丛著》。	

发信表

日期	人名	地址	事由	备考
1 月 3 日	张建初	苏州司前街 34	复陈不晤之故。	

日期	人名	地址	事由	备考
1月3日	张吉如	苏州吴一高	谢同学公宴。	
1月3日	张剑秋	淮安县公署	复告近状。	
1月3日	王怀之	苏州护龙街	谢打搅并告近状。	
1月3日	王彦龙	苏州铁瓶巷	谢送物。	
1月5日	顾颉刚	北京大石作32	复算记账，并挂号寄《路史》及《年表》去。	
1月8日	王翼之	甪直公一校	复寄《少年》、《儿童世界》的定单。	
1月13日	陈乃乾	本埠中国书店	告昨访不晤，并商恳移社牌事。	
1月27日	郑梦九	徐州户部山西巷	告此间近状。	
1月27日	邱晴帆	南京北城安将军巷	复告近状，并言已代购《书林清话》。	
1月27日	王怀之、翼之	苏州护龙街537	告近状，并说明即日不能莅苏故。	
1月27日	吕钰卿	杭州商品陈列馆	告此间近状，并询杭地情形。	
1月28日	陈乃乾	本埠中国书店	转颉刚函与他。	
2月1日	王翼之	苏州护龙街	复慰丧少安，并托代送箔敬一元。	
2月2日	王翼之	同上	快函复所托事已办。	

日期	人名	地址	事由	备考
2 月 2 日	计硕民	苏州卫前街 51	快函托为怀之及乃翁道地。	
2 月 3 日	顾颉刚	北京大石作 32	复前函，并谢介泉赠书。	
2 月 3 日	丁晓先	苏州乌鹊桥	复催即来。	
2 月 6 日	张吉如	苏州一高校	复劝不必插足今日之官场。	
2 月 6 日	秦佐青	苏州胡家巷	告暂不到苏，并盼他来。	
2 月 7 日	王翼之	苏州护龙街	复不到苏，仍催问已进行，并托代送蔡礼。	
2 月 7 日	计硕民	苏州卫前街	复仍请为怀之道地。	
2 月 7 日	张吉如	苏州一高	复风传政局不靖，仍劝不必过问。	
2 月 13 日	王翼之	苏州护龙街	复一时不来。	
2 月 13 日	邱晴帆	本埠职校	告《曲谱》已购到预约券。	
2 月 15 日	张剑秋	淮安县署	复昨函。	
2 月 18 日	周允言	苏州二中	复寄稿纸。	
2 月 22 日	王怀之	苏州护龙街	托代送少安吊礼二元。	
2 月 23 日	李映娄	本埠电话局	复告不晤，并申言不能为力之由。	

续表

日　期	人名	地址	事由	备考
2 月 26 日	王翼之	甪直五高	复告已定到,并寄定单。	
2 月 26 日	郑梦九	徐州县师	复告书已购,寄定单发票。	
2 月 24 日	周允言	苏州泗井巷	复前函。	
2 月 27 日	顾颉刚	北京大石作	复前函,并寄书一包。	
2 月 27 日	邱晴帆	本埠职校	复下星期不能如约。	
2 月 27 日	陈乃乾	本埠中国书店	为颉刚催询估价。	
3 月 2 日	王怀之	苏州护龙街	复慰咳嗽。	
3 月 2 日	王翼之	甪直五高	挂号寄第三批单,索还垫款。	
3 月 2 日	王彦龙	苏州铁瓶巷	复论健君不是。	
3 月 7 日	王翼之	甪直五高	复款已收到。	
3 月 7 日	郑梦九	徐州师校	复准再购寄书籍。	
3 月 7 日	曹铁笙	本埠四校同学会	复前函。	
3 月 10 日	郑梦九	徐州师校	寄第二批书发票。	
3 月 10 日	顾颉刚	北京大石作	托买《京报副刊》汇订本。	
3 月 14 日	周允言	苏州泗井巷	复十一日信。	
3 月 14 日	顾颉刚	北京大石作	借《哲学史》中、下册。	

日期	人名	地址	事由	备考
3 月 18 日	曹义坤	浒关下塘鸿德和转	探省一切。	
3 月 18 日	张剑秋	淮安县署	复《章氏书》可照同行折扣买。	
3 月 18 日	秦佐青	苏州胡家巷	复告已托人代荐新新公司学徒。	
3 月 20 日	王彦龙	苏州铁瓶巷	复名片已印,并欢迎来沪。	
3 月 21 日	郑梦九	徐州县师	复汇款已到。	
3 月 23 日	王叔亮	本埠方板桥	告昨失约歉。	
3 月 25 日	王翼之	甪直公一校	复告悦之已归。	
3 月 25 日	吕钰卿	杭州商品馆	复谢照片,并告将赴杭。	
3 月 27 日	顾颉刚	北京大石作	寄善书十三种去(另包挂号)。	
3 月 27 日	郑梦九	徐州县师校	寄复《东方》续定办法。	
3 月 28 日	张剑秋	淮安县署	告《章氏书》已挂号寄出。	
3 月 28 日	俞平伯	北京老君堂	告此间另组《读书杂志》,属加入并邀颉刚。	
3 月 28 日	练为章	本埠立达中学	复甫接信。	
3 月 30 日	计硕民	苏州卫前街	转道始喜柬。	
3 月 30 日	吕钰卿	杭州商品馆	告中止旅杭。	

续表

日期	人名	地址	事由	备考
3月31日	王翼之	甪直公一校	汇一元托转送咏沂祖母吊礼。	
4月1日	王翼之	苏州护龙街	复不能即来。	
4月4日	计硕民	苏州卫前街	复允代送道始礼一元。	
4月7日	曹铁笙	本埠四校同学会	复道歉。	
4月13日	王翼之	甪直公一校	告哗叽价请明示。	
4月13日	仲靖澜	徐州北关十中	复告稿投不了。	
4月15日	王怀之	苏州护龙街	复告慰悦,并附笺托致子玉。	
4月17日	顾颉刚	北京大石作	复昨信。	
4月17日	俞平伯	北京老君堂	复前信	
4月18日	王翼之	甪直公一校	告衣料已购就,俟悦之带回。	
4月22日	邱晴帆	本埠职校	告改期礼拜五来此小饮。	
4月22日	曹铁笙	本埠四校同学会	告同上之情。	
5月2日	顾颉刚	北京大石作	复告所托事当陆续代办。	
5月11日	张剑秋	淮安县公署	复言未接前信。	
5月12日	陈乃乾	本埠中国书店	寄选票。	
5月6日	顾颉刚	北京大石作	寄所买书去。	

日期	人名	地址	事由	备考
5 月 14 日	又	又	寄《文学》股款收据去。	
5 月 14 日	王彦龙	苏州铁瓶巷	复前信,并告代印片早取去。	
5 月 18 日	顾颉刚	北京大石作	复告所寄件俱收到。	
5 月 19 日	又	又	代转汉口吕姐函。	
5 月 28 日	又	又	复昨函。	
5 月 28 日	彭树邦	江西吉安	复他误以同姓名找我了。	
6 月 2 日	顾颉刚	北京大石作	托补寄《京报副刊》第四册。	
6 月 9 日	王翼之	甪直五高	复寄赠《文学》。	
6 月 15 日	顾颉刚	北京大石作	催托为建初谋事。	
6 月 15 日	张剑秋	淮安县署	复已催颉刚着力进行矣。	
6 月 19 日	邱晴帆	本埠职校	复应来取书。	
6 月 20 日	王翼之	甪直五高	复寄收据,并询缔姻事。	
7 月 1 日	郑梦九	徐州县师	寄《日用百科全书补编》去。	
7 月 1 日	刘虚舟	托梦九转	复道始事已在进行。	
7 月 1 日	孙道始	无锡吉祥桥	复不能去,且告事已进行。	

续表

日期	人名	地址	事由	备考
7月1日	顾颉刚	北京大石作卅二	复告《鉴赏》已寄出等。	
7月1日	张剑秋	淮安县署	复建初事已得颉刚函即照转。	
7月2日	邱晴帆	本埠职校	复星期下午候他。	
7月6日	陈乃乾	本埠中国书店	转颉刚寄来印件。	
7月8日	又	又	复告袁守和为颉刚同学。	
7月7日	顾颉刚	北京大石作	告将办中学,请征介泉、缉熙、万里同意。	
7月7日	吴维贤	本埠尚贤坊3	告将办中学,约十二午宴。	
7月7日	练为章	本埠大吉路二3	同上。	
7月10日	郑梦九	徐州县师校	复结账,并唁其尊人丧。	
7月10日	曹铁笙	本埠尚贤坊	复稿已到,所托尚未见复。	
7月11日	顾颉刚	北京大石作三二	复已与乃乾接洽,并先收雁冰款。	
7月15日	章君畴	苏州砂皮巷	复请酌裁进行。	
7月18日	又	又	复我们四条件。	
7月19日	秦佐青	苏州胡家巷	询近状。	
7月19日	王翼之	苏州护龙街	告别后状,并邀来游。	

日 期	人 名	地 址	事 由	备 考
7 月 19 日	计硕民	又 卫前街	谢送物,并告清嘉进行状。	
7 月 19 日	王彦龙	又 铁瓶巷	同上。	
7 月 21 日	张建初	又 司前街	询剑秋归未。	
7 月 26 日	又	南京一女师附小	复告曾有信寄苏。	
7 月 26 日	刘虚舟	又 无量庵	复为道始尽力。	
7 月 26 日	邱晴帆	又 红庙	复稿已到,并寄样本去。	
7 月 27 日	张建初	又 一女师附小	复《文化史》已收到。	
7 月 28 日	吴寄园	又 全福巷	寄还稿件。	挂号另封。
7 月 28 日	陈乃乾	本埠中国书店	复告书目接到,并请示期接收。	
8 月 2 日	邱晴帆	南京红庙	复劝就学生军教练。	
8 月 2 日	曹铁笙	本埠尚贤坊	函告晴帆行期展缓。	
8 月 3 日	顾颉刚	北京大石作	复告清嘉不成,并寄书去。	
8 月 3 日	陈乃乾	本埠中国书店	言昨日不晤更请示期接谈。	
8 月 4 日	王翼之	苏州护龙街	复论清嘉及健君两事。	
8 月 4 日	计硕民	苏州卫前街	复论健君事。	

日期	人名	地址	事由	备考
8月4日	吕钰卿	杭州商品馆	函告注念,并问其家近状。	
8月5日	陈乃乾	本埠中国书店	函复下星期可晤谈。	
8月7日	王翼之	苏州护龙街	复谢指助我们办寿衣等。	
8月8日	邱晴帆	本埠中华职校	告明日有他约,不能把晤。	
8月8日	曹铁笙	又　霞飞路	告晴帆已来,我明日不能晤。	
8月8日	章君畴	苏州砂皮巷	复介《山西地理志》等。	
8月9日	练为章	本埠大吉路	慰唁其父丧。	
8月11日	曹义坤	浒关	报母丧。	并托转诸戚。
8月11日	王仁斋	苏州护龙街	同右。	并托转外家。
8月11日	顾颉刚	北京大石作	同右。	并托转京友。
8月11日	计硕民	苏州卫前街	同右。	并托转苏友。
8月13日	张剑秋	淮安县署	复信兼告丧。	
8月13日	王翼之	苏州护龙街	复信并告举殡情形。	
8月13日	王悦之	本埠二马路	告丧。	

日　期	人名	地址	事由	备考
8 月 13 日	秦组青	苏州胡家巷	复今来沪，并告丧。	
8 月 13 日	吕钰卿	杭州商品馆	复前信，并告丧。	
8 月 13 日	练为章	本埠大吉路	告丧。	
8 月 13 日	邱晴帆	又　职业校	告丧。	
8 月 13 日	曹铁笙	又　尚贤坊	复前信，并告丧。	附致维贤告丧。
8 月 15 日	陈乃乾	又　中国书店	告母丧。	
8 月 15 日	张建初	苏州司前街	复昨信，并告丧。	
8 月 15 日	曹义坤	浒关乡	复谢唁，并询舅父、姨母病状。	
8 月 15 日	王仁斋	苏州护龙街	复谢唁赙。	
8 月 16 日	计硕民	又　卫前街	复谢唁。	
8 月 21 日	又	又　又	托转恳允言、彦龙等挽联。	
8 月 21 日	王仁斋	又　护龙街	托到堂加漆。	
8 月 21 日	张吉如	又　复兴桥	复谢唁。	
8 月 21 日	曹铁笙	本埠尚贤坊	复谢关垂。	
8 月 22 日	曹义坤	浒关乡	告先母开吊及安葬。	
8 月 26 日	王怀之	苏州护龙街	谢代带漆匠至永善堂加漆。	
8 月 26 日	计硕民	又　卫前街	谢寄代印讣谢各件。	

续表

日期	人名	地址	事由	备考
8 月 27 日	尤樾甫	又　袭绣坊	谢唁,并复一时无法。	
8 月 27 日	仲弟	本埠汕头路	催取空白讣闻。	
8 月 28 日	顾颉刚	北京大石作	谢赙赠,并转平介、缉三兄。	
8 月 31 日	吕铭堂	安徽荻港厘局	谢赙赠。	
8 月 31 日	王翼之	甪直五高	答讣已寄出。	
8 月 31 日	郑梦九	徐州县师校	谢唁。	
9 月 1 日	萧公黎	甪直南街	谢唁赙。	
9 月 1 日	吕钰卿	杭州商品馆	谢赙。	
9 月 1 日	孙继之	无锡吉祥桥	谢唁赙。	
9 月 1 日	顾颉刚	北京大石作	复已与乃乾交涉。	
9 月 1 日	陈乃乾	本埠中国书店	寄颉刚原信与他,略让之。	
9 月 2 日	又	又	谢赙,并中述所以略让之故。	
9 月 14 日	顾颉刚	北京大石作	复股款缓缴,解款俟乃乾交到。	
9 月 14 日	计硕民	徐州十中	寄练宅谢帖。	
9 月 14 日	周允言	苏州泗井巷	又。	
9 月 14 日	王彦龙	又　铁瓶巷	告入城未能赴访故,并附致子玉。	
9 月 14 日	王怀之	又　护龙街	告安抵上海,并谢照料。	

日期	人名	地址	事由	备考
9 月 14 日	王翼之	甪直五高	复代送良才礼。	
9 月 15 日	陈乃乾	本埠中国书店	属速送账。	
9 月 16 日	曹铁笙	又　尚贤坊	复慰小病,并谢赙。	
9 月 18 日	杜翼南	苏州西美巷 27	复稿件尚无下文。	
9 月 19 日	顾颉刚	北京大石作 32	复乃乾事尚未洽,并询其戚已否就聘。	
9 月 19 日	练为章	本埠大吉路 23	托兼景贤课。	
9 月 19 日	吴秋白	本埠新关	寄回王君稿件。	
9 月 21 日	陈乃乾	本埠中国书店	告病酒,且谢加入餐会不果。	
9 月 21 日	练为章	本埠大吉路	复江春不允由樾甫暂代。	
9 月 25 日	顾颉刚	北京大石作	汇朴社底款及细账。	
9 月 27 日	王仁斋	苏州护龙街	告又生一女。	
9 月 27 日	王翼之	甪直公一校	告生,女并托代送良才喜礼。	
9 月 27 日	曹义坤	浒关乡	告又生一女。	
9 月 27 日	计硕民	徐州十中	复告俞凤宾住所。	
9 月 29 日	仲弟	本埠汕头路	询何以不来。	
9 月 29 日	顾颉刚	北京大石作	复告社事。	
9 月 29 日	吕钰卿	杭州商品馆	复俟机会荐排字人。	

续表

日期	人名	地址	事由	备考
10月1日	郑梦九	徐州县师校	复徽章价及出货期请再示。	
10月3日	王怀之	苏州护龙街	谢送物望珏人生产。	
10月3日	王翼之	甪直公一校	复前书,并托找寻杨家娘。	
10月9日	又	又	催询何以不复。	
10月9日	郑梦九	徐州县师	又。	
10月7日	邱晴帆	本埠职校	约同游无锡。	
10月10日	又	又	复锡游可罢。	
10月10日	郑梦九	徐州县师	复函到,事已办。	
10月10日	王翼之	甪直公一校	复函到,致相左。	
10月10日	杜翼南	苏州西美巷	复当托致觉催询。	
10月14日	王翼之	甪直公一校	复信已到,准暂雇工。	
10月15日	顾颉刚	北京大石作	寄同意票,并催详复。	
10月17日	又	又	复汇款已到。	
10月21日	杜翼南	苏州西美巷	告稿须修改。	
10月21日	练为章	本埠大吉路	请即到景贤上课。	
10月25日	王仁斋父子	苏州护龙街	寄周年礼券,并复翼之。	
10月25日	丁晓先	又　带成桥	复慰。	
10月27日	又	又	复荐书已转出。	

续表

日期	人名	地址	事由	备考
10 月 27 日	郑梦九	徐州县师	告徽章已好,暂不能寄。	
10 月 27 日	杜翼南	苏州西美巷	复快函已转出。	
10 月 27 日	邱晴帆	本埠职校	复曹稿已交由唐君转道始矣。	
10 月 28 日	王翼之	甪直公一校	复早有书寄苏矣。	
10 月 29 日	杜翼南	苏州西美巷	挂号寄购稿契约去。	
10 月 29 日	曹铁笙	本埠爱而近路善庆里一九四号	复稿件已绝望。	
10 月 31 日	丁晓先	苏州带成桥	唁其母丧并致箔券。	
10 月 31 日	张剑秋	苏州司前街	复赞引避,并速来此一谈。	
11 月 2 日	计硕民	又　卫前街	复知已归,约与剑秋同来。	
11 月 2 日	杜翼南	又　西美巷	复稿费已由馆中径汇。	
11 月 8 日	王翼之	甪直公一校	复家具需自来看货配价。	
11 月 17 日	郑梦九	徐州铜师校	寄徽章去。	
11 月 24 日	又	又	寄呢布幛去。	
又	邱晴帆	本埠职校	告郑礼已送,请另致。	

日期	人名	地址	事由	备考
11月28日	王受百	苏州金狮河沿五号	复绳武事实无能为力。	
又	顾颉刚	北京大石作	寄师范课程纲要去。	
12月4日	王仁斋	苏州护龙街	报告珏人回沪平安状。	
12月7日	又	又	告由苏运来物已照收。	
12月10日	郑梦九	徐州铜师校	询前所寄各件究否收到。	
12月10日	丁晓先	苏州带成桥	复告苏物已运到，十三日不能亲吊。	
12月17日	王翼之	甪直公一校	复告印价。	
12月21日	郑梦九	徐州铜师校	挂号寄收据，且结清账目。	
12月21日	丁晓先	苏州带成桥	托代向《小说林》算《文学》账。	
12月24日	又	又	快函复未辞。	

收支一览表

月	日	摘要	收入	支出
1	1	由苏回沪车票等		4.00
1	2	送陈星斋母安窆礼		1.00

续表

月	日	摘要	收入	支出
1	2	盘存去年存项及赴苏用	114.60	99.50(细数)
1	4	代颉还圣(2)并晋隆聚餐		4.00
1	7	本月上半薪水	60.00	
1	7	付清本月家用		30.00
1	7	十二月《申报》		0.90
1	8	一月分储蓄会		6.00
1	8	代翼之定《少年》、《儿界》各一		3.54
1	10	公钱廉逊之芜湖		1.80
1	11	书橱一具		16.00
1	11	正兴馆午饭		2.00
1	14	与晓先、圣陶合吊子贞		1.00
1	21	一月下半薪(扣去16元)	44.00	
1	22	预支二月上半薪	60.00	
1	22	预付二月分家用		30.00
1	22	存入本馆出纳分科		10.00
1	22	绒布(2)、香烟(1)、老母(2)、莲(2)		7.00
1	22	工巡捐冬季		5.04
1	23	阴十一月分房金		28.00
1	24	绍酒三斤(6)、看电影(8)		1.40
1	26	买《双梅影庵丛书》六册		3.00
1	26	代晴帆买《书林清话》		2.60

月	日	摘要	收入	支出
1	30	惠罗写字夹		1.00
1	31	给澄儿压岁		1.00
1	31	边炉全生		1.00
		一月共计	278.60	259.78
		应存	18.82	
2	1	上月转存	18.82	
2	1	火腿(1元)、茶叶(4角)、熏鱼(4角)		1.80
2	4	先付本月家用找		10.00
2	4	轧见杂耗(1元)、邮票(1元)		2.20
2	6	《申报》一月		0.90
2	7	本月储蓄		6.00
2	7	老源源夜饮		2.00
2	9	送达夫婚礼		2.00
2	9	公饯仲彝赴厦门		2.40
2	10	《世界史》稿费找补	30.00	
2	11	《史地学报》三卷四期		0.27
2	11	潜、清两儿学杂费		21.20
2	11	在王宝和饮允言、君畴		2.60
2	11	晴帆还书账	2.60	
2	14	公饯东华赴杭州		1.00
2	15	宴请彦龙		2.00

续表

月	日	摘要	收入	支出
2	17	宴请晓先		2.00
2	21	送京周母寿礼		2.00
2	21	本月下半薪水	60.00	
2	21	叔迁会(1/2)		10.00
2	21	付家用		40.00
2	23	理发		0.40
2	23	豫丰泰夜饮		0.60
2	23	另用		0.20
2	26	梦九买书馀款(16元小4角铜元35枚)	16.40	
2	26	代翼之再定《儿童世界》		2.51
2	26	代颉刚买书(见另账)		3.20
2	27	公饯达夫赴奥		2.00
2	28	邮票		1.00
3	2	代翼之定书三种		5.09
3	3	酒菜自贺生日		2.00
3	7	本月上半薪水	60.00	
3	7	家用		50.00
3	8	正兴馆午饭		3.00
3	8	《申报》一个月		0.90
		二月分共计	125.42	118.28
		收付相抵应存	7.14	

续表

月	日	摘要	收入	支出
3	1	收上月转存	7.14	
3	9	转上页六项综计	60.00	60.99
3	9	收翼之还书款	8.00	
3	9	付梦九续寄书4本		14.95
3	9	收借珏人	30.00	
3	9	付借给仲弟		20.00
3	12	绍酒六斤半		7.00
3	12	定卧床先付		5.00
3	19	付代彦龙印名片(百)		2.70
3	21	收梦九汇来书款	10.00	
3	21	收本月下半薪水	60.00	
3	21	付叔迁会款		10.00
3	21	付文学捐款(去年冬季)		2.00
3	21	付家用		40.00
3	21	付预缴旅杭费用		10.00
3	23	付文学聚餐费		1.00
3	23	付《上下古今谈》		0.54
3	23	付代梦九预约《百补》		2.16
3	23	收轧多暂存	1.60	
3	25	付玻璃四味架		1.00
3	25	付学生会剧券		1.00
3	26	付代颉刚买吕祖书等		2.29

月	日	摘要	收入	支出
3	26	火腿(0.56),饼干、熏鱼(0.4),查糕(0.1)		1.06
3	28	《国学季刊》四期一册		0.50
3	29	付正兴馆午饭		2.25
3	29	付省美书制笺二束		0.40
3	29	付生橡皮底夹呢鞋		2.60
3	29	收回旅杭缴费	10.00	
3	31	付汇角托翼之吊咏家		1.00
3	31	付又汇费及邮票		0.20
3	31	付还珏人		4.00
3	31	付存储小银角一枚		0.90
		三月份共计	186.74	186.74
		收付相抵		
4	7	收本月上半薪水	60.00	
4	7	付家用		50.00
4	7	付积欠另用		3.00
4	7	付请佩弦酒菜		3.00
4	8	付与圣陶看电影		1.00
4	11	付送道始婚礼		2.00
4	11	付代硕民送道始礼		1.00
4	12	收借珏人	5.00	
4	12	付送调甫续弦礼		2.00

续表

月	日	摘要	收入	支出
4	12	付火腿		0.50
4	14	付公送锡章喜礼		0.20
4	15	付儿食		0.80
4	16	付理发		0.30
4	16	付轧见另用		0.60
4	21	收本月下半薪水	60.00	
4	21	付叔迁会金		10.00
4	21	付家用		40.00
4	21	付《日语汉译读本》		0.58
4	24	付请铁笙、晴帆酒菜		3.00
4	26	付《文学史》等书四种		1.75
4	26	付修表		0.80
4	26	付北万馨点心		0.30
4	26	付邮票		1.00
4	27	付言茂源独饮		1.00
4	28	付《甲子苏祸记》		0.20
4	30	收借庶母	5.00	
		四月分共计	130.00	123.23
		收付相抵应存	6.77	
5	1	付珏人借		2.00
5	1	付上月轧见另用		2.37
5	1	收上月存	6.77	

月	日	摘要	收入	支出
5	3	付华福麦乳精		1.60
5	3	付车力、杂用		0.20
5	4	收取储款	60.00	
5	4	收珏人还	2.00	
5	4	付家用		20.00
5	5	付《申报》		0.90
5	5	付代颉刚买书		8.80
5	7	收本月上半薪	60.00	
5	7	付家用		45.00
5	7	付我与颉刚文学股款		10.00
5	7	付日文学费		2.50
5	8	付还珏人		1.00
5	8	付香烟一大匣		0.77
5	8	付仲弟		20.00
5	8	付老一大与乃乾饮		1.20
5	9	付火腿及孩食		1.60
5	9	付昨点心		0.10
5	9	付爱普庐看电影		1.40
5	10	付文学会聚餐		1.00
5	15	付《中国文学史》等书		0.25
5	15	付冠生园牛肉等		0.28
5	15	付车力		0.20

月	日	摘要	收入	支出
5	17	付胜鸿楼酒饭		2.60
5	20	付车力、报资等		0.20
5	21	收本月下半薪	60.00	
5	21	付保火险费		10.50
5	21	付叔千会		10.00
5	21	付家用		40.00
5	25	收馆中分红	153.00	
5	25	付馆中书账		45.64
5	25	付珏人		20.00
5	26	付赠乡亲		2.00
5	26	付捐助工人		1.00
5	26	付既澄婚礼		2.00
5	26	收圣陶找还书账	0.80	
5	26	付另化去		1.00
5	27	付车力、小吃等		1.00
5	31	付还乃乾书账		60.00
5	31	付火腿		0.80
		五月份共计	342.57	317.91
		收付相抵应存	24.66	
6	1	收上月转存	24.66	
6	5	付母用		1.00
6	5	付轧见另用		0.80

月	日	摘要	收入	支出
6	6	收本月下半薪水	60.00	
6	6	付家用		50.00
6	6	付学日文费		2.50
6	7	付《申报》		0.90
6	14	收晴帆还我书账	2.00	
6	14	付聚成吃局及车力		2.00
6	14	付轧见另用		1.00
6	14	付馆役节赏		2.00
6	15	付模特儿照相		0.20
6	20	收本月下半薪	60.00	
6	20	付叔千会		10.00
6	20	付家用		40.00
6	21	付大世界游资及另化		1.20
6	21	付修皮鞋		0.80
6	22	付赴职校讲演车力		0.60
6	22	收晴帆交《廿四史》款	10.00	
6	24	付赴浦东车力		0.60
6	25	付母亲另用及购椅		3.00
6	25	付珏人制衣		10.00
6	28	付借给珏人		10.00
6	28	付高长兴酒及车力		1.20
6	28	收圣陶还我代书账	4.50	

月	日	摘要	收入	支出
6	30	付借给珏人		20.00
6	30	付另用		1.00
		六月共计	161.16	158.80
		收付相抵应存	2.36	
7	1	收上月转存	2.36	
7	4	付《申报》及菜		1.60
7	4	付教职员同志会会费		0.50
7	5	收珏人还	5.00	
7	5	付聚成小饮并车力		2.80
7	5	付《现代评论》五期		0.15
7	7	收本月上半薪	60.00	
7	7	付捐助"五卅"案工人		25.80
7	7	付家用		34.00
7	7	收珏人还我	5.00	
7	7	付日文学费		2.50
7	7	付冰淇淋股		1.00
7	9	收雁冰转来朴社款	16.00	
7	9	付言茂源饮		2.50
7	10	付清中国书店馀账		7.80
7	11	收回冰淇淋馀款		0.88
7	12	付太平洋社宴客		3.60
7	13	付赴苏往回火车		1.85

续表

月	日	摘要	收入	支出
7	13	付在苏杂用、车费等		1.50
7	15	付理发		0.20
7	17	付代梦九定什志		2.28
7	19	付《日语读本》第2		0.96
7	19	付《清华学报》第二卷一号		0.28
7	19	付小朋友		0.07
7	21	收本月下半薪	60.00	
7	21	付家用		40.00
7	21	付叔千会		10.00
7	24	付易安饮冰		0.50
7	24	付言茂源晚酌及大世界		4.00
7	25	付买《甲寅》等		0.20
7	27	付三次送药(母用)		3.00
7	31	收珏人还我	5.00	
		七月共计	153.36	147.97
		收付相抵应存	5.39	
8	1	收上月结存	5.39	
8	2	付福禄寿冰淇廉		1.00
8	3	付女仆洗母秽衣谢		1.00
8	4	付《申报》一月		0.90
8	7	收本月上半薪	60.00	
8	7	付"五卅"特捐		12.90

月	日	摘要	收入	支出
8	7	付家用		47.10
8	7	收珏人还	5.00	
8	7	付日文学费		2.50
8	7	收借文学社	40.00	
8	7	付赴苏办母寿衣		40.00
8	10	收支取馆中存款	200.00	
8	10	付还清文学社		40.00
8	11	付母柩及堂费船费		90.00
8	12	付母大殓各项用		50.00
8	12	付家用		20.00
8	15	付家用		5.00
8	17	收结见收到探礼		8.00
8	17	付家用		8.00
8	18	收仲拨礼	10.00	
8	20	付赴苏接洽坟事等		10.00
8	21	收本月下半薪	60.00	
8	21	收叔千会即交珏人	72.21	72.21
8	21	付家用		50.00
8	24	付《霞客游记》		1.00
8	24	付车力、杂物等		0.40
8	30	付饭馆吃		1.10
8	30	付小帽一顶		0.90

续表

月	日	摘要	收入	支出
8	30	付饼干		0.39
8	30	付简便药席等		1.50
8	30	付杂志等及车力		0.33
8	30	付信封等		0.50
		八月份共计	460.60	465.73
		收付相抵应存	3.87	
9	1	收上月存	3.87	
9	1	收仲拨礼	8.00	
9	1	付轧见另用		0.87
9	7	收本月上半薪	60.00	
9	7	付"五卅"特捐		12.90
9	7	付家用		45.10
9	7	付日文学费		2.50
9	18	付独自晚饭及买酌		1.20
9	21	收本月下半薪	60.00	
9	21	付家用		40.00
9	21	付叔千重会(已清)		10.50
9	26	付中央大戏院看电影		1.00
9	26	付买书报等		0.30
9	27	付产婆		1.00
9	27	付正兴馆午饭		1.40
9	25	付退还颉刚社款		16.00

月	日	摘要	收入	支出
9	25	付又汇款		1.92
9	30	收借珏人	8.00	
9	30	付轧见另用		5.18
		九月共计	139.87	139.87
		收付相抵	0.00	0.00
10	1	收借报社	10.00	
10	1	付还来青阁		10.00
10	1	付馆役节赏		2.00
10	1	付嗬囒水账		1.00
10	2	收晴帆归款及樵礼	7.00	
10	2	付正兴馆晚饭等		2.60
10	3	付胎产金丹两丸		1.20
10	3	付《甲寅》等		0.60
10	7	收上半月薪水	60.00	
10	7	付家用		50.00
10	7	付还珏人		5.00
10	7	收景贤九月薪	10.00	
10	7	付日文学费		2.50
10	9	付《甲寅》、《文学史》等		0.90
10	10	付酒菜		1.00
10	11	付葡萄酒		1.25
10	11	付大世界游费及车力		0.40

月	日	摘要	收入	支出
10	14	付大戏院看电影		0.80
10	15	付老源源酒饭		3.00
10	21	付公宴适之份		5.00
10	21	收本月下半薪	60.00	
10	21	付家用		50.00
10	23	付杂食品及另用		1.40
10	25	付葡萄酒		1.25
10	25	付丸药及火腿		1.70
10	26	付老正和馆酒饭		4.00
		十月共计	147.00	145.60
		收付相抵应存	1.40	
11	1	收上月转存	1.40	
11	1	付新世界游资及正和饭		3.00
11	7	收本月上半薪水	60.00	
11	7	付家用		50.00
11	7	付买书		1.20
11	7	付言茂源夜饮		1.80
11	7	付另用		0.40
11	7	付轧见杂化		0.40
11	8	付老正和馆午饭		3.00
11	9	付《申报》一个月		0.90
11	15	收借社钱	4.00	

续表

月	日	摘要	收入	支出
11	15	付同芳茶点		0.60
11	16	付寄徽章税		1.10
11	16	付白玫瑰霜		0.40
11	16	付新宝和等吃		1.90
11	17	付《时事新报》一月		0.70
11	21	付补十四日愈之礼		2.00
11	21	收本月下半薪水	60.00	
11	21	付家用		50.00
11	21	付补十八日新舞台看戏		1.00
11	21	付买新出杂志		0.20
11	22	付叙餐及车力等		2.80
11	24	付北万馨点心		0.60
11	25	付大世界茶		0.20
11	26	付请硕民酒菜		3.20
11	27	收景贤薪(十月分)	10.00	
11	27	付珏人		5.00
11	28	付叔千嫁女喜礼		2.00
11	28	付续定《语丝》一年		1.00
11	30	付尤樾甫父吊礼		1.00
		十一月共计	135.40	134.40
		收付相抵应存	1.00	
12	1	收上月转存	1.00	

月	日	摘要	收入	支出
12	2	付儿饵		0.60
12	6	付同宝泰酒		0.60
12	7	收本月上半薪水	60.00	
12	7	付家用		50.00
12	7	付晓先母吊礼		2.00
12	9	付《申报》一个月		0.90
12	9	付《甲寅》、《现代评论》等		0.15
12	11	付言茂源饮及买帽子		1.00
12	12	付北万馨点心		0.60
12	13	付车力等		0.20
12	14	付俱乐部会费		2.00
12	20	付又日新浴		0.80
12	20	付葡萄酒		1.00
12	21	收本月下半薪	60.00	
12	21	付家用		50.00
12	21	付馆役年赏		2.00
12	26	付漱儿饼饵等		1.00
12	26	付高长兴酒饭等		1.50
12	26	付公请章雪村筵资		2.50
12	30	付酒菜等		1.40
12	31	付日历一座		1.00
12	31	付儿食饼饵		0.50

月	日	摘要	收入	支出
		十二月共计	121.00	119.75
		收付相抵应存	1.25	